Direito de Família

P436d   Pereira, Sérgio Gischkow
         Direito de família: aspectos do casamento, sua eficácia, separação, divórcio, parentesco, filiação, regime de bens, alimentos, bem de família, união estável, tutela e curatela / Sérgio Gischkow Pereira. – Porto Alegre: Livraria do Advogado Editora, 2007.
         231 p.; 23 cm.

         ISBN 978-85-7348-481-6

         1. Direito de família. I. Título.

                              CDU – 347.6

         Índice para o catálogo sistemático:

         Direito de família

         (Bibliotecária responsável: Marta Roberto, CRB-10/652)

Sérgio Gischkow Pereira

Direito de Família

ASPECTOS DO CASAMENTO, SUA EFICÁCIA, SEPARAÇÃO, DIVÓRCIO, PARENTESCO, FILIAÇÃO, REGIME DE BENS, ALIMENTOS, BEM DE FAMÍLIA, UNIÃO ESTÁVEL, TUTELA E CURATELA.

Porto Alegre, 2007

© Sérgio Gischkow Pereira, 2007

Capa, projeto gráfico e diagramação de
Livraria do Advogado Editora

Revisão
Betina Denardin Szabo

Direitos desta edição reservados por
Livraria do Advogado Editora Ltda.
Rua Riachuelo, 1338
90010-273 Porto Alegre RS
Fone/fax: 0800-51-7522
editora@livrariadoadvogado.com.br
www.doadvogado.com.br

Impresso no Brasil / Printed in Brazil

A
Rodrigo da Cunha Pereira
e Luiz Felipe Brasil Santos

E para
Airton Corrêa Lopes
Antonio Rosek Milhem
Edison Barbosa Cecere
João de Borba Caminha
e João Lins Costa

Sumário

Apresentação 13

1. Introdução ao Novo Direito de Família 17
   1.1. Introdução: características do direito de família moderno 17
   1.2. Alguns subsídios de direito comparado em torno da evolução do direito de
      família moderno, até sua recepção pelo direito brasileiro 20
   1.3. As linhas gerais da evolução 31
   1.4. Conclusões 43

2. Casamento: aspectos básicos dos obstáculos ao casamento e suas invalidade.
   Outras alterações trazidas pelo código civil de 2002 46
   2.1. Introdução 46
   2.2. Obstáculos ao casamento 46
      2.2.1. A capacidade para o casamento 47
      2.2.2. Impedimentos 48
      2.2.3. Causas suspensivas 48
   2.3. Invalidade do casamento 49
      2.3.1. Não há confundir o art. 1.548, I, com o art. 1.550, IV 49
      2.3.2. Pode o juiz, pelo novo Código Civil, reconhecer de ofício a nulidade
         absoluta do casamento? 50
      2.3.3. Não há mais curador ao vínculo nas ações de nulidade 50
      2.3.4. Interpretação dos arts. 1.550, VI, e 1.554 50
      2.3.5. O art. 1.557 51
      2.3.6. A proteção dos terceiros de boa-fé no art. 1.563 52
   2.4. Outras observações: formas especiais de casamento; procuração para casar é
      por instrumento público; a habilitação para o casamento precisa ser
      homologada pelo juiz de direito 52

3. A Eficácia do Casamento 53
   3.1. Introdução: o conteúdo deste capítulo. A proteção da mulher, mesmo diante
      da igualdade jurídica 53
   3.2. A radical igualdade entre os cônjuges no novo Código Civil:
      o bem reservado, a guarda dos filhos, o foro privilegiado, o direito de
      apor sobrenome 54
   3.3. Inovação trazida pelo art. 1.570 do novo Código Civil 57
   3.4. Os atos de interesse da família: devem ser praticados por ambos
      os cônjuges ou a vontade expressa de um faz presumir a
      anuência do outro, salvo quanto aos casos em que
      a lei exige a vontade dos dois? 57

4. Separação Judicial e Divórcio 61

4.1. A separação judicial 61

4.1.1. As formas de separação judicial, segundo os manuais 61

4.1.2. A questão da culpa e a possibilidade de ser alterada a classificação das formas de separação judicial 62

4.1.3. A perda de bens prevista no art. 1.572, § 3° 65

4.1.4. Na separação judicial, a partilha ainda pode ser realizada após sua decretação. 66

4.1.5. Não foi repetido o art. 8° da Lei n° 6.515/77 67

4.1.6. O nome 67

4.1.7. Três observações atinentes à separação consensual: renúncia aos alimentos, doações e deslocamento de matérias contenciosas para processo próprio, sem prejuízo da separação judicial consensual ... 68

4.2. O divórcio 69

4.2.1. As formas de divórcio 69

4.2.2. O art. 1.581 e as remissões que não faz 69

4.2.3. Desapareceu, no divórcio por conversão, a exigência de cumprimento de obrigações assumidas quando da separação judicial 70

4.2.4. O prazo de um ano de separação judicial, para efeitos de conversão em divórcio, só pode ser contado, além do trânsito em julgado da sentença de separação, da decisão concessiva de medida cautelar de separação de corpos. Foi revogado o art. 44 da Lei do Divórcio 71

4.2.5. O nome 72

4.3. A possibilidade de realização de separação consensual e divórcio consensual por via administrativa. 72

5. Relações de Parentesco: Disposições Gerais 76

5.1. Introdução 76

5.2. A alteração do dimensionamento de grau de parentesco em linha colateral 76

5.3. A afinidade foi estendida aos companheiros 76

5.4. A afinidade é considerada parentesco e, na linha colateral, foi limitada ao cunhado. 77

6. Filiação Biológica e Socioafetiva 78

6.1. Introdução 78

6.2. Permanece alguma classificação para os filhos? 79

6.3. Os critérios de estabelecimento da paternidade (ou maternidade ou filiação): verdade legal, verdade biológica e verdade socioafetiva 79

6.4. O critério socioafetivo. Em que consiste, seu alcance doutrinário e jurisprudencial e as várias dificuldades que provoca, pois que não inserido no sistema do Código 81

6.5. Procriações artificiais 87

6.5.1. O art. 1.597, III 89

6.5.2. O art. 1.597, IV 90

6.5.3. O art. 1.597, V 91

6.6. O art. 1.601, o mais importante da filiação matrimonial. A legitimidade para propor a ação negatória e a questão da imprescritibilidade 91

6.7. Prossegue a averiguação oficiosa de paternidade, prevista na Lei n° 8.560/92 95

6.8. O art. 1.609: o reconhecimento incidental; a probição de reconhecer filho já morto e sem descendentes 95

6.9. O art. 1.610 96

6.10. O art. 1.614: o prazo de quatro anos é ou não decadencial 96

6.11. Dois artigos da parte geral do novo Código Civil com repercussão na prova em investigação de paternidade: 231 e 232 100

6.12. A relativização da coisa julgada na investigação de paternidade 101

6.13. Os riscos da abusiva resistência do réu na investigatória. Dano moral e retroatividade dos alimentos, entre outros aspectos 101

6.14. É viável juridicamente a ação declaratória de relação avoenga? 103

7. Adoção 105

7.1. A completa igualdade do adotado, qualquer que seja a idade deste 105

7.2. Direito intertemporal: a igualdade entre adotados alcança adoções feitas antes da Constituição Federal de 1988 111

7.3. Permanecem ou não as regras do ECA sobre adoção? 114

7.4. Consentimento dos pais ou representantes legais: um defeito no Código Civil . 115

7.5. Devem ser ouvidos os pais biológicos na adoção de maior de idade? 119

7.6. A inconstitucionalidade do art. 1.621, § 2° 120

7.7. A adoção por estrangeiro: a existência de convenção internacional a respeito . 120

7.8. Adoção e investigação de paternidade 120

7.9. O nascituro pode ser adotado? 121

7.10. Adoção por homossexuais 121

8. Regimes de Bens 123

8.1. Introdução 123

8.2. O art. 1.639, § 2° 123

8.2.1. Possibilidade de alteração do regime de bens para os casamentos celebrados antes do novo Código Civil 123

8.2.2. A alteração do regime de bens pode retroagir até a data do casamento, desde que não haja prejuízo de terceiros 126

8.2.3. A alteração do regime de bens quando se tratar de separação obrigatória 130

8.2.4. Os efeitos da modificação do regime de bens em relação a terceiros: algumas observações 131

8.3. O art. 1.647 do Código Civil 133

8.3.1. A exceção trazida pelo regime de separação absoluta e a separação obrigatória 133

8.3.2. O problema provocado pelo art. 1.665 do Código Civil 134

8.3.3. O art. 978 do Código Civil 137

8.3.4. A exigência de autorização conjugal para a prestação de aval 138

8.4. O art. 3° da Lei n° 4.121/62 e os arts. 1.663, § 1°, 1.664 e 1.666 do Código Civil 139

8.5. A Súmula 377 do Supremo Tribunal Federal e o novo Código Civil 140

8.6. O art. 39 da Lei n° 9.610/98: incomunicabilidade de direitos patrimoniais do autor 141

8.7. O art. 1.642, V: exigência de separação de fato por mais de cinco anos 141

8.8. O art. 1.659, VI: a incomunicabilidade dos proventos. FGTS e indenização trabalhista 142

8.9. Erro do legislador no art. 1.668, V 143

8.10. O regime de participação final nos aqüestos 144

8.11. Alguns aspectos da partilha de bens quando ambos ou um dos cônjuges é sócio em pessoa jurídica 146

8.12. Um acórdão que merece destaque: negada ao ex-marido a possibilidade de alienação de bem comum 153

8.13. Algum subsídio de direito intertemporal 154

8.14. Conclusão 155

9. Alimentos 156

9.1. Introdução: características da obrigação alimentar 156

9.2. Parâmetros fundamentais do sistema implantado pelo Código Civil de 2002 . 160

9.2.1. A unificação do tratamento da matéria alimentar no direito de família 160

9.2.2. A responsabilidade alimentar na separação judicial litigiosa, remédio e no divórcio direto 160

9.2.3. A influência da culpa nos alimentos 162

9.2.4. A distinção legal entre alimentos civis e naturais 164

9.3. Os arts. 1.700 e 1.707 do Código Civil 164

9.3.1. O art. 1.700: transmissão dos alimentos aos herdeiros do devedor ... 164

9.3.2. O art. 1.707: irrenunciabilidade plena ou restrita do direito a alimentos 174

9.4. Outras modificações trazidas pelo Código Civil de 2002, seguindo a ordem dos artigos 175

9.4.1. O art. 1.694, § 2° 175

9.4.2. O art. 1.698, segunda parte. A obrigação alimentar é solidária? O art. 12 do Estatuto do Idoso. A obrigação alimentar dos avós 176

9.4.3. O art. 1.704, parágrafo único, quando exige que o cônjuge culpado não tenha parentes em condições de prestar os alimentos 178

9.4.4. O art. 1.708, parágrafo único, quando acena para o procedimento indigno do credor de alimentos 178

9.4.5. O art. 1.710 179

9.5. A prescrição da prestação alimentar 180

9.6. Um acórdão surpreendente: genitor que não cumpriu com os deveres inerentes ao poder familiar não pode pedir alimentos 180

9.7. Alimentos provisórios e provisionais 180

9.8. A Lei n° 11.340, de 7 de agosto de 2006 (Lei Maria da Penha) 181

9.9. A execução alimentar em face das alterações no Código de Processo Civil . 183

10. Bem de Família 185

10.1. Introdução. O Código Civil e a Lei 8.009/90 185

10.2. A importância do bem de família no novo Código Civil: possibilidade de constituição por terceiro e de natureza alimentar. Comparação com a cláusula de inalienabilidade 186

10.3. A limitação de um terço, contida no art. 1.711 187

10.4. Somente cônjuges ou entidade familiar podem constituir bem de família? 188

10.5. Discrepância e aparente contradição entre os arts. 1.716, 1.720, parágrafo único, e 1.722 188

11. A União Estável 190

11.1. Introdução: prestígio da união estável no direito de família, ao contrário do direito sucessório. Conceito e diferenciação no tocante ao concubinato 190

11.1.1. Conceitos e diferenciação. Pode haver união estável adulterina? O requisito, em princípio, da residência conjunta, consoante o TJRS. União homossexual ou homoafetiva. 191

11.2. União homossexual ou homoafetiva 194

11.3. A união estável é estado civil? 197

11.4. Efeitos do concubinato 198

11.5. Alimentos 199

11.5.1. O procedimento da ação de alimentos 200

11.5.2. O problema da culpa 200

11.6. A divisão do patrimônio adquirido em comum 204

11.6.1. A não eficácia da união estável perante terceiros 204

11.6.2. A não retroatividade das leis que implantaram a obrigatoriedade de divisão pela metade dos bens adquiridos durante a união estável, independentemente da prova de esforço comum na aquisição 205

11.6.3. Tem aplicação na união estável o regime de separação obrigatória de bens? 206

11.6.4. E o contrato de convivência? 207

11.7. A sucessão 207

11.8. O Credor de um dos conviventes é parte legítima para propor ação de reconhecimento da união estável 208

11.9. O art. 1.726 do Código Civil 209

12. Da Tutela e da Curatela 211

12.1. Introdução 211

12.2. Tutela 211

12.2.1. Não mais se prevê que os avós possam nomear tutor 211

12.2.2. Aos irmãos órfãos dar-se-á um só tutor (art. 1.733)? 212

12.2.3. Contradição, pelo menos aparente, entre os arts. 1.735, II, e 1.751 . 212

12.2.4. O art. 1.740, III 212

12.2.5. Protutor 213

12.2.6. A delegação da tutela (art. 1.743) 213

12.2.7. Não mais é exigida praça para alienação de imóvel do tutelado (e curatelado também) 213

12.2.8. Não há mais previsão de hipoteca legal na tutela e na curatela . . . 214

12.3. Curatela 214

12.3.1. O aperfeiçoamento do sistema legislativo: correção científica e amplitude dos casos de curatela 214

12.3.2. Omissão do companheiro no art. 1.768, II 215

12.3.3. O juiz deve especificar os limites da curatela 215

12.3.4. O art. 1.780 215

13. Súmulas do STF, STJ e TJRS e Conclusões do Centro de Estudos do TJRS sobre o direito de família 216

13.1. Súmulas do STF 216

13.2. Súmulas do STJ 216

13.3. Súmulas do TJR: 217

13.4. Conclusões do Centro de Estudos do TJRS 217

14. Enunciados sobre Direito de Família das Jornadas de Direito Civil realizados pelo Centro de Estudos Judiciários do Conselho da Justiça Federal 219

14.1. Enunciados aprovados – I Jornada de Direito Civil em setembro de 2002 . 219

14.2. Enunciados aprovados – III Jornada de Direito Civil em dezembro de 2004 . 221

14.3. Enunciados aprovados – IV Jornada de Direito Civil em outubro de 2006 . . 222

Bibliografia 224

1.Observações 224

2. Livros anteriores à Constituição Federal de 1988 224

3. Revistas estrangeiras com estudos de vários autores a respeito do direito de família moderno em diferentes países 225

4. Livros, e alguns artigos, posteriores à Constituição Federal de 1988, mas anteriores ao novo Código Civil 225

4.1. Obras conjuntas (vários autores) 228

5. Livros e artigos doutrinários concernentes ao Código Civil de 2002 228

5.1. Livros 228

5.1.1. Obras conjuntas 230

5.2. Artigos 230

Apresentação

Resolvi redigir este livro, essencialmente, com base no roteiro de lições que, há muitos e muitos anos, profiro na Escola Superior da Magistratura e na Escola Superior do Ministério Público, e com fundamento em palestras e conferências por mim ministradas. A par disto, enfoco matérias que, por sua relevância, julguei dignas de uma maior reflexão.

Como se trata de aulas para pessoas bacharéis em direito, não é minha intenção abordar aspectos elementares e básicos, que se presume tenham sido ensinados na faculdade. Outro critério que utilizarei será o da preferência para assuntos mais relevantes, polêmicos, complexos e atuais, e, pelo menos por enquanto, o realce para as modificações trazidas pelo novo Código Civil. Não estamos diante de um curso completo de direito civil de família, com o que se impõe seleção de matérias e não uma exposição de todos os artigos do Código ou de leis extravagantes. Deixo bem claro que é um livro seletivo quanto aos temas estudados. Não me deterei em temas históricos, principalmente do direito mais remoto, e de direito comparado (salvo, para ambos os casos, algumas observações feitas em certos assuntos nos quais se tornam mais aconselháveis, como, por exemplo, nos capítulos I e IX). Além disto, meus enfoques se deterão, prevalentemente, no direito material.

Fique bem claro que não se estou almejando concorrer com qualquer curso de direito civil. Aqueles parâmetros seletivos comandarão todos os tópicos. Assim, no campo da Dogmática Jurídica, deixo de lado matérias mais fáceis tecnicamente ou de menor repercussão teórica e prática[1] e que são: habilitação, celebração e prova no casamento, proteção da pessoa dos filhos,[2] poder familiar e usufruto e adminis-

---

[1] Exceção é o bem de família, que resolvi tratar porque é instituto que sofreu modificações importantes, que o tornam bem mais útil e merecedor de maior atenção dos profissionais do direito.

[2] Sobre proteção da pessoa dos filhos, interessante observar surgiu entendimento doutrinário e dos pretórios no sentido de conceder indenização por dano moral em decorrência de abandono afetivo do filho por parte dos pais. Decisões e discussão a respeito podem ser encontrados em *Revista Brasileira de Direito de Família*, ago-set 2005, vol. 31, p. 39 a 66, em jurisprudência comentada por Maria Celina Bodin de Moraes, sob o título Deveres parentais e responsabilidade

tração dos bens dos filhos menores. Não nego a importância na prática, por exemplo, da matéria relacionada com a proteção e guarda dos filhos (das mais dolorosas, psicológica e afetivamente, e probatoriamente complexa); todavia, as dificuldades são fático-probatórias e não técnico-jurídicas. Como os cursos nas Escolas e as palestras e conferências visam, antes de tudo, os concursos ou a revisão e atualização no plano do direito (não da colheita e análise da prova), é a perspectiva técnico-jurídica a que mais interessa. Em termos de direito, a regra sobre guarda de filhos é muito simples e uma só: resolver pelo que lhes for mais conveniente! O que quer que se diga em aulas e palestras, são variações deste princípio. Fácil de dizer, como se vê, o que não elide as imensas dificuldades na prática processual. No caso concreto, o processo pode exigir farta prova testemunhal, depoimentos das partes e do menor,[3] documental, pericial (perícia psicológica ou até psiquiátrica, estudo sócio-familiar, etc) para se verificar o que é mais conveniente ao menor; ora, obtenção e análise de prova fogem ao objetivo de um curso que se volta para aspectos de direito. As mesmas observações valem para as matérias ligadas ao poder familiar; os processos voltados para a perda deste poder são gravíssimos e exigem árduo esforço probatório, mas, novamente, as dificuldades não são, repito, no plano técnico-jurídico, mas somente fático-probatório.

---

civil. De minha parte, sou contra esta espécie de indenização, pois não se pode forçar carinho e amor mediante ameaças pecuniárias. E mais: seria perniciosa psicoligicamente visita que fosse obrigatória em função do temor de um pedido ressarcitório futuro. O STJ negou pretensão de tal ordem: RESP 757411-MG, em RT 849/228; houve voto vencido.

[3] Só o depoimento do menor já constitui capítulo à parte e de extrema dificuldade psicológica. Absurdo ouvir uma criança na solenidade de uma audiência cheia de pessoas: teria ela tudo para se inibir e recitar lições decoradas. O ideal seria que as perguntas fossem feitas por pessoa especializada em psicologia infantil. Daí o programa, instituído no Rio Grande do Sul, de depoimento sem dano, visando permitir ao menor que fale sem aqueles inconvenientes. Ademais, tudo deve ser feito para evitar o depoimento infantil, pelos enormes prejuízos que pode acarretar a quem está formando seu psiquismo (RJTJRS 169/216; ADV-COAD 35/95, p. 554, n. 70650, DF). Causa indignação a facilidade com que alguns pais logo saem dizendo que desejam que seus filhos sejam ouvidos no Judiciário. Se isto não bastasse, é um depoimento extremamente perigoso, pois a criança vive em um mundo próprio, de fabulações e imaginações. Crianças mentem facilmente, mesmo não pressionadas para tal (o que é muito comum). Recomenda-se assistir excelente filme, baseado em fatos verídicos, ocorridos nos EUA, em que se mostra bem o horror que pode provocar a mentira infantil (fatos que antecederam ao célebre episódio da Escola Base de São Paulo e que em tudo se assemelharam, o que torna mais incredítável o comportamento paulista, inclusive da imprensa): Acusação (Indictment the McMartin Trial), HBO Pictures, vídeo: Top Tape; direção: Mick Hackson; produção: Oliver Stone; ator principal: James Woods; 1995. A psiquiatria forense põe dúvidas muito sérias sobre a credibilidade dos depoimentos de crianças: Delton Croce e Delton Croce Júnior. Manual de Medicina Legal. 4ª ed. São Paulo: Saraiva, 1998, p. 574 a 576. Daí, repito, a importância decisiva de tais depoimentos serem colhidos, ou pelo menos acompanhados, por técnicos em psicologia infantil. Excelente artigo a respeito das técnicas de inquirição de crianças, de autoria de Osnilda Pisa e Lílian Milnitsky Stein, sob o título *Entrevista forense de crianças: técnicas de inquirição e qualidade do testemunho*, foi publicado em Revista AJURIS , dezembro de 2006, vol. 104, p. 217 a 255.

Minha atenção se voltou bem mais para aqueles assuntos de maior interesse dos operadores do direito e que mais se fazem presentes na prática judiciária, e que oferecem maior dificuldade técnica: separação, divórcio, filiação, regime de bens, alimentos e união estável. Questões, por exemplo, vinculadas à invalidade do matrimônio e ao bem de família (o do Código Civil e não o da Lei n° 8.009/90, que muito se faz presente nos pretórios) são de escassa repercussão nos tribunais, se comparadas às matérias antes enunciadas, apesar das sutilezas técnicas. Diversamente, tutela e curatela são de interesse prático, mas singelas no plano de direito (plano técnico-jurídico).

A ciência jurídica para a qual se volta este livro, predominantemente, é a Dogmática Jurídica. Só não é assim no capítulo I, quando outras daquelas ciências aparecem: História do Direito, Direito Comparado, Filosofia Jurídica, Sociologia Jurídica, Teoria Geral do Direito. No tocante a este capítulo, é evidente que nas aulas das Escolas devo resumi-lo bastante; até por isto, resolvi, neste livro, me estender, para que os interessados no aprofundamento prossigam sua reflexão. Sobre o Capítulo I, tratei de seus temas em outro livro de minha autoria,[4] mas, pela sua importância na compreensão do direito de família brasileiro atual, entendi de repisar conteúdos (com revisão e alguns acréscimos), mais ainda porque a sistematização mais ampla e abrangente a que procedo no presente livro recomenda uma preparação à modernidade na família, inclusive pelo que pode interessar aos alunos das Escolas. A propósito, indispensável a leitura da introdução à Introdução ao direito de família moderno que fiz naquele livro, quando versei sobre *interpretação jurídica e aplicação do direito: um exórdio necessário ao estudo do Direito de Família.*

A tarefa não é fácil, pois a tendência é a comparação com monografias de grande fôlego e com os cursos de direito civil. Já disse que tais comparações não têm sentido, dentro dos objetivos desta obra. Enfim, a empreitada é de grande risco (maior o risco no momento, pois estamos diante de novo Código Civil, com todo um trabalho doutrinário e jurisprudencial a ser feito, o que aumenta em muito a responsabilidade das opiniões exegéticas). Seguidamente, o professor, em direito de família, não escapa de proferir duas aulas sobre determinado assunto: aquela constante dos manuais e outra com o que realmente é decidido pelos juízes e tribunais e posto em obras que se situam como mais avançadas na doutrina. Sem a especialização em direito de família, está muito difícil ensiná-lo, em face das extraordinárias transformações que vem sofrendo desde 1988.

Só me resta esperar que consiga redigir um texto de alguma utilidade para os que trabalham com o direito, tanto em termos de

---

[4] *Estudos de direito de família.* Porto Alegre: Livraria do Advogado, 2004.

DIREITO DE FAMÍLIA

preparação para concursos, como no pertinente à revisão e atualização desejadas pelos que não se interessam pelo serviço público. Minhas omissões e falhas serão corrigidas pela consulta à bibliografia que apresento ao final deste livro e pelas opiniões, tão aguardadas, de todos os que se voltam para o direito de família.

1. Introdução ao Novo Direito de Família

1.1. Introdução:
características do direito de família moderno

Esta abordagem constou em outro livro de minha autoria.[5] Porém, sua relevância para a compreensão do direito de família brasileiro atual, me leva a nela insistir (com revisão e alguns acréscimos), ainda mais em livro que busca sistematizar, de maneira mais ampla e abrangente, as transformações legislativas, doutrinarias e jurisprudenciais em nosso país. Outro motivo diz com o fato de, entre os destinatários da obra, estarem os alunos das Escolas, o que torna conveniente, em termos didáticos, a presença de este capítulo.

Como introdução a esta Introdução, é importante a leitura do que escrevi, no livro antes mencionado, sobre *Interpretação jurídica e aplicação do Direito: um exórdio necessário ao estudo do Direito de Família.*

O direito de família evoluiu para um estágio em que as relações familiares se impregnam de autenticidade, sinceridade, amor, compreensão, diálogo, paridade, realidade. Trata-se de afastar a hipocrisia, a falsidade institucionalizada, o fingimento, o obscurecer dos fatos sociais, fazendo emergir as verdadeiras valorações que orientam as convivências grupais.

São características básicas do moderno direito de família, além da revalorização do aspecto afetivo e da busca da autenticidade nas relações familiares, a preocupação em dar primazia aos interesses das crianças e adolescentes, temas que serão desenvolvidos neste capítulo.

Maria Berenice Dias[6] arrola os seguintes princípios do direito de família: monogamia, dignidade da pessoa humana, liberdade, igualdade e respeito à diferença, solidariedade familiar, pluralismo das entidades familiares, proteção integral a crianças, adolescentes e idosos, proibição de retrocesso social, afetividade.

Outra visão globalizadora sobre o direito de família, que é de ser realçada, nos foi apresentada por Mônica Guazzelli Estrougo, versando

---

[5] *Estudos de direito de família.* Porto Alegre: Livraria do Advogado, 2004.

[6] *Manual de direito das famílias.* 3ª ed. São Paulo: Revista dos Tribunais, 2006, p. 51 a 61.

sobre *o princípio da igualdade aplicado à família*.[7] Além da análise do princípio da igualdade, menciona: a) hoje os sujeitos são mais importantes do que a família em si; b) a comunhão de vida substitui a hierarquia; c) antes o casamento era a fonte única da família; hoje temos pluralidade de fontes (união estável, família monoparental e outras); d) da família autoritária passamos para a família hedonista; e) precedentemente, prevalecia a comunidade de sangue; na atualidade, a comunidade de afeto; f) a família deixou de ser apenas núcleo econômico e de reprodução para ser espaço de companheirismo; é a despatrimonialização, em favor da repersonalização; g) a família-instituição foi substituída ela família-instrumento.

O regramento jurídico da família não pode insistir, em perniciosa teimosia, no obsessivo ignorar das profundas modificações consuetudinárias, culturais e científicas; petrificado, mumificado e cristalizado em um mundo irreal, ou sofrerá do mal da ineficácia.Tanto é assim que, já em 1984, Orlando Gomes afirmava que o direito de família era aquele em que mais se fazia sentir a necessidade de modernização.[8]

Uma família que experimente a convivência do afeto, da liberdade, da veracidade, da responsabilidade mútua, haverá de gerar um grupo familiar não fechado egoisticamente em si mesmo, mas sim voltado para as angústias e problemas de toda a coletividade, passo relevante à correção das injustiças sociais. Sempre foi sustentado que as modificações na família conduzem às modificações na sociedade; só por aí se pode ver a importância enorme que o direito de família possui. A maior solidariedade e fraternidade na família repercutem em uma coletividade mais solidária. Renunciar à solidariedade, em nome de um pensamento econômico brutalmente concorrencial e predador, que sacraliza o enriquecimento patrimonial e o consumismo desenfreado – que passam a ser fins em si mesmo –, levará à deterioração e destruição dos laços sociais, com aumento da pobreza, desemprego e violência. É sem perspectivas uma sociedade que colha seu sentido, social e individual, de valores exclusivos de competição e consumo. Depois se admiram com o crescimento da criminalidade e acham que resolve o problema criar a qualificação de crimes hediondos ou implantar a pena de morte (...)

A renovação saudável dos vínculos familiares, estruturados na afeição e na comunicação não opressiva,[9] produzirá número muito

---

[7] Artigo publicado em *Direitos fundamentais do Direito de Família*. Adalgisa Wiedemann Chaves (...) [et al.]; coor. Belmiro Pedro Welter, Rolf Hanssen Madaleno. Porto Alegre: Livraria do Advogado, 2004, p. 321 a 340.

[8] *O novo direito de família*. Porto Alegre: Sergio Antonio Fabris , 1984, p. 8.

[9] Jürgen Habermas procura construir uma ética fundada em uma ação comunicativa pura, caracterizada pela eliminação de qualquer coação externa e interna. Para tal, considera essenciais a crítica das ideologias e a psicanálise. Conf.: a) Conhecimento e Interesse. Rio de Janeiro, Zahar

menor de situações psicopatológicas, originadas de ligações inadequadas, quer pela dominação prepotente, quer pela permissividade irresponsável.[10]

A nova visão sobre as normas jurídicas reguladoras da família é harmônica com o avanço das concepções filosóficas em torno da essência do fenômeno jurídico, versadas no capítulo precedente.

Os estudos sociológicos e antropológicos fornecem extraordinária gama de informações que não podem ser desconhecidas pelo legislador e pelo aplicador da lei. Revelam a multiplicidade de estruturas e funções familiares e as alterações trazidas à família por uma multiplicidade de causas. Godfrey Lienhardt[11] fala que *"o casamento rigorosamente monógamo e a família elementar, ou conjugal, de marido, mulher e filhos – a família 'natural' da teologia moral européia – vivendo juntos em sua casa, são assim formas muito especializadas dessas instituições. Noções de família e lar incluíram habitualmente grupos maiores , e de organização mais complexa, e relações entre parentes e afins"*. Ralph Linton[12] aponta a *"extrema mutabilidade dos homens e suas instituições sociais"* e que a organização da família em determinada sociedade envolve exigências funcionais solucionáveis com maneiras alternativas, sendo a incorporação de certa alternativa só explicável *"em termos de situação total existente na época em que a preferência foi decidida, isto é, em termos de casualidade histórica"*. Alvin Tofler[13] indica como 93% da população dos EUA não mais se encaixa no modelo tradicional de família nuclear (mulher dona-de-casa e dois filhos); são pessoas vivendo sozinhas, pessoas juntas sem formalidades legais, casais sem filhos, crianças educadas por um só dos pais, casamentos homossexuais, grupos de gente idosa juntando-se para compartilharem despesas (e às vezes sexo), agrupamentos tribais entre minorias étnicas, pai e mãe vivendo e trabalhando em cidades diferentes, trabalho dos jovens, trabalho de todo o grupo familiar no próprio lar. Outros estudiosos vêm arrolando as profundas e irreversíveis modificações na órbita familiar.[14]

Não poderia ser diferente no direito de família, se o direito em geral passa por radicais transformações, adaptando-se às novas reali-

---

Editores, 1982. b) *Teoría de la acción comunicativa*. Tradução da 4ª ed. alemã. Madrid: Altea, Taurus, Alfaguara, S.A., 1987. c) Dialética e hermenêutica. Porto Alegre: L&PM, 1987.

[10] A má organização familiar como fator capaz de causar doenças mentais constitui tema recorrente nos estudos de R.D. Laing e David Cooper.

[11] *Antropologia social*. Rio de Janeiro: Zahar Editores, 1965, p. 112.

[12] *O homem: uma introdução à antropologia*. 5ª ed. São Paulo: Livraria Martins Editora, 1965, p. 177 e 195.

[13] *A terceira onda*. 4ª ed. Rio de Janeiro: Editora Record, p. 212 a 228.

[14] a) Willian J. Goode. *A família*. São Paulo: Livraria Pioneira Editora, 1970, p. 151 a 192. b) Theodore Zeldin, em Les Français, Editions Fayard, 1983, *apud* Orlando Gomes, ob. cit., p. 66. c) Thery, citado por Rouast, em *Le Droit Civil Français au milieu du XX siècle*, t. I, p. 346, *apud* Orlando Gomes, em Ob. cit., p. 7, aduz que um terço do povo francês não mais se interessa pelo direito de família codificado.

DIREITO DE FAMÍLIA

dades sociais, econômicas, financeiras, históricas, políticas, religiosas e científicas.[15] O jusfilósofo e administrativista gaúcho, Juares Freitas, mostrou a imprescindibilidade de os juristas e julgadores acompanharem as exigências da contemporaneidade.[16]

Almeja o presente capítulo detectar ou sugerir novos ângulos de abordagem para o direito de família, levando em conta modernos dados sociais e valorativos, muitos dos quais acabaram incorporados pelo novo Código Civil, de 2002. Aqui serão colocados parâmetros fundamentais de raciocínio no direito de família, que influenciarão os assuntos específicos a serem tratados nos capítulos posteriores.

1.2. Alguns subsídios de direito comparado em torno da evolução do direito de família moderno, até sua recepção pelo direito brasileiro

Não importa apenas a legislação comparada, mas também o direito comparado. Como lembram Rahmatulla Khan e Sushil Kumar, *"the guiding factor for the comparatist in his investigations should not be a 'what' but a 'why'. He should concern himself with the why of the existence of divergencies of jurisprudence and the reason for the doctrinal divergencies if he wants his labour to assume the dignity of a science".*[17] O direito comparado vem se desenvolvendo em nosso país, ainda que com lentidão, se medido relativamente a outros.[18] Como advertência, a alusão de Pierre Arminjon. Boris Nolde e Martin Wolff: *"Supposons que le courant legislative soi durable, le malheur est que les courants législatifs dune époque ne sorient pas tous vers um idéal de justice et dutilité. On trouve à la source de plusieurs dentre eux des erreurs traditionelles, des préjugés, des haines irraisonnés, des intérets de classe, des engouements, des passions politiques et religieuses ou mystiques. Les types juridiques dominant ne sont pás toujours digne dêtre suivis"*[19] (tradução livre: supondo que as normas legais sejam duráveis, o infortúnio é que as normas de uma época não se orientam todas para um ideal de justiça e de utilidade. Encontram-se

---

[15] a) Leon Duguit. *Las transformaciones del derecho publico y privado.* Editorial Heliasta S.R.L., 1975. b) Orlando Gomes. *Transformações gerais do direito das obrigações.* 2ª ed. São Paulo: Editora Revista dos Tribunais, 1980. c) Orlando Gomes. *Novos temas de direito civil.* 1ª ed. Rio de Janeiro: Forense, 1983. d) Franz Wieacker. *História do direito privado moderno.* Lisboa: Fundação Calouste Gulbenkian, 1980, p. 679 a 722.

[16] *As grandes linhas da filosofia do direito.* 1ª ed. Caxias do Sul: EDUCS, 1986, p. 114 a 122.

[17] *An introduction to the study of comparative law,* sob os auspicious do Indian Law Institute, de New Delhi, N. M. Tripathi Pvt. Ltd., India, 1971, p. 2.

[18] Sobre o desenvolvimento desta ciência jurídica no Brasil: Arthur de Castro Borges, em O direito comparado no Brasil, *Revista de Direito Comparado Luso-Brasileiro*, Forense, n. 5, 1986, p. 179.

[19] *Traité de droit comparé.* Paris: Librairie Générale de Droit et de Jursprucence, 1950. T. I, p. 40.

na origem de muitas delas erros tradicionais, preconceitos, ódios irracionais, interesses de classe, obstrução de paixões políticas e religiosas ou místicas. Os tipos jurídicos dominantes nem sempre são dignos de ser seguidos).

As notícias sobre direito comparado, constantes deste capítulo, permitirão perceber que o Brasil chegou bastante atrasado com as reformas que têm por escopo a modernização do direito de família.

Alberto Trabucchi[20] apontou as mudanças profundas no direito italiano, pela lei de 1975: "(...) *la legge di riforma ha espressamente previsto Che ciascuno dei conjugi possa conservare um proprio distinto domicilio di lavoro, che non coincide con la determinazione di uma residenza cosi detta familiare. Ma è più sul modello della vita interna della famiglia Che la rivoluzione dei costumi trova uma corrispondenza nel sistema legale. Il radicale mutamento del rapporto fra sessualità e procreazione non è che il profilo più appariscente del cambiamento nella vita della coppia. La programmazione delle nascite da um lato – passata in grande parte dalle decisioni delluomo a quelle della donna – e il potere dallaltro lato riconosciuto allá stessa moglie di abortire senza che sia richiesto il consenso del marito – e sottolineamo cheuna larga maggioranza degli aborti ufficilai viene praticata da donne maritale – sono espressioni dello stesso filone di tendenza che ha portato alla non incriminazioni delladulterio e al libero riconoscimento dei figli adulterini. Questa è rivoluzione: il rapporto familiare, chiuso per naturale tendenza, non torva più difesa esterna al suo carattere istituzionale; ma forse questo à soltanto um segno che riflette la dilagante libertà dei costumi. In questo mutato clima di moralità è venuta allá luce la riforma del 75, della queale conosciamo le principali direttive di fondo: maggior rilievo dato alla libertà e serietà del volere nel matrimonio; parità assoluta frai conjugi; liberta del loro contegno nel campo delle relazioni personali; inspirazione del regolamento patrimoniale a um criterio comunitario; regolamento della vita fa miliare affidato allaccordo dei conjugi; regolamento del rapporto di filiazioni nellesclusivo interesse dei figli e parità tra legittimi e naturali*"[21] (em resumo, o professor Trabucchi informa que a lei de 1975 permite que cada cônjuge pode conservar um domicílio de trabalho que não coincide com a determinação de uma residência familiar. Aponta que a programação de nascimentos passou em grande parte da decisão masculina para a da mulher, inclusive o poder desta de abortar sem consentimento marital. Anota a descriminalização do adultério e o livre reconhecimento dos filhos adulterinos. A reforma de 1975 também deu maior relevo à liberdade e seriedade da vontade no matrimônio; impôs a paridade absoluta dos cônjuges e a liberdade dos mesmos

---

[20] Famiglia e diritto nellorizzonte degli anni 80. *Revista di Diritto Civile*. Padova: Cedam-Casa Editrice Dott. Antonio Milani, 1986. n. 2, p. 161 a 189.

[21] Ob. cit., p. 167 e 168.

em suas relações pessoais; previu fosse inspirado o regulamento patrimonial em um critério comunitário; o regramento das relações de filiação foi elaborado no exclusivo interesse dos filhos). Mais adiante, menciona Trabucchi como a lei impôs a equiparação, pela valorização patrimonial, do trabalho doméstico ao trabalho produtivo de utilidade econômica.[22] Com felicidade, resume o professor da Universidade de Pádua: *"riassumendo, possiamo dire che la formula invocata per la libertà allinterno delle famiglie va completata: meno diritto che possible, ma tutto il diritto che è necessario. Affinché lo spazio lasciato alla libertà non venga occupato dalle sopraffazioni delle altrui libertà! E il diritto è necessario"*[23] (a fórmula concebida para a liberdade no interior da família implica em menos direitos do que é possível, mas todo o direito que é necessário, isto para que o espaço deixado à liberdade não seja ocupado pela supressão de liberdade dos outros).

Jean Delyannis[24] situou que *"les grandes lignes de la réforme du droit de la famille héllénique peuvent être groupées dans le cinq points suivants: recul de linfluence ecclésiastique; introduction des principes dégalité et autonomie juridique des époux; libéralisation du divorce; assimilation complète des effets des filiations naturelle et légitime; modernisation de la fonction parentale"* (as grandes linhas da reforma do direito de família grego podem ser agrupadas em cinco pontos: recuo da influência eclesiástica; introdução dos princípios de igualdade e autonomia jurídica entre os cônjuges; liberação do divórcio; assimilação competa dos efeitos da filiação natural e legítima; modernização da função parental).

Fréderique Ferrand,[25] analisando o direito da República Federal da Alemanha, mostrou a evolução no sentido da igualdade dos cônjuges naquele país: a) lei fundamental de 22.05.49, com o princípio da igualdade de direitos entre homens e mulheres; b) lei de 18.06.57 (lei relativa à igualdade dos sexos), que instituiu como regime legal matrimonial o de participação nos aqüestos; colocou o princípio pelo qual cada cônjuge pode ter um ou vários domicílios distintos; suprimiu o direito de direção do marido e seu poder de pôr fim à atividade profissional da esposa; introduziu a obrigação paritária e recíproca, para ambos os esposos, de contribuir para a manutenção da família; c) primeira lei de reforma do casamento, de 14.06.76: permitiu aos esposos escolher, como nome de família, o nome do marido ou da

---

[22] Ob. cit., p. 175.

[23] Idem, p. 186. Sobre o direito italiano e suas modificações, conferir também Giuseppe Tamburrino: *Lineamenti del nuovo diritto di famiglia italiano*. Unione Tipografica-Editrice Torinese, 1978.

[24] Les grandes lignes de la réforme du droit de la famille hellénique, em *Revue Internationale de Droit Comparé*, da Société de Législation Comparé, Paris, 1986, n. 3, p. 811 a 828. Trecho cit. está na p. 813.

[25] Le droit civil de la famille et légalité des époux en République Fédérale dAllemagne. *Revue Internationale de Droit Comparé* cit., p. 867 a 895.

mulher; abandonou a repartição precisa de papéis entre marido e mulher e admitiu, sem qualquer reserva, que cada cônjuge pudesse ter uma atividade profissional; enfim, buscou esforçar-se para regular de maneira igualitária as relações entre os cônjuges durante a vida em comum e quando de sua cessação; d) lei de 18.07.79, sobre o direito de autoridade dos pais, consagrando a igualdade dos esposos em suas relações com seus filhos legítimos, nascidos do casamento. Mostra o jurista como, salvo algumas exceções, *"on peut conclure à une égalité juridique et concrète de plus en plus entre les époux em Republique Fédérale dAllemagne"*[26] (igualdade jurídica e concreta cada vez maior entre os esposos na República Federal Alemã), salientando como *"les jurisdictions et le legislateur allemands se sont efforcés de réaliser concrètement légalité entre lês époux"*[27] (os juízes e os legisladores alemães se esforçam para realizar concretamente a igualdade entre os cônjuges), inclusive com os tribunais considerando inconstitucionais dispositivos legais antigos que contenham ainda discriminações à mulher casada.

A exagerada autoridade paterna também cedeu diante do valor maior de proteção dos interesses dos filhos menores. Exemplificativamente, é assim no direito francês. Marie-Claire Rondeau-Rivier[28] afirma que *"la notion de lintérêt de lenfant constitue le moteur de cette évolution du droit de la famille"* (a noção de interesse do filho constitui o motor desta evolução no direito de família). O crescente desenvolvimento do instituto da adoção, em suas diversas modalidades, é outro fator demonstrativo da significação cada vez maior emprestada aos liames reais e verdadeiramente afetivos. Assim, *"toute lévolution du droit français de ladoption, refondue par la lou du 11 juillet 1966 (143) témoigne de lintérêt porte par le législateur au développement de linstitution*[29] *"* (toda a evolução do direito francês da adoção testemunha o interesse do legislador em desenvolver o instituto da adoção).

Jacqueline Rubellin-Devichi,[30] abordando as reformas no sistema francês, diz como elas *"reflètent plutôt la consécration dune nouvelle philosophie: le mariage, la famille, ne sont plus les institutions, librement choisies ou non, auxquelles lindividu se soumet, au mépris de son épanouissement, pour la durée de son existence; le 'droit moral au bonheur' doit lui permettre de rejeter um mariage désastreux, 'au profit dune union que favorisera le développement de sa personalité et comblera ses aspirations ou bonheur'*(as reformas refletem sobretudo a consagração de uma nova filosofia: o casamento, a família, não são mais instituições, livremente

---

[26] Revue cit., p. 868.

[27] Revue cit., p. 895.

[28] Les dimensions de la famille, artigo publicado na obra *Mariage et famille em question*, organizada pelo Institut de Droit Comparé de lUniversité Jean Moulin, de Lyon III, e editada pelo Centre Nationale de la Recherche Scientifique, 1978, t. 1, p. 45.

[29] Idem, p. 43.

[30] La diminution de limportance du mariage, em *Mariage et famille en question* cit., t. 1, p. 77 e 78.

DIREITO DE FAMÍLIA

escolhidas ou não, às quais o indivíduo se submete, com o desprezo de seu desabrochamento pessoal, por toda a duração de sua existência; o direito moral à felicidade deve permitir-lhe rejeitar um casamento desastroso, em favor de uma união que favoreça o desenvolvimento de sua personalidade e suas aspirações de felicidade). Em torno da superação dos anátemas lançados aos filhos ilegítimos, assim se expressa Jacqueline Rubelin-Devichi:[31] *"La place octroyée par la société entière, et par la famille, à lenfant, qui nest plus seulement uma charge – atténuée dailleurs par lapparition dapparition familiales – mais un bienfait du ciel, conduit à en faire lobjet de lattention spéciale du législateur, des éducateurs, des parents: lenfant adultérin avait bien de la chance lorsque son père entretenait avec lui des rapports daffection, et souvent il nétait pás accepté avec joie, tant sen faut (62). Aujourdhui, et depuis longtemps (63), on trouve odieuse lattitude du législateur de 1804 que, croyant consolider la famille légitime, faisait de lenfant adultérin, innocent de sa naissance, mais marqué de linfamie commise par ses parents, un véritable paria. Légalité entre enfants, souhaitée par tous, passe dabord par létablissement de la filiation véritable, la présomption de paternité dût-elle y perdre de sa force: égalité et verité vont apparemment de pais dans la loi de 1972, au service de lintérét de lenfant, même si on ne sait toujours exactement le découvrir (64)"* (em resumo: o lugar outorgado pela sociedade inteira, e pela família, à criança, conduz a que seja objeto de uma atenção especial do legislador, dos educadores, dos pais. Busca-se dar melhor condição, a partir da igualdade, aos filhos adulterinos, antes verdadeiros párias, porque assim se acreditava consolidar a família legítima). A jurista refere o desaparecimento do quadro de submissão da mulher casada na França e da hipocrisia de uniões que não conservam senão a aparência.[32]

No mesmo trabalho da Universidade Jean Moulin, Georges Peyrard[33] descreve a evolução das uniões livres e concubinárias, além de constatar que, se o casamento tende a permanecer, certamente o será em novas bases de relações entre os componentes da família. Outra tendência do direito de família contemporâneo é lá diagnosticada: a interferência crescente da autoridade judiciária na vida familiar.[34]

P. H. Steinauer, F. Schwind, F. Rigauz, D. C. Fokkema e J. Sundberg forneceram uma visão moderna do direito de família na Suíça, Áustria, Bélgica, Holanda e região escandinava.[35] Farei uma síntese dos principais aspectos registrados pelos professores:

A) Suíça: a) a união livre era ainda só tolerada, havendo cantões que até a reprimiam penalmente, mas Steinauer, professor na Universi-

---

[31] La diminution de limportance du mariage, em *Mariage et famille en question* cit., t. 1, p. 82.

[32] Art. cit., p. 83.

[33] T. 1, p. 211 a 232.

[34] Roger Nelson, t. 1, p. 8.

[35] *Mariage et famille em question* cit., em volume dedicado aos países mencionados, 1980.

dade de Friburgo, argumenta com a nocividade de pretender fazer a defesa do casamento a qualquer preço, na medida em que fomenta, por exemplo, a duração da convivência entre casais que se hostilizam e a agressividade aos filhos ilegítimos;[36] b) é quase certo que o novo direito relacionado ao divórcio deveria facilitá-lo;[37] c) o anteprojeto de reforma do direito de família, no tocante aos efeitos pessoais e patrimoniais do casamento, previa a supressão das desigualdades entre os cônjuges, cabendo a estes organizar sua vida em comum como melhor lhes aprouver e contribuírem para as despesas do casal em proporcionalidade com as respectivas remunerações; no respeitante ao regime de bens, afasta o da comunhão como regime legal, colocando em seu lugar o de participação nos aqüestos (inegável progresso, pois busca elidir a possibilidade do casamento ditado por interesses só materiais e ajuda a convencer os cônjuges, através da comunhão do que adquirem com esforço comum, de que a união conjugal tem sentido enquanto corresponde a uma união real em todos os planos da vida); d) as revisões legislativas de 1972 e 1976, relativas ao direito de filiação, consagraram o princípio da unidade da filiação, renunciando à distinção clássica entre filhos legítimos e ilegítimos.[38] Ademais, o legislador de 1972, dando prioridade ao bem do menor, estabeleceu a adoção plena, pela qual o adotado é equiparado aos demais descendentes do adotante em todos os aspectos;[39] e) Steinauer ressalta que as modificações no direito de família colimam coibir as situações ambíguas e artificiais, e lança a relevante observação de que o direito não é só reflexo da estrutura e funcionamento sociais, mas pode colaborar no sentido de incentivar e forçar alterações que se fazem imprescindíveis, combatendo aquelas normas não fundadas em uma análise verdadeiramente racional.[40]

B) Áustria: a) a lei sobre os efeitos pessoais do casamento, de 1º.07.75, substituiu o sistema patriarcal por um sistema colegiado, com as garantias de liberdade de cada cônjuge postas acima da garantia da estabilidade. O professor Schwind enuncia as causas sociais da modificação: as oportunidades crescentes de desenvolvimento intelectual das mulheres; as duas guerras mundiais fizeram as mulheres ocupar o

---

[36] Ob. cit., p. 17 e 18.

[37] Idem, p. 21.

[38] Informa o prof. Steinauer que o legislador suíço aceitou não ser o filho ilegítimo responsável pelas circunstâncias de seu nascimento. O legislador afirmou não é o filho ilegítimo que põe em perigo o casamento, mas sim a ligação ilegítima de seu pai e sua mãe. Também levou em conta os avanços científicos, capazes de permitir grau de convicção bem maior em torno da paternidade.

[39] Idem, p. 23 a 25, 29, 34 a 37.

[40] Idem, p. 50. O professor toca em assunto muito importante, pois até o pensamento marxista evoluiu para aceitar que a superestrutura influi sim na infra-estrutura. Assim, não é verdadeira a conhecida asserção de que leis não modificam fatos sociais. Uma lei, ainda que demore longuíssimo tempo, pode sim modificar condutas, desde que devida e intensamente divulgada.

DIREITO DE FAMÍLIA

lugar dos homens, mobilizados ou prisioneiros, surgindo daí a inevitável independência econômica; a autonomia política e ocupação de cargos públicos pelas mulheres;[41] b) o princípio segundo o qual ao marido cabia o sustento da mulher foi substituído pelo sistema de contribuições comuns, destinadas a cobrir as necessidades recíprocas razoáveis;[42] c) a lei modificadora da legislação sobre o casamento, de 30.06.78, previu divórcio por consentimento mútuo, desde que, transcorridos seis meses de convivência, reconheçam os cônjuges o fracasso irremediável da união e estejam de acordo em se divorciar; introduziu a faculdade de obtenção de divórcio contra a vontade do cônjuge inocente ou menos culpado;[43] d) a lei sobre filiação, de 30.06.77, retirou da relação jurídica entre pais e filhos a concepção patriarcal, caracterizada por uma relação de poder, passando a ver na família uma comunidade onde o primeiro objetivo é o bem-estar dos filhos;[44] aproximou a situação do filho natural, tanto quanto possível, daquela do filho legítimo.[45]

C) Bélgica: a) sucessivas leis, a começar pela de 30.04.58, terminaram com todas as desigualdades entre marido e mulher, culminando com a lei de 14.07.76;[46] b) é admitido divórcio por consentimento mútuo e, por lei de 1°.07.74, pela primeira vez a Bélgica conheceu o divórcio obtido por um só dos cônjuges sem demonstrar culpa do outro e mesmo contra a vontade deste;[47] c) desigualdades entre filhos legítimos e naturais, existentes na lei belga, foram consideradas, por julgamento de 13.06.79, como incompatíveis com os arts. 8° e 14° da Convenção Européia dos Direitos do Homem;[48] o Projeto n. 305, do governo belga, se pôs como favorável à eliminação de todas as discriminações entre as diversas categorias de filhos;[49] d) restrições persistiram quanto a adulterinos e incestuosos; no entanto, o prof. Rigaux argumenta que, apesar de o arresto de 13.06.79 ser concernente só ao ilegítimo natural, não há porque deixar de abranger as outras espécies de filhos ilegítimos, e, por outro lado, o Projeto n. 305 impede

---

[41] Idem, p. 61 e 62.

[42] Idem, p. 63.

[43] Idem, p. 67 e 68.

[44] Idem, p. 74.

[45] Idem, p. 79.

[46] Idem, p. 89.

[47] Idem, p. 90 e 91.

[48] A propósito, oportuno alertar (pareceria óbvio, mas não é bem assim, como se apura no dia a dia forense) que o Brasil é signatário de convenções internacionais aprovadas pelo Poder Legislativo, com o que adquirem força de lei, com nível igual ao de nossas leis ordinárias, e, agora, com força até de emenda constitucional, consoante § 3° do art. 5° da CF, acrescentado pela Emenda Constitucional n° 45, de 8.12.2004. É comum tais convenções não serem lembradas pelos que trabalham com o direito de família em nosso país.

[49] Idem, p. 109 e 110.

o tratamento desigual quando se fulcra na verdade biológica e declara todas as filiações assim estabelecidas como apresentando os mesmos efeitos;[50] e) lei de 21.03.79 prestigiou a adoção, pondo-a a serviço do adotado, criando ainda a legitimação por adoção.[51]

D) Holanda: a) o prof. Fokkema principia seu artigo versando fatores sociais condicionantes das alterações familiares, como o declínio da autoridade patriarcal, a emancipação das mulheres e dos jovens. Escreve a respeito de aspectos religiosos de inegável influência no caso holandês;[52] b) o professor da Universidade de Leyden traça o evoluir da instituição do casamento, que viu reduzido seu monopólio de respeitabilidade, com os últimos três decênios presenciando radical mudança em um quadro totalmente adverso às relações sexuais fora do casamento e à homossexualidade;[53] c) por lei de 1º.10.71, passou a ser admitido divórcio não mais como sanção para uma falta praticada por um dos cônjuges e sim como remédio ao mal da desunião durável; é lícito o divórcio consensual;[54] d) no plano dos direitos e deveres dos esposos, a lei holandesa ainda deixou a desejar, como comenta o professor, pois os textos legais em vigor foram elaborados, na maior parte, nos anos cinqüenta; mesmo assim, a 'lex van Oven', de 1956-57, aboliu a incapacidade da mulher casada e suprimiu o seu dever de obediência, de resto letra morta, ao ponto de ser considerado ridículo;[55] e) no campo das relações patrimoniais, o prof. van Oven providenciou uma reforma legal combinando a plena capacidade da mulher casada com a comunhão universal, sob gestão do marido e mulher, sem discriminações.[56]

No respeitante à Inglaterra, o prof, p. M. Bromley, da Faculdade de Direito da Universidade de Manchester, expôs as principais mudanças no direito de família inglês.[57] Principia ressaltando a configuração de enormes alterações nos últimos 150 anos, bem diferentemente do período de 1600 a 1800, quando escassas foram as alterações. Disserta ele como: a) a mulher casada passou a ser, com o esposo, a chefe da família, com inteira igualdade de direitos e deveres; b) o divórcio passou a ser decretável mesmo sem cogitação sobre culpa de qualquer dos cônjuges e pode advir após uma separação de dois anos, se há anuência dos cônjuges; c) a legislação evoluiu no sentido de muito se

---

[50] Idem, p. 111 e 112.

[51] Idem, p. 92 e 112.

[52] Idem, p. 123 a 129.

[53] Idem, p. 131 e 132.

[54] Idem, p. 137 e 138.

[55] Idem, p. 145.

[56] Idem, p. 149.

[57] Idem, p. 9 a 17.

preocupar em proteger os menores; d) a lei e os tribunais afastaram, progressivamente, as restrições ao concubinato e à filiação natural; e) os tribunais ampliaram muito sua atuação sobre a família. Bromley resume dizendo que todos estes movimentos exprimem um sentimento comum: *"Ils traduisent la préoccupation dassurer l'épanouissement de lindividu et son bonheur, ainsi que le désir de proteger les membres les plus faibles de la societé, que leur faiblesse soit d'origine physique ou économique"*[58] (traduzem a preocupação de assegurar o desabrochar do indivíduo e sua felicidade, assim como o desejo de proteger os membros mais fracos da sociedade, seja sua fraqueza de origem psíquica ou econômica). Em outro techo da obra, Bromley fornece novos subídios, desta vez sobre o prestígio crescente da adoção.[59]

Falemos um pouco dos Estados Unidos. Doris Jonas Freed e Henry H. Foster[60] explicitaram que: a) todos os Estados americanos, exceto South Dakota, têm alguma forma de divórcio não fundado em culpa,[61] sendo que *"it has been reported in 10 Family Law Reporter, at p. 1.111, that SB 189, P. A. 83-954, amending Section 401 of the Illinois Marriage and Dissolution of Marriage Act, hás been signed into law by the governor. The new law, effective July 1, 1984, permits dissolution of marriage after a six-month voluntary agreed to separation, and allows a contested divorce after a two-year separation if 'irreconciliable differences have caused the irretrievable breakdown of the marriage' and reconciliation attempts have failed or would be impracticable"*;[62] b) crescente número de Estados norte-americanos reconhece, para efeitos de distribuição de propriedade dos bens e deveres de manutenção, as contribuições dos cônjuges no serviço doméstico, no cuidado dos filhos e no auxílio ao bem-estar da família; é a consideração das contribuições não monetárias ao casamento;[63] c) em vários Estados a culpa não é levada em conta para efeitos de pensão alimentar;[64] d) regras específicas em torno da guarda dos filhos surgiram em muitas leis estaduais,[65] como é o caso de Michigan, no qual a lei manda se pondere o que há de melhor para os interesses do menor, destacando o aspecto do amor, da afeição e outras facetas emocionais;[66] aproximadamente trinta Estados dimensionam os dese-

---

[58] Idem, p. 17.

[59] Idem, p. 125 e 127.

[60] Family law in the fifty states: an overview, artigo publicado em *Family Law Quaterly*, 1984, XVII/356 a 447, n. 4.

[61] Artigo cit., p. 373.

[62] Idem, p. 374.

[63] Idem, p. 381.

[64] Idem, p. 384 e 385.

[65] No interesse da estabilidade de situação do menor, crescente número de Estados vêm adotando o Uniform Child Custody Jurisdction Act (idem, p. 409).

[66] Idem, p. 415.

jos do menor, para resolver sobre sua custódia e a custódia conjunta, física ou legal, começou a ser implantada em inúmeros deles;[67] e) na maioria dos Estados, a lei impôs a obrigação alimentar, no tocante aos filhos, para ambos os pais;[68] f) as leis estaduais começaram a se preocupar com a garantia do direito de visitas por parte dos avós;[69] g) a jurisprudência e as leis vêm amparando, cada vez mais, os concubinos, pela aceitação de diversas doutrinas e teorias; basicamente, a 'severance doctrine' passou a substituir a 'illegal consideration doctrine', passando pela inadmissibilidade do enriquecimento injustificado.[70]

Por fim, passo a expor um panorama sintético referente a vários países.

Augusto César Belluscio[71] comentou que o absoluto poder marital só se mantém nos países árabes e em alguns países africanos, mas, em compensação, vários textos constitucionais estabelecem a igualdade entre os cônjuges, como sucede na Bolívia, Bulgária, Costa Rica, Cuba, El Salvador, Espanha, Guatemala, Japão, Panamá, Portugal, Albânia, Argélia, Congo, Costa do Marfim, Tchecoslováquia, China, Gâmbia, Hungria, Índia, Iraque, Nepal, Paraguai, Polônia, Porto Rico, Romênia, União Soviética, Iugoslávia. Lembra que o art. 16, parág. 1º , da Declaração Universal dos Direitos Humanos, aprovada pela Assembléia Geral das Nações Unidas, em 10.12.48, prevê a igualdade de direitos durante e na dissolução do matrimônio.[72]

Álvaro Villaça de Azevedo,[73] em estudo sobre o concubinato, ofereceu informes de direito comparado: a) O Código Civil da Venezuela, já em 1942,[74] continha regra sobre comunhão patrimonial entre os concubinos;[75] b) o Anteprojeto de Código Civil Boliviano, de Angel Ossorio, regulou extensamente o concubinato, e isto em 1943;[76] c) a Constituição da Guatemala, de 1945, estabeleceu deveria a lei determinar os casos nos quais a união entre pessoas seria equiparada ao matrimônio civil; em conseqüência, adveio a Lei nº 444, em 1947, contendo o Estatuto das Uniões de Fato;[77] d) a Constituição do Panamá, em 1946, regulou a matéria concubinária, em seu art. 56, sendo que,

---

[67] Idem, p. 416 a 421.

[68] Idem, p. 421.

[69] Idem, p. 430.

[70] Idem, p. 438 a 447.

[71] Derecho de família. Buenos Aires: Ediciones Depalma, 1979. T. II, p. 292 a 296.

[72] Ob. cit., p. 296 e 297.

[73] Do concubinato ao casamento de fato. 1ª ed. Edições CEJUP, 1986.

[74] Veja-se o atraso com que o Brasil atualizou seu direito de família!

[75] Ob. cit., p. 29.

[76] Idem, p. 31 a 37.

[77] Ob. cit., p. 37 a 40.

pela Lei de 06.12.56, a norma constitucional foi objeto de regulamenta-ção;[78] e) a Constituição cubana de 1940 previa o concubinato; o Código de Família cubano, de 1975, regulou a união livre, entendendo-a como 'matrimônio não formalizado' e exigindo seu registro;[79] f) a Constitui-ção de Honduras, de 1957, reconheceu o matrimônio de fato;[80] g) a legislação peruana trouxe alguns dispositivos sobre o concubinato, em seu Código Civil, havendo a Constituição de 1979, em seu art. 90, contemplado expressamente aquela modalidade de convivência;[81] h) o Código Civil mexicano, no ano de 1929, destinado ao Distrito e Territórios Federais, incluía a concubina na ordem da vocação heredi-tária; em vários outros planos, as leis daquele país ampararam os concubinos;[82] i) o Paraguai diligenciou em aperfeiçoar os mecanismos legais de ordenação da união concubinária;[83] j) Projeto de Lei colombia-no, de n° 48, de 1948, arrolou normas disciplinadoras da união de fato.[84]

Antonio Chaves,[85] dissertando sobre a importância humana e social da adoção, informa como este instituto, contrariando incompreen-sões e malquerenças, vem crescendo em alento, com plena florescência na Europa, e sendo estimulado pelas autoridades norte-americanas. Foi aceito e regulamentado na Argentina (1948), Finlândia (1926), Quebec (1923 e 1925), Turquia (1962); teve reduzidas as exigências na Alema-nha (1957), Bélgica (1958), Dinamarca (1956), Espanha (1958), França (1958), Grã-Bretanha (1958), Itália (1942); a Rússia, tendo-o suprimido e, 1918, acabou por restabelecê-lo em 1926.

Enfim, por todo o mundo cresceu e frutificou o moderno direito de família, pela pressão popular, pelo trabalho legislativo, pelas reações doutrinárias e jurisprudenciais.

Falando em reações doutrinárias, há mais de 50 anos Arminjon, Nolde e Wolff censuraram como pouco humanas as disposições contrá-rias aos filhos adulterinos e incestuosos.[86]

As transformações no direito de família têm sido de tal porte que Luiz Fernando Clerigo,[87] em 1947, já concordava com Antonio Cicu, quando este assinalava o trânsito das normas sobre familia do direito privado para o

---

[78] Idem, p. 40 e 41.

[79] Idem, p. 41 a 43.

[80] Idem, p. 43.

[81] Idem, p. 43 a 45.

[82] Idem, p. 45 a 51.

[83] Idem, p. 51 a 55.

[84] Idem, p. 55 a 58.

[85] *Adoção, adoção simples e adoção plena.* 3ª ed. São Paulo: Revista dos Tribunais, 1983, p. 7.

[86] Ob. cit., T. I, p. 262.

[87] *El derecho de familia en la legislación comparada.* Mexico: Union Tipografica Editorial Hispano-Americana, 1947, p. 1.

direito público. Acrescentou ele que talvez nenhuma instituição do chamado direito civil haja sofrido tão profunda evolução como a família.

A radicalidade das reformas neste campo adquiriu tal grau de universalidade a ponto de produzir uma análise em múltiplas facetas, pelos Archives de Philosophie du Droit.[88] Em artigo intitulado "Sur la paternité selon Gabriel Marcel", a professora Jeanne Parain-Vial ensinou como a família é lugar para aprendizado do amor e da liberdade.[89]

1.3. As linhas gerais da evolução

Com todas as falhas que costumam assolar as tentativas de compartimentar o agir humano e os correspondentes conhecimentos que o teorizam, arrisco-me a buscar critérios de sistematização das grandes modificações experimentadas pelo direito de família em nosso século.

No essencial, as modernas tendências podem ser sintetizadas nas três grandes características do direito de família atual, antes mencionadas: revalorização do aspecto afetivo, busca de autenticidade nas relações e preservação do interesses de crianças e adolescentes. Os nove planos fundamentais que sugiro a seguir, portanto, a rigor podem ser reduzidos a três, pois destes são resultado; apenas mantenho a divisão maior para melhor sistematização do pensamento. Com efeito, o fundamento no amor origina a paridade dos cônjuges (despatriarcalização do direito de família), a proteção do concubinato (pelo Código Civil de 2002, houve a distinção entre concubinato e união estável; no presente contexto, emprego concubinato no sentido mais amplo ou original), a maior facilidade para obter a separação judicial e o divórcio, a adequação do regime de bens aos verdadeiros significados do casamento, o crescimento de técnicas de procriações artificiais, o prestígio da socioafetividade na filiação, a prevalência do afeto sobre o patrimônio (despatrimonialização do direito de família). A sinceridade nas relações familiares acarreta a igualdade na filiação e também influencia na paridade dos cônjuges.

Em nove planos fundamentais, como disse, sugiro se dividam as novas tendências. São diferentes áreas nas quais estas se revelam e se mostram. Podem ser assim apresentados: A) o amor como valor capaz de dar origem, sentido e sustentação ao casamento ou a uma união estável, assim como às uniões homossexuais e às filiações socioafetivas; daí decorre a prevalência da questão afetiva sobre a patrimonial, pelo que se fala na despatrimonialização do direito de família;[90] B) a

---

[88] *Éditions Sirey*, 1975, t. 20, p. 1 a 162.

[89] Ob. cit., p. 162.

[90] É triste assistir a uma repatrimonialização do direito de família pelos excessos cometidos no campo da união estável , que está sendo industrializada, e no caso das demasias nos pedidos de indenização por dano moral.

DIREITO DE FAMÍLIA

completa paridade entre os cônjuges; C) igualdade dos filhos de qualquer natureza, incluídos os adotivos; D) reconhecimento e proteção do concubinato, hoje união estável (o concubinato, pelo art. 1.727 do Código Civil, passou a ter significado restrito); E) novo conteúdo do pátrio poder (hoje denominado de poder familiar, pelo novo Código Civil brasileiro), quando importa é o interesse de crianças e adolescentes; F) menor dificuldade na obtenção do divórcio e maior facilidade para a separação judicial; G) adequação do regime de bens aos verdadeiros significados do casamento; H) atuação intensa do Estado sobre a família; I) influência dos avanços científicos e tecnológicos e da interdisciplinariedade e da transdisciplinariedade.

Passo à análise separada dos planos sugeridos:

A) A relevância do amor, do afeto, do ângulo emocional, da convivência respeitosa, da assistência recíproca, do prazer da companhia, do desvelo mútuo, sempre em detrimento da união forçada, artificial, hipócrita, doentia, conflitada, destruidora; eis um parâmetro essencial, alicerçante de quase todas as transformações na família e em sua normativização jurídica. Quer-se a autenticidade nas relações e não a falsidade. Não é por outra razão que o primeiro artigo do direito de família do Código Civil de 2002 (art. 1.511, primeira parte) fala em comunhão plena de vida e que o índice sistemático do mesmo, no Livro IV, situa o direito pessoal antes do direito patrimonial, aliás, em correta separação, não efetuada pelo Código anterior.

O direito é objeto cultural. Todo objeto cultural tem, como uma das características, ser valioso. O amor é um valor jurídico, como ensina Sílvio de Macedo.[91] Não será no direito de família que deixará o valor jurídico do amor de merecer especial apreço. O significado, o sentido, a razão de ser, o valor de uma união entre duas ou mais pessoas é posto e subsiste pela afeição que as vincula. Corolários desta asserção consistem em repelir o despotismo masculino, em vislumbrar na família um grupo fundado na mútua afeição, mas do que pela autoridade marital ou de quem quer que seja, em reduzir os fatores organizacionais e hierárquicos na estrutura familiar; em fomentar a liberdade e igualdade nas interações familiares.

Por isto, exemplificativamente, não é concebível permaneça a comunhão de bens quando de há muito rompida a convivência conjugal. É privilegiar o patrimonial, em prejuízo do que realmente empresta sentido ao casamento e que já está rompido, roto e desaparecido. Outro caso: se presente o amor entre homossexuais, cabe dar um revestimento jurídico a esta relação. E mais: não pode ser desconhecida a realidade socioafetiva da filiação. Outra seqüela é concernente aos

---

[91] *Curso de Axiologia Jurídica.* Rio de Janeiro: Forense, 1986, p. 92 a 94

esforços para afastar as discussões de culpa do interior do direito de família, na medida em que a separação deve ser decorrência do desamor e as disputas sobre culpa só fomentam ódios e rancores. Caio Mário da Silva Pereira[92] preconiza:

Substituiu-se à organização autocrática uma orientação democrático-afetiva. O centro de sua constituição deslocou-se do princípio da autoridade para o da compreensão e do amor.

Mesmo supérfluo, a esta altura do século, é de recordar que a prevalência do amor não produz a ausência de adequada educação dos filhos, em nome de uma permissividade leviana e inconseqüente. Amor reclama responsabilidade, como insiste Erich Fromm.[93] Em contrapartida, também não interessa o amor dominador e absorvente, que não resguarda o ser do outro.[94]

Não se trata de uma ingênua visão romântica e melodramática, estilo dramalhão e livrinhos água com açúcar, pois se está encarando o amor como um fenômeno psicológico como tantos outros, às vezes até com componentes sadomasoquistas. Importa é a existência de um liame psicológico que faz com que as pessoas prefiram estar juntas do que não estar.

Decorrência da revalorização do afeto é a despatrimonialização do direito de família, sobre a qual bastante insistirei no Capítulo VIII. Todavia, é triste que dois temas estejam reintroduzindo a monetização no direito de família: os abusos nos pedidos de união estável e as solicitações de indenização por dano moral em aspectos essencialmente familiares.[95]

Avançada conseqüência da valorização do afeto é a admissão, pelo TJRS, de aplicação, ao par homossexual, das regras da união estável, por analogia. Outra (já com repercussão no STJ): o desamor isoladamente considerado como suficiente para a decretação de separação judicial. Mais ainda: a recente aceitação, pelo mesmo Tribunal, de que homossexuais adotem. Maria Berenice Dias[96] ao abordar o tema "famílias plurais", fala em família anaparental e família eudemonista.

B) O princípio da completa paridade entre os cônjuges e companheiros é óbvio corolário da afirmação de que o amor passou a ser a

---

[92] *Instituições de Direito Civil.* 4ª ed. Rio de Janeiro: Forense, 1981. Vol. V, p. 25.

[93] *Análise do homem.* 5ª ed. Rio de Janeiro: Zahar Editores, 1966, p. 92 a 96.

[94] Gerd A. Bornheim. *Dialética – teoria e práxis.* Porto Alegre: Globo; São Paulo: Editora da Universidade de São Paulo, 1977, p. 267 a 271, tratando sobre a diferença ontológica e a ética, explica como a liberdade é compromisso ou não é nada. Compromisso com o ser de cada ente, e, em especial, com o ser do outro. Fazer do outro objeto de uso é já não poder estar compromissado com aquilo que ele é. O mais grave é que, quando alieno o ser do outro, alieno a mim mesmo naquilo que sou, a liberdade é falsificada. *"Pois a diferença ontológica quer dizer justamente isto: ela é o modo como a existência humana permanece aberta ao ser do ente, e por isso é também a condição de possibilidade de compromisso com o ser do outro".*

[95] Sobre o ressarcimento de dano moral, escrevi em meus *Estudos de Direito de Família* (Porto Alegre: Livraria do Advogado, 2004, p. 79 a 92).

[96] Ob. cit., p. 44 e 45.

DIREITO DE FAMÍLIA

ratio do casamento. Estabelecida esta premissa, incompreensível a disparidade de direitos e deveres, a posição de inferioridade da mulher, a sua condição de subserviência e subordinação. O respeito integral pelo ser humano, em nível familiar, não se coaduna com relações de dominação. Esta só obtém a quebra da veracidade e sinceridade sentimentais, artificializando os vínculos. A cada cônjuge cabe adquirir o respeito e afeto do outro não através de regras jurídicas impositivas da prepotência, mas por meio de um comportamento que se torne digno de produzir aquelas reações positivas. O art. 1.511 do Código Civil, em sua segunda parte, consagra a completa igualdade entre cônjuges. Foram derrubados todos os inúmeros artigos do Código de 1916 que desigualavam homem e mulher no casamento, os quais serão referidos no Capítulo III.

Carlos Celso Orcesi da Costa[97] argumenta que

se um dos cônjuges detiver, juridicamente, mais poder que o outro, a tendência nítida que se descortina consiste no fato de aquele abusar de seu poder, e de este conformar-se ou aceitar o abuso. O vácuo progressivo entre os extremos pode ocasionar ou uma submissão quase completa ou uma súbita explosão de sentimentos reprimidos, que conduz, por tardia, o casamento ao seu termo. Em ambos os casos, nada pior. Esta é a racionalidade que merece a chancela do atual direito positivo. A regra geral, portanto, não há de ser uma 'racionalidade' abstratamente escolhida, nem possivelmente a força, a potência, mas o fato variável, a consciente influência, ação ou omissão positiva, o entendimento harmônico, muitas vezes baseado nos usos e costumes sociais, mas não imperativo. Que cada um exerça sua personalidade, sua aptidão, possivelmente até sua maior autoridade num outro âmbito. Até aí chegamos, na medida em que descremos da harmonia perfeita, da vida sem discordância, das discussões que muitas vezes podem trazer à tona demonstrações de força. Isso é real. O inadmissível para a ciência do direito é que subsista a força jurídica. Aceitável é a força racional de persuasão, de aptidão, de sentimento. Ao argumento de racionalidade some-se uma razão prática: o poder marital, ou de direção, é inteiramente supérfluo, desnecessário. Isso porque o fato social prevalece, na intimidade do relacionamento conjugal, por sobre a regra jurídica. Nem se diga que o argumento serviria para que se aceitasse o poder marital, que seria, afinal, ineficaz. Obviamente que semelhante argumentação seria, data vênia, cínica. O que é incompatível, basicamente, é o exercício da autoridade com base na regra jurídica. O marido pode não exercer tal chefia, mas, se a exercer, encontra-se amparado pela norma.

Na medida em que as relações entre os cônjuges se fundamentarem no diálogo racional, no convencimento argumentativo, no debate dialético das idéias, na exposição sincera das emoções, na comunicação livre de coercitividade, no agir fundamentado e não arbitrário, a família terá real solidez e, o que é muito importante, produzirá ou reproduzirá, em seu interior, as condições únicas para uma estruturação social mais igualitária, mais justa e de maior acatamento à dignidade humana. A prepotência, que não cabe ao direito legitimar, acarreta o descaso pelas necessidades e problemas do próximo, a saída fácil e irresponsável da palavra autoritária e definitiva, a opressão, que fermenta a violência, o desrespeito às idiossincrasias alheias, o egocen-

---

[97] *Tratado do Casamento e do Divórcio.* São Paulo: Saraiva, 1987. Vol. 1°, p. 398.

trismo e a patologia psíquica. A relação autoritária destrói os vínculos de afeição, desde logo contaminando os filhos, com a vivência de situações mórbidas; através dela até subsiste, muitas vezes, a convivência, mas pela maneira artificial, forçada, inautêntica e doentia. A guerra familiar repete e fomenta as guerras entre os povos e coletividades.

Quem não respeita o próximo na relação familiar, atuará da mesma forma na relação social em geral.

De há muito atinei com linha de argumentação que me tornou defensor intransigente da absoluta igualdade jurídica entre homem e mulher. É que o ser humano padece do defeito consistente em uma tendência de humilhar e maltratar aqueles que considera inferiores. É o pai que oprime o filho, o patrão que pisoteia o empregado, e assim por diante. Ora, a existência de uma pretensa superioridade jurídica masculina colabora em muito para que o homem, vendo a mulher como ser inferior, sinta-se incentivado a sobre ela exercer a violência nas mais variadas modalidades. Assim, com todo o respeito, os que defendem a desigualdade acabam sendo como que cúmplices das agressões morais e físicas, e dos assassinatos, de que sofrem as mulheres! O próprio pensamento marxista hoje admite que a superestrutura também influi sobre a infra-estrutura; não é verdade que a lei não possa, ainda que a longuíssimo prazo, modificar condutas. Se o homem assimilar a igualdade jurídica entre ele e a mulher, através da divulgação permanente e incessante desta paridade, terminará por pensar duas vezes antes de praticar atos de agressão de toda a ordem.

C) A igualdade na filiação é princípio de profundo sentido humano e eficaz remédio no combate à hipocrisia nos liames familiares e sociais.

O preconceito nesta matéria sempre foram de tal porte que até conduziram à interpretações equivocadas da legislação canônica, como bem evidenciou Lino de Morais Leme.[98]

Caio Mário da Silva Pereira[99] indica a preocupação com a defesa da infância como um dos aspectos sociais característicos de nossa época e insere nela a tendência à equiparação dos ilegítimos aos legítimos, não vendo como possa este movimento solapar as bases da

---

[98] *Direito Civil Comparado.* São Paulo: Editora Revista dos Tribunais, 1962, p. 259. Explica o jurista a falha exegética no tocante à Decretal do Papa Alexandre III, do ano de 1172, ao abordar a questão da legitimação dos filhos adulterinos e incestuosos: *"É verdade ter o Papa dito que se não legitimava o filho adulterino do homem que maquinara contra a vida da mulher, aí não se podia considerar boa-fé. Portanto, com essa exclusão, pelo direito canônico os filhos eram legitimados. Mais tarde, em 1744, O Papa Bento XIV sustentou que os filhos adulterinos não podiam ser legitimados por subseqüente matrimônio. O Papa Inocêncio III, porém, conferiu legitimação a adulterinos, filhos de Felipe Augusto; desde então, pelo direito canônico se reconheceu o direito de legitimar os filhos incestuosos e adulterinos".* Acrescenta o comparatista deveria ser o direito canônico a reger a matéria no Brasil, em tempos precedentes, dado que o decreto imperial de 3.11.1827 mandava observar em nosso país os cânones do Concílio Tridentino e a Constituição do Arcebispado da Bahia.

[99] *Reconhecimento de paternidade e seus efeitos.* Rio de Janeiro: Forense, 1977, p. 211 a 215.

família constituída pelo casamento. Em síntese, ensina o Professor que: a) o mau tratamento infligido ao filho ilegítimo não pode fortalecer a família legítima; b) é de péssima justiça impor castigo a alguém pela falta de outrem, mais ainda quando o culpado fica tranqüilo e a vítima é quem vem a ser atingida; c) não deve ser protegida a família legalmente constituída através de meios ruins; d) mantida a disparidade de tratamento, o filho ilegítimo será um paria social, integrante de classe inferior; e) punir o filho ilegítimo, visando não venham outros adultos a colocar no mundo filhos nas mesmas condições, é punir o inocente para exemplo de outros culpados, os quais não serão também punidos; f) os direitos dos ilegítimos não desprestigiam o casamento, porque continua a sociedade a assentar-se sobre esta base; g) reconhecendo equiparação ao legítimo, a sociedade tratará os ilegítimos com maior justiça, ou seja, estará tratando com justiça elementos que a compõem, mesmo porque o trato desigual no passado não resultou em um direito organizado sobre moral mais sólida: a propósito, arremata ressaltando que não se consegue, a golpes de leis, moldar a moral de um povo.

Consagrar a igualdade na filiação é inculcar responsabilidade social. Saberão os que pretendem manter relações extraconjugais que responderão por suas iniciativas, em diversos planos, em vez de se ocultarem atrás de pautas normativas discriminatórias aos filhos ilegítimos. É uma maneira de se "coartar a crescente irresponsabilidade masculina por séculos acobertada", no dizer do Des. Cristovam Daiello Moreira.[100] Ensina-se à comunidade a responsabilidade para com o próximo, passo obrigatório no objetivo de convencer o homem de sua imersão permanente em um mundo ético, pleno de reações e interações recíprocas, do qual não consegue se afastar o ser humano, por mais esforço que faça. A conscientização do perene mergulho ético é trilha segura na tentativa – para alguns desesperada – de melhoria da humanidade. A lei não pode insistir em ignorar as realidades humanas. É triste exemplo educativo a orientação de não olhar de frente os problemas individuais e coletivos, esforçando-se em varrê-los, por "feios", para recantos menos visíveis. Esta conduta só pode provocar uma falsa moral, desde há muito repelida pelos jovens.

A igualdade deve voltar-se também aos filhos adotivos. A adoção faz-se baseada em laços afetivos poderosos e insere o adotado na vida familiar, integrando-o plenamente. Significa a demonstração pensada a consciente do amor. Quantas vezes o filho biológico, infelizmente, não é desejado (que o diga o enorme número de abortos). É problema que não se dá no referente ao adotivo. Quantos parentes, mesmo nos graus mais próximos, mantêm distância e nutrem ódios recíprocos. Não é vínculo consangüíneo, por si só, que deve ser levado em conta, mas a

---

[100] RJTJRS 88/245.

realidade da afeição, da convivência, da assistência, da amizade, da simpatia e da empatia. Dentro deste enfoque, fácil perceber a injustiça da discriminação ao adotado. É cruel pô-lo de lado, quando já absorvido ao grupamento familiar e iludido pela aparente condição de verdadeiro filho. Em outro trecho deste livro direi que interessa à sociedade não apenas a adoção de crianças e adolescentes – como pode parecer em análise superficial, mas também a de adultos, pois esta amplia a noção de família, ajudando a reduzir a ditadura do fator biológico e contribuindo para o aumento da solidariedade social (conf. Capítulo VII). O novo Código Civil é claríssimo em igualar os adotados, inclusive quando o são com 18 anos ou mais.

D) De forma crescente, o concubinato vem sendo admitido e amparado pelas legislações modernas.

Como pondera Edgard de Moura Bittencourt,[101] a posição do jurista é a de *"apurar a conjuntura humana, porque nem sempre a natureza está disposta a obedecer à lei dos homens; pesquisar as conseqüências econômicas; usar os princípios racionais de uma moral, nem de tal forma superior que torne o direito obra ilusória ou cruel, nem tão inferior que se descambe na desagregação da família; enfim, dar às soluções o caráter de justa adequação à finalidade do direito. Então, o fenômeno da união livre encontrará no jurista o seu mais autorizado crítico"* Prossegue ele: *"preservar a instituição do casamento (...) não significa ignorar o fenômeno da união livre, na qual há multidões de mulheres e crianças inocentes, que também merecem a proteção do estado. E por isso, também aqui, é necessário repetir a sábia advertência do Supremo Tribunal Federal: '(...) temos que adaptar nossa jurisprudência ao mundo em que vivemos'"*. Não admite o jurista se lancem ao sacrifício, em nome da censura ao concubinato, pessoas sem culpa ou de culpa já purgada.[102] Citando Aguiar Dias, proclama que *"imoral o concubinato não é, em si mesmo. A imoralidade tanto pode existir no concubinato como no casamento"*.[103]

Álvaro Villaça Azevedo,[104] abordando o sistema boliviano, traz opinião de Angel Ossorio, autor do Anteprojeto de Código Civil boliviano. Preocupado com a concepção de alguns, que viam escândalo no fato de se elevar a união concubinária à categoria de instituição jurídica, Ossorio discorda haja imoralidade ou incongruência e reflete:

> O fenômeno aumenta dia a dia. O que fazer ante essa realidade inegável? Perseguir os concubinos? Não creio que isto possa ocorrer a alguém, a não ser aos que sonham com restaurar a Inquisição. Desconsiderar-se o fenômeno e abandonar, à sua sorte, os concubinos e seus filhos? Isto é desamparar a uns e outros, criando situações de injustiça e de miséria e desconsiderar também os terceiros que se tenham relacionado com os pseudocônjuges,

---

[101] *Concubinato.* São Paulo: Universitária de Direito, 1975, p. 35.

[102] Ob. cit., p. 40.

[103] Ob. cit., p. 56.

[104] Ob. cit., p. 31.

crendo-os ligados por matrimônio verdadeiro. Melhor será tomar as coisas como são e acabar com o concubinato anárquico para criar o concubinato jurídico.

O concubinato é realidade fático-social e objeto de valoração positiva por milhões de pessoas. Se o direito é a tríade indecomponível de fato, valor e norma, como expõe Miguel Reale em sua teoria tridimensional, a força dos fatos e o peso das apreciações axiológicas não podem ser postos de lado, senão que assumidos pelo mundo jurídico, sob pena de se avolumar o distanciamento entre a sociedade e as normas jurídicas. Reconheço pode o direito influir, dialeticamente, como antes expus, na vida social, não se tratando só de um efeito. Pode ser instrumento valiosíssimo de transformação de estruturas anquilosadas e iníquas. Não se deve ignorar a pressão dos fatos sociais, mais ainda quando esta passa a ser perceptível por qualquer um que se disponha a olhar e escutar ao seu redor. Em um concubinato pode haver muito mais amor e autenticidade do que em um casamento. E os filhos do concubinato, que culpa têm eles da situação dos pais?

Cumpre registrar que hoje o Código Civil distingue união estável de concubinato (arts. 1.723 e 1.727), voltando-se a proteção legislativa para a primeira, o que contraria antiga orientação da melhor doutrina em igualar as duas figuras. Registre-se que a união estável é altamente prestigiada no direito de família do referido Código, mas maltratada no direito sucessório, em flagrante incoerência e retrocesso.

E) O pátrio poder (poder familiar, pelo novo Código Civil brasileiro), é cediço, teve seu conteúdo visceralmente modificado através da história. O próprio nome do instituto não reflete mais seu significado. O pátrio poder, ou poder familiar, é, mais do que um poder, um complexo de deveres dos pais em relação aos filhos, colimando conquistem estes uma boa formação intelectual e moral, dentro da maior higidez somática e psíquica. Não mais importa o interesse dos pais, mas sim o interesse dos filhos. Tanto que, em caso de separação dos pais, a guarda do menor é equacionada em função do que lhe convém, abstraído o desejo dos pais, que, por sinal, seguidamente utilizam os menores como instrumento de hostilização mútua.

J. V. Castelo Branco Rocha[105] assinala foi *"profunda a modificação pela qual passou a potestade paterna, no curso de seu evolver histórico, estando hoje convertida em função protetora e tutelar, visando exclusivamente aos interesses dos incapazes"*. Este autor já sugeria fosse substituída a expressão 'pátrio poder' por outra mais compatível com a modernidade, como autoridade parental, para Cunha Gonçalves; poder de proteção, para Colin e Capitant; função paternal, para Juan Carlos Rebora.

Novos instrumentos, utilizados em outros países, começaram a ser prestigiados no Brasil, para favorecimento das crianças e adolescentes,

---

[105] *O pátrio poder*. 2ª ed. São Paulo: Universitária de Direito, 1978, p. 35.

como é o caso da guarda compartilhada.[106] Em nome do bem dos menores, até adoção por homossexuais já foi acatada pelo TJRS.[107] Além disto, o Código Civil de 2002 dispõe que a guarda dos menores é ordenada em função exclusiva do interesse dos mesmos, sem importar, por exemplo, quem foi o cônjuge culpado pela separação judicial, ao contrário do sistema anterior (Lei 6.515/77, em seu art. 10).

F) Facilitar a obtenção da separação judicial e do divórcio é aceitar só tem sentido e veracidade a união entre duas pessoas enquanto impregnada de amor e respeito. Nada mais coerente, razoável e justo. Manter uniões forçadas é incentivar e cultivar a destruição mental e moral do ser humano. Os atuais conhecimentos psicológicos e psiquiátricos não deixam dúvida de que é muito mais nociva a um menor a permanência em companhia de pais em constante conflito do que o trauma que venha a padecer em face de uma separação dos mesmos. Não há psiquismo infantil capaz de resistir à angústia, ansiedade, tensão do incessante aguardo de novo confronto entre os pais, freqüentemente desenvolvido por meios físicos violentos. Combater o divórcio é estimular as uniões destituídas da chancela do casamento, pois as pessoas, com ou sem divórcio, jamais deixarão de reconstituir vida amorosa, tendência radicada em impulsos naturais do ser humano. Se pessoas não se separarem ou divorciarem, será por respeitáveis motivos de convicção religiosa. Quem não tiver esta fé, irá desfazer a união conjugal, nem que faticamente, se não contar com outro caminho. Desagregações familiares nunca serão evitadas pela proibição do divórcio, afirmação primária em termos de ciência sociológica e antropológica. Nem a existência do divórcio colabora para aquela desagregação, na medida em que esta advém de forças sociais e morais estranhas ao ordenamento jurídico; ninguém irá ao divórcio por diversão, só para experimentá-lo e porque ele consta da legislação (...) De nada adiantaria uma pretensa 'facilidade' trazida pelo divórcio, se o problema reside, em realidade, nas obrigações de sustento da família anterior e nas divisões de patrimônio com cada sucessivo cônjuge! A discussão sobre existir ou não divórcio é incompreensível e esquisita, pois se dá em um nível absolutamente estranho à realidade social esmagadora, de resto, por sua vez, alheia àqueles debates bizantinos.

Yussef Said Cahali,[108] examinando a decomposição e ruptura do liame conjugal, cita Lehmann (Derecho de família, p. 236): *"pierde el matrimonio su valor como fundamiento de la familia, la comunidad de vida de los cónyuges ha quedado insubsanablemente perturbada. Será entonces una*

---

[106] A respeito da guarda compartilhada escrevi em: *Estudos de Direito de Família*. Porto Alegre: Livraria do Advogado, 2004, p. 137.

[107] Apelação cível n° 70013801592, julgada pela 7ª Câmara Cível em 5 de abril de 2006, sendo Relator o Des. Luiz Felipe Brasil Santos. Aliás, mesmo os que discordam do julgamento, reconhecem o excelente, sério e profundo trabalho realizado pelo Relator.

[108] *Divórcio e separação*. 10ª ed. São Paulo: Revista dos Tribunais, 2002, p. 20 a 23.

célula enferma Del organismo social que perturba a la comunidad o, al menos, carece para ella de valor". Invocando Carlos Sampaio (Do divórcio, n. 1, p. 5), concorda em que a patologia nas relações conjugais é perniciosa à sociedade e se deve restabelecer o equilíbrio, com a dissolução do conúbio, restituindo-se a integridade jurídica dos cônjuges e manten-do-se a ordem econômica e social. Também é Carlos Sampaio quem afirma que não é a lei que faz o divórcio, mas sim a quebra de comunhão de sentimentos ou de interesses. Cahali reconhece que *"rompidos os anelos da vida comum como degeneração própria dos matrimô-nios mal constituídos, o legislador não pode quedar-se indiferente às suas conseqüências, devendo cumprir a sua missão de buscar fórmulas que melhor realizem a sorte e a felicidade de seus jurisdicionados".* Registra que a introdução do divórcio não se revelou funesta, nem representou uma causa a mais de agravamento da crise da família.

O Código de 2002, em seu art. 1.581, facilitou mais ainda o divórcio, deixando de exigir prévia partilha de bens. Por outro lado, os tribunais vêm abrindo novos caminhos para a separação judicial, afirmando que pode decorrer apenas do desamor, sem explícito enqua-dramento nos casos desejados pelo legislador de 2002.

G) Outro progresso do direito de família contemporâneo reside em ajustar e harmonizar os regimes de bens ao fim maior da ligação conjugal, ou seja, ao cuidado e aprimoramento de relações sinceras e emocionalmente concatenadas.

Correta, portanto, a inclinação de elidir o regime da comunhão universal como o regime legal. Primária a razão: tentar coibir os casamentos ditados por interesses econômico-financeiros. Escrevi "ten-tar", pois descabe a ingenuidade de imaginar que para muitos não valha a pena casar com pessoas ricas, mesmo sem amor, pois isto propicia uma vida muito mais confortável. Apenas é uma maneira de buscar diminuir a influência dos fatores patrimoniais.

Certa, em contraposição, a tendência à comunhão dos aqüestos. Os bens adquiridos na constância do casamento, durante uma relação que se presume amorosa e verdadeira, quando ambos os cônjuges tudo dão de si para o crescimento moral e patrimonial do conjunto familiar, devem pertencer a ambos. À comunhão afetiva corresponderá a comu-nhão patrimonial. Por isto é saudável a quebra do princípio da imutabilidade do regime matrimonial (art. 1.639, § 2°, do Código Civil de 2002), desde que preservados os direitos de terceiros que tenham negociado com o casal antes da modificação. Se se alterou o vínculo de afeição, elemento essencial e fundamental do casamento, é adequado que se mude o secundário e acessório, que é o regime de bens.

Lamentável, a propósito, permanecesse, como aconteceu por mui-to tempo, resistência em admitir afastamento da regra da comunhão após consolidada separação de fato. Se o essencial desapareceu, ou seja, o amor, o respeito, a vida em comum, o mútuo auxílio, que sentido de justiça há em privilegiar o secundário, que é o prisma puramente financeiro, econômico, patrimonial, material, econômico?

H) Multiplica-se a atuação do Estado sobre a família. É fato consumado, a ser visto com cautela em seus desdobramentos.

O papel estatal surge na manutenção de creches, no crescimento da previdência social (auxílio-natalidade, auxílio-doença, salário-família, etc.), no sistema de pensões, nas atividades de lazer organizado, no aumento da ingerência e poderes dos juízes sobre o grupo familiar, além de outras modalidades.

A tendência, por exemplo, de igualdade dos cônjuges, atribuirá ao juiz uma função relevantíssima e intensa perante a família, pois o transformará no árbitro permanente das dissensões entre os casais.

O agir do Estado pode produzir benefícios à família, protegendo-a, amparando-a, ajudando-a em suas funções primárias, mantendo seu equilíbrio, trazendo-lhe meios de melhor alimentar e educar os filhos, e assim por diante.

Porém, se recomendei precaução nesta tendência é porque a penetração e força do Estado não pode se de molde a alienar as responsabilidades dos componentes da família, tolher-lhes liberdades básicas, coisificá-los ou robotizá-los, pondo em risco o próprio poder originário do povo. A população e a família precisam controlar e fiscalizar o Estado na proporção em que este amplia seus poderes e área de atuação. Comparativamente, nos países do denominado terceiro mundo, a ação do Estado pode ser decisiva na quebra de estruturas perpetuadoras da miséria, da fome, da desnutrição e do retardamento físico e mental do povo, sem que, com isto, este mesmo povo abdique de sua soberania e capacidade de reação sobre a cúpula.[109]

---

[109] Roberto Lyra Filho, em *O que é direito* (2ª ed. Editora Brasiliense, 1982, p. 106 e 107), citando Boaventura de Souza Santos, empresta relevo à importância de um pluralismo jurídico capaz de implicar a negação do monopólio radical de produção e circulação do direito pelo Estado moderno. Os fantasmas de Aldous Huxley – Admirável mundo novo – e de George Orwell – 1984 – dificilmente não serão sempre recordados nestes momentos. Nem foi por outra razão que Ernst Bloch (*Derecho natural y dignidad humana*. Madrid: Aguilar sa de ediciones, 1980.) se preocupou em tentar conciliar o combate à pobreza com o resguardo da dignidade do ser humano, em seu mais amplo conceito. Michel Foucault, elaborando sua tese microfísica do poder (a – *Microfísica do poder*. 3ª ed.Rio de Janeiro: Edições Graal, 1982. b – *Vigiar e punir*. 3ª ed. Petrópolis: Vozes, 1984) expôs os mecanismos de controle social, em exaustivo alerta sobre as mais diferentes formas de cadeias de dominação; sobre estas deve ser exercitada a crítica e reflexão permanentes, perquirindo se bem utilizadas ou não pelos seus manipuladores. O Estado pode ser agente do que há de negativo na ideologia da sociedade industrial, dissecada por Herbert Marcuse em sua obra famosa (*Ideologia da sociedade industrial*. Rio de Janeiro: Zahar Editores, 1967). Sobre o tema, merece leitura Enrique Dussel: *Filosofia da libertação na América Latina*. São Paulo e Piracicaba: Edições Loyola e Editora UNIMEP, sem data, salvo da edição mexicana, de 1977. Oportuno ressalvar qualquer confusão entre estes pensamentos e certo tipo de ataque empresarial ao Estado, quando, sob pretexto de ineficiência de atividades estatais e defesa da livre iniciativa, poderosos interesses do capital, nacional e internacional, tentam expulsar o Estado de sua posição de defesa dos mais fracos e de proteção às riquezas nacionais; esdrúxula, por sinal, a postura destes empresários, sempre agarrados ao Estado nos instantes de crise (...).

DIREITO DE FAMÍLIA

I) A ciência e a tecnologia colocam diante do jurista novos conhecimentos e práticas que em muito colaboram com as procriações artificiais, com alterações sociopsicológicas e jurídicas na determinação do sexo, com a pesquisa probatória e com a avaliação dos fatos submetidos ao exame do profissional do direito.

As procriações artificiais, finalmente contempladas no novo Código Civil brasileiro (art. 1.597, incisos III, IV e V), estão se desenvolvendo dia a dia no plano técnico-científico. São importantíssimas para aqueles que mais se fixam no aspecto biológico das relações parentais (em detrimento da adoção), mesclando-o, inseparavelmente, com a faceta afetiva. Nosso país, até há pouco bastante ausente deste debate no plano jurídico, começa a conhecer obras significativas sobre o tema, como veremos no capítulo VI.

A doutrina e os tribunais, com as inevitáveis resistências, principiaram a aceitar a possibilidade de alteração de sexo, em termos jurídicos,[110] a fim de que haja uma harmonia entre o jurídico e o social, entre o jurídico e o psicológico. Atenta-se para a busca da felicidade do ser humano, corrigindo um desequilíbrio de identidade que pode ter resultados os mais perigosos (depressão, suicídio).

No campo da pesquisa fático-probatória, basta ver a relevância dos exame de DNA nas ações de investigação de paternidade[111] e a evolução dos conhecimentos psiquiátricos, decisivos nas interdições.

As avaliações dos quadros fáticos submetidos à apreciação dos lidadores do direito conta com subsídios valiosos a partir de matérias como a sociologia, a psiquiatria, a psicologia, a antropologia, o serviço social.

Agiganta-se, no direito de família, a vetusta parêmia de que quem só sabe direito não sabe direito.

Intolerável é que quaisquer condutas desta espécie sejam importadas para o direito sem o filtro severo do resguardo da dignidade humana. Qualquer mercantilização ou monetização precisa ser repelida. Nunca esquecerei artigo que discutia a natureza jurídica do contrato celebrado no caso de cessão de útero ou de mãe de substituição (sequer pode ser empregada a expressão repugnante "mãe de alu-

---

[110] A ressalva da expressão "em termos jurídicos" diz com a finalidade de contornar a objeção a tais modificações feitas por aqueles que situam o sexo como não modificável, pois que determinado geneticamente, e que é o argumento utilizado pelos acórdãos que rejeitam a transformação. A mudança opera no plano jurídico, além do que atende a uma adequação social e psicológica.

[111] Este exame reveste-se de importância decisiva no novo Código Civil brasileiro, como se percebe pelos seus arts. 231 e 232. Apenas se exige a cautela de não sacralizar tais exames, como se fossem infalíveis; para pejo dos juristas o alerta a respeito partiu de pessoas fora da área jurídica: a) Anete Trachtenberg: O poder e as limitações dos testes sangüíneos na determinação de paternidade, artigo publicado em *Revista AJURIS*, Porto Alegre, 1995, 63/324; b) Alfredo Gilberto Boeira: O perfil de DNA como prova judicial – uma revisão crítica, artigo publicado em *RT 714/290*.

guel"), procurando apurar se se tratava de locação de coisa ou locação de serviços! Também é contra a dignidade humana (art. 1°, inciso III, da Constituição Federal) a cognominada "produção independente", na qual uma mulher se insemina mantendo oculto o doador do sêmen, o que produz o indecente resultado de um ser humano nascer sem possibilidade de conhecer suas raízes, sua genealogia, sua ascendência, o que viola direito de personalidade, além de causar graves problemas em transplantes de órgãos, em impedimentos para casamento.

Novamente, como ao se estudar a ingerência estatal na família, todos, sem caírem no reacionarismo anticientífico estéril, devem estar atentos aos perigos da manipulação e controle do homem e ao ressurgimento de um racismo em novas bases. A inseminação artificial é importantíssima no auxílio aos casais sem filhos e impossibilitados de tê-los normalmente. A mudança de sexo pode influir na recuperação psicológica de um ser humano para a vida. Em contrapartida, a esterilização pode destruir a personalidade; a eugenia seria arma terrível nas mãos de pessoas dispostas a planejarem e dirigirem uma humanidade dócil e submissa, e, segundo elas, devidamente purificada, ao bom estilo nazi-fascista. Avulta, como contrapeso imprescindível, mais uma vez, o acompanhamento atento pelo povo, que se quer participativo na tomada de todas as decisões relevantes que lhe digam respeito, além do que, depois, fiscalizará, a cada passo, a execução do decidido coletivamente.

1.4. Conclusões

Como todo o fenômeno humano, a realidade familiar só admite enfoque dialético em sua compreensão, com o que suas alterações estruturais e funcionais são perceptíveis, no que diz com a causa, em todo um complexo de motivações de diferentes naturezas, todas interagindo entre si e todas sobre a família, sem que esta, por sua vez, deixe de igualmente sobre elas influenciar.

São ambos os pais forçados a trabalhar fora do lar, da mesma forma que os filhos, visando aumentar a renda familiar, em decorrência das crises econômico-financeiras do capitalismo e da absoluta miséria que assola grandes massas. É a pobreza produzindo a tensão no ambiente familiar, a violência, o alcoolismo, a saída para as ruas dos menores, desde a mais tenra idade, a vida sem perspectivas de realização, o esmagamento de todas as potencialidades humanas. É a necessidade de crescimento do grupo familiar, quando abalado pela carência material, como forma de reforço nos ingressos monetários. É a fragmentação da solidez moral vitoriana, em um mundo no qual as estruturas de referência desabam, sob uma crítica científica e filosófica implacáveis no desmascaramento dos mitos, das superstições, das ilusões e das certezas, buscando a construção de um mundo novo, alicerçado no conhecimento não deturpado das qualidades e limitações do homem. É a velocidade fantástica das mudanças em todos os setores da vida, terminando com a placidez das convicções não erigidas sobre o aprofundamento analítico. É no campo da ciência, em especial, o desvelamento psicanalítico das opressões e pressões familiares. É a tendência de todos os seres humanos a, pelo caminho da liberdade, atingirem o bem-estar, a igualdade, o respeito incondicional à dignidade, a realização de seus potenciais, alertados que foram, pela ciência, pela filosofia e pela arte, dos mecanismos destinados a deixá-los em um plano de inferioridade. É o choque das lutas políticas, voltadas à organização de uma sociedade justa, igualitária e democrática, mas, concomitantemente, perturbada pela erupção de fanatismos regressivos e ditatoriais. É o desenvolvimento notável dos meios de comunicação, com divulgação mundial imediata de qualquer acontecimento de algum relevo e trazendo para dentro dos lares todas as idéias e atitudes. É a assunção de novos valores pela juventude. É a revolução no campo da arte, abrindo uma infinita liberdade criadora, não mais contida por cânones uniformizadores. É a transformação do sexo em discurso permanente e detalhado. É a ânsia de saber e descobrir mais, aberto que está o homem ao universo. São as minorias, étnicas ou sexuais, não mais aceitando uma posição de parias na coletividade, além de assumirem suas condições peculiares. E assim por diante, todos os leitores estão aptos a enumerarem causas e causas da revolução familiar, desde as mais singelas e superficiais até as mais profundas e obscuras.

Tão importante como identificar as causas das tendências e transformações é saber aceitá-las como irreversíveis na marcha da humanidade e saber sobre elas raciocinar, argumentar, equacionar problemas, apontar rumos e sugerir soluções, atenuar e combater os excessos, quando o reclamam a justiça e a dignidade do homem.

Ao direito cabe elaborar os textos legais mais adequados à nova realidade da família e interpretá-los consentaneamente, evitando a cristalização, a mumificação e o nocivo descompasso entre um povo e seu direito. Os dados sociais e psicológicos da família se alteraram fortemente no século XX, e assim prossegue no presente século.

Os vetores da justiça,[112] do amor, da igualdade, do respeito à dignidade humana, da liberdade e do atendimento das necessidades humanas em nível de possibilidade de desenvolvimento de todas as potencialidades do homem são essenciais a uma sociedade melhor e à

---

[112] Com a advertência de Cornelius Castoriadis (*Socialismo ou barbárie*. Editora Brasiliense, 1983, p. 33): *"Uma sociedade justa não é uma sociedade que adotou leis justas para sempre. Uma sociedade justa é uma sociedade onde a questão da justiça permanece constantemente aberta"*.

mais perfeita organização familiar. Uma má sociedade apenas por exceção produz boas famílias, mas famílias más também não originam uma boa sociedade. Se a família estiver estruturada e funcionalizada para transmitir aos seus componentes os valores superiores de convivência, um passo formidável terá sido dado no escopo de constituir uma sociedade mais justa, fraterna, solidária, igualitária e libertária. As transformações na família expressam o ajustamento deste ente social às novas realidades fáticas e valorativas. Por isto o direito de família vem mudando tão acentuadamente. E que se fomentem estas mudanças, para o direito não ser obstáculo ao advento de uma sociedade nova e melhor. O direito deve ser mais um fator a acelerar as modificações. E o será se o compromisso de seus operadores for com os autênticos interesses populares e não com teorizações lógico-formais de gabinete, em regra elucubradas ao abrigo de uma metafísica platônica correspondente a um mundo fantasioso e imaginário, que não é o de nossa gente.

2. Casamento:
aspectos básicos dos obstáculos ao casamento e suas invalidade.
Outras alterações trazidas pelo código civil de 2002

2.1. Introdução

Já deixei claro que este livro tem base, essencialmente, nas lições que profiro sobre direito de família na Escola Superior da Magistratura e Escola Superior do Ministério Público, assim como palestras e conferências que ministro. Assim, insisto e enfatizo que procedo à seleção dos temas mais relevantes, mais polêmicos, mais atuais, de maior interesse, sempre pressupondo o conhecimento fundamental fornecido pela graduação. Por isto, a matéria deste capítulo, por exemplo, é deixada, em minhas aulas, para o final, por sua reduzida ocorrência no mundo forense (para não correr o risco de, havendo problema de tempo, se sacrifique o que é mais essencial). Nas faculdades, esta inversão é inaceitável; diferente é quando as palestras se endereçam a pessoas que possuem as noções ministradas nas faculdades de direito. Para fins de exposição em livro, no entanto, parece mais adequado seguir a ordem das matérias no Código Civil, motivo pelo qual principio por algumas considerações sobre o casamento, sempre evitando o que é elementar e primário. Porém, fica bem explicitado que os temas deste capítulo são de importância bem menor do que aqueles versados na separação judicial, no divórcio, na filiação, nos alimentos, na união estável e no regime de bens, matérias priorizadas em minhas aulas.

Abordarei o que analiso em minhas palestras, ou seja, o que considero, na atualidade, mais relevante nos capítulos I e VIII do Livro IV, Título I, Subtítulo I, do Código Civil. Significa o estudo da sistemática atual de obstáculos ao casamento e das invalidades do casamento, assim como considerações sobre outras modificações introduzidas pelo Código Civil de 2002.

2.2. Obstáculos ao casamento

Sei que a expressão acima é problemática. O que seriam os obstáculos ao casamento? A dificuldade reside em que, apesar da sistemática bem melhor do novo Código na matéria, falhou em utilizar uma expressão global que abrangesse a incapacidade para o casamento (Capítulo II), os impedimentos (Capítulo III) e as causas suspensivas (Capítulo IV). No sistema do Código de 1916, havia a expressão "impedimento", que compreendia todas as hipóteses de obstáculos ao casamento; falava-se em impedimentos dirimentes e impedientes (estes últimos não invalidavam o casamento), sendo os primeiros divididos em absolutos e relativos, conforme a nulidade fosse absoluta ou relativa. Hoje, o vocábulo "impedimento" tem sentido mais restrito, destinado apenas aos casos que antes se situavam nos impedimentos dirimentes absolutos. Portanto, hoje é errado usar genericamente o termo "impedimento". Veja-se que os antigos impedimentos impedientes hoje são denominados de causas suspensivas (continuam não provocando invalidade do casamento). Por outro lado, dos anteriores impedimentos dirimentes relativos, somente sobrou, com tratamento separado, a capacidade para o casamento.

Deparando-me com o Código Civil de 2002, em face do que expus no parágrafo anterior, enfrentei a dificuldade de localizar os antigos impedimentos dirimentes relativos, salvo a incapacidade para o casamento, relacionada com idade mínima de 16 anos. Após refletir, concluí que o Código afastou da condição de obstáculos ao casamento os demais impedimentos dirimentes relativos que constavam no Código de 1916. Ficaram eles como causas de nulidade relativa ou anulabilidade, constantes no art. 1.550, ou seja, assunto para exame e alegação posterior ao casamento. Penso que a razão do legislador foi elidir a necessidade de o oficial do registro civil de pessoas naturais e o juiz de paz terem de levar em conta obstáculos de difícil verificação, o que não acontece com o fator idade. Veja-se exemplo típico: a incapacidade para consentir ou manifestar, de modo inequívoco, o consentimento (art. 1.550, IV) antes era impedimento dirimente relativo (art. 183, IX, do Código Civil de 1916); hoje não mais é; justifica-se: imagine-se alguém que aparecesse para casar sob efeito de álcool, mas sem demasia; ora, imenso seria o problema do juiz de paz se tivesse que trancar a celebração do casamento por tal motivo; afinal, a bebida poderia ser natural conduta de quem está emocionado ou nervoso; se alguém achar que a bebida poderia comprometer o consentimento, que ajuíze, se tiver legitimidade, a ação anulatória.

2.2.1. A capacidade para o casamento

O art. 1.517 unificou a idade mínima de casamento para homem e mulher: 16 anos. Antes tínhamos 18 anos para o homem e 16 para a mulher.

O art. 1520 traz questão que merece destaque. A finalidade de evitar imposição de pena criminal constava no art. 214 do Código anterior.[113] Ademais, o Código de 1916 dizia que por defeito de idade não se anularia o casamento do qual resultasse gravidez: art. 215. O que interessa no artigo em tela, no entanto, é o seguinte: alguns sustentam que está revogada a disposição que permite autorizar o casamento para evitar imposição ou cumprimento de pena criminal; assim é porque a Lei n° 11.106, de 28.03.05, revogou os incisos VII e VIII do art. 107 do Código Penal, com o que o casamento com a vítima não mais extingue a punibilidade. Contudo, interessante opinião foi formulada em artigo doutrinário de Gustavo Felipe Barbosa Garcia,[114] no qual defende a tese de que só são atingidos os crimes de ação pública, pois , nos crimes de ação privada, o casamento da vítima com o agente pode ser visto como renúncia tácita à ação privada ou perdão tácito.

2.2.2. Impedimentos

Primeira observação que reputo importante diz com o art. 1.521, inciso II. Trata-se de lembrar que atualmente a afinidade também existe no companheirismo: art. 1.595, *caput*, do Código Civil.

Quanto ao inciso III do art. 1.521, Luiz Edson Fachin e Carlos Eduardo Pianovski Ruzyk[115] defendem a tese de que é irrelevante que a dissolução do vínculo tenha ocorrido antes ou depois da adoção. Penso que se pode discutir esta asserção: as razões morais que embasam o impedimento não se sustentam, a meu ver, quando o casamento já estava extinto no momento da adoção.

O inciso IV não foi feliz, pois ignorou lei especial que autorizava o casamento entre colaterais de terceiro grau (tio com sobrinho), se médicos afirmassem a não inconveniência do ato, isto é, o art. 2° do Decreto-lei n° 3.200/41. A doutrina, acertadamente, vem entendendo pela permanência daquela regra especial.[116]

2.2.3. Causas suspensivas

Eram os antigos impedimentos impedientes. Continuam a não produzir invalidade do matrimônio. A única sanção prevista no Código Civil, para a desobediência a estas causas, é se ter o casamento como feito pelo regime de separação obrigatória: art. 1.641, inciso I.

---

[113] O Código de 2002, sabiamente, não reproduziu o parágrafo único do art. 214 do precedente Código. Com efeito, a ordem de separação de corpos resultaria ridiculamente ineficaz nos tempos atuais.

[114] *RT 840/114.*

[115] *Código civil comentado:* direito de família, casamento: arts. 1.511 a 1.590, volume XV. Coordenador: Álvaro Villaça Azevedo. São Paulo: Atlas, 2003, p. 64.

[116] a) Carlos Roberto Gonçalves. *Direito civil brasileiro*, vol. VI: direito de família. São Paulo: Saraiva, 2005, p. 55 e 56. b) *Maria Berenice Dias. Manual de Direito das Famílias.* 3ª ed. São Paulo: Revista dos Tribunais, 2006, p. 138. c) Luiz Edson Fachin e Carlos Eduardo Pianovski Ruzik. Ob. e vol. cit., p. 64 e 65.

Importante o parágrafo único do art. 1.523, pois permite ao juiz não aplicar as causas suspensivas, provando-se inexistência de prejuízo. Aliás, não tenho qualquer dúvida de que, mesmo realizado o casamento com desrespeito de causa suspensiva, é possível aos cônjuges, se for superada a causa, obter perante o Judiciário o levantamento do regime obrigatório, se comprovarem a ausência de prejuízos. Alcançado este propósito, podem solicitar, se o desejarem, alteração do regime de bens, com base no art. 1.639, § 2º, do Código Civil. A permanência no regime de separação obrigatória tem séria seqüela, pois a doutrina o considera imutável (note-se que o regime obrigatório vem sendo muito atacado pela doutrina e tribunais: a) quanto aos incisos I e III do art. 1641, é dito que cessa a obrigatoriedade se desaparecida a causa que a tornava necessária e conveniente: b) quanto ao inciso II do art. 1.641, sustentam vários sua inconstitucionalidade, pois violaria a dignidade humana[117]).

2.3. Invalidade do casamento

Muito bem se saiu o Código Civil de 2002 na sistematização das invalidades, facilitando a abordagem do tema. O Código anterior mesclava casos de nulidade com casos de anulabilidade. Hoje a separação é perfeita: todas as situações de nulidade estão no art. 1.548, e, as de anulabilidade, no art. 1.550. Depois deste último, surgem dispositivos regulando hipóteses relacionadas com a anulabilidade, mas importa é que todas elas estão no referido artigo.

Continua o Código não prevendo a inexistência do casamento.[118] Contudo, a doutrina prossegue reafirmando a permanência desta categoria, com o que concordo. Os exemplos da inexistência são clássicos e enumerados em todos os livros, o que dispensa repetição. A distinção entre inexistência e invalidade tem sentido prático, diversamente do que imaginam alguns: o casamento nulo produz efeitos, se putativo; já o inexistente não produz efeito algum. Se não houvesse a diferenciação, teríamos, por exemplo, que casamento realizado com absoluta falta de consentimento (casamento por procuração com assinatura falsificada) absurdamente produzira efeitos para quem estivesse de boa-fé, pois seria apenas inválido e não inexistente.

2.3.1. Não há confundir o art. 1.548, inciso I, com o art. 1.550, inciso IV

Leitura apressada pode produzir impressão de que se referem à mesma situação. Não é assim. O art. 1.548, I, exige a presença de uma

---

[117] Voltarei ao assunto no Capítulo VIII.

[118] Lembrar os três planos enunciados por Pontes de Miranda: existência, validade e eficácia.

doença mental. O art. 1.550, IV, não tem a ver com doença desta ordem, mas apenas com qualquer conduta que provoque suspeita ou convicção de que o nubente não pode expressar de modo inequívoco o consentimento; seria o caso de alguém que casasse apresentando sintomas de embriaguez, por exemplo.

2.3.2. Pode o juiz, pelo novo Código Civil, reconhecer de ofício a nulidade absoluta do casamento?

O sistema anterior não deixava dúvida de que, em se cogitando de nulidade (= nulidade absoluta, ou seja, não de anulabilidade = nulidade relativa), não poderia o juiz, de ofício, reconhecer a invalidade. Cumpre recordar que, na parte geral do direito civil, se aprende que, uma das diferenças entre nulidade a anulabilidade, é que a primeira pode ser reconhecida de ofício pelo Judiciário, e, a segunda, não. Em direito de família era diferente, em face do art. 222 do Código de 1916, que exigia ação ordinária para se anular o casamento.

Ocorre que o art. 1.549 do Código de 2002 não tem a mesma redação e pode autorizar a idéia de que, agora, é lícito ao juiz tomar aquela atitude. De qualquer forma, a doutrina vem reiterando a afirmação de que não tem o magistrado tal poder. Seria uma repetição impensada da posição anterior, sem se dar conta da alteração redacional apontada? É uma possibilidade. Luiz Felipe Brasil Santos, em palestra que proferiu na Escola Superior da Magistratura do Rio Grande do Sul, foi quem, pela primeira vez, suscitou a variante interpretativa citada. Fica o assunto para ser objeto de reflexão. De minha parte, simpatizo com a concepção que confere ao juiz o poder em tela, considerando a realidade atual do direito de família, quando o casamento foi dessacralizado e se facilita sua ruptura; não faz sentido que defeito de tal gravidade não possa ser reconhecido desde logo pelo Judiciário.

2.3.3. Não há mais curador ao vínculo nas ações de nulidade

Esta figura, prevista no art. 222 do Código precedente, não mais aparece no atual Código Civil. A questão é por demais simples e basta o registro da mudança, que não é objeto de controvérsia. Não havia mesmo sentido naquele excesso de preocupação em resguardar o casamento, até pelos motivos há pouco apontados, de desacralizar o matrimônio civil e não dificultar sua ruptura, na medida em que só tem significado sua continuação se persiste o afeto.

2.3.4. Interpretação dos arts. 1.550, VI, e 1.554

O art. 1.550, VI, reputa anulável o casamento celebrado por autoridade incompetente. No entanto, o art. 1.554 ordena que deve subsistir o casamento celebrado por pessoa incompetente, desde que exerça publicamente as funções de juiz de casamentos e tiver registrado o ato no Registro Civil. Como conciliá-los? E mais: não seria inexistente o casamento quando celebrado por alguém manifestamente não investido de tal atribuição (a doutrina tradicionalmente situa esta hipótese entre as de inexistência)?

Parece-me que interpretação sustentável – a meu ver a melhor – passa por considerar inexistente o casamento quando realizado por particular ou por autoridade sem competência material (delegado de polícia, prefeito), salvo, nesta segunda hipótese, quando ocorrer a situação do art. 1.554. Seria anulável quando presidido com incompetência *ratione loci* do celebrante, ou seja, juiz de casamentos incompetente por ser de outra circunscrição; eis o caso de aplicação do art. 1.550, VI; também aqui operaria o art. 1.554. Enfim, se, por exemplo, o delegado de polícia, ainda que em erro grave, vem sendo reconhecido como autoridade celebrante em uma comunidade, atua o art. 1.554; da mesma forma, se juiz de paz de outra circunscrição tiver celebrado o casamento e estiverem preenchidos os requisitos do art. 1.554. O que me parece intolerável é admitir que casamento presidido por simples particular – pessoa não investida em cargo público – possa subsistir com base no art. 1.554; aliás, é hipótese raríssima e que não conheço precedente.

2.3.5. O art. 1.557

Este artigo merece tratamento em separado, pois trouxe importantes modificações.

O art. 219, II, do Código de 1916, queria que o crime fosse inafiançável e que a sentença tivesse transitado em julgado. O art. 1.557, II, afastou o requisito da inafiançabilidade. Por outro lado, não fala em crime definitivamente julgado; contudo, penso que aqui não houve diferença alguma: é evidente que só se pode considerar alguém como criminoso se a sentença condenatória tiver transitado em julgado! Parece-me que o atual Código não mais fala em sentença definitiva pelo singelo motivo de que é óbvio que deve ser definitiva.

Muito sábio foi o legislador em desdobrar as hipóteses antes contempladas no art. 219, III. Hoje elas estão nos incisos III e IV do art. 1.557. Foi sábio porque não é certo exigir, para a doença mental, que seja transmissível por contágio ou herança! Esta exigência só lançaria o juiz em enorme divergência da área psiquiátrica.[119]

---

[119] Divergência que, forçoso reconhecer, tende a diminuir em prol da possibilidade da transmissão por herança ou genética, em face do crescimento da orientação bioquímica na psiquiatria.

2.3.6. A proteção dos terceiros de boa-fé no art. 1.563

Corretamente, o art. 1.563 protege os terceiros de boa-fé. Praticamente, não seria necessário, pois é a fortíssima inclinação da doutrina ocidental por aquela proteção, assim como pelo prestígio à teoria da aparência. Porém, é uma quase superfluidade que não prejudica e, quem sabe, pode ajudar em alguns casos, quando menos esclarecido o intérprete e aplicador da lei.

Esta proteção à boa-fé e à aparência já encontra antigo respaldo para proteção dos terceiros de boa-fé, por exemplo, em casos de procedência de investigação de paternidade. Face à carga sentencial prevalente de natureza declaratória, o autor da demanda é considerado filho desde o nascimento. Ora, como ficaria o seguinte problema: quem antes aparecera como pai registral representara o filho, quando menor, em negócios jurídicos com terceiros; como se constata que, na verdade, não era o pai, seria válida aquela representação? Pois bem, mesmo que se a considerasse inválida, em hipótese alguma poderiam ser prejudicados os terceiros de boa-fé que negociaram com o menor, supondo-o bem representado.

2.4. Outras observações:
formas especiais de casamento; procuração para casar é por instrumento público; a habilitação para o casamento precisa ser homologada pelo juiz de direito

Para concluir, faço algumas observações sobre outros tópicos expressivos da matéria, quer para facilitar o estudo, quer para apontar mudanças relevantes postas pelo Código de 2002 (é interessante apontar tais mudanças enquanto se está muito próximo do Código anterior; em futuras edições deste livro, se as houver, pode não mais ser necessária esta preocupação informativa).

Formas especiais de casamento: a) casamento religioso com efeitos civis: arts. 1.515 e 1.516; b) casamento por procuração: art. 1.542; c) casamento sob moléstia grave: art. 1.539; d) casamento nuncupativo: arts. 1.540 e 1.541; e) casamento consular: art. 1.544; f) casamento por conversão de união estável: art. 1.726.

Note-se que a procuração outorgada para fins de casamento deve hoje ser por instrumento público: art. 1.542, *caput*.

A habilitação para casamento deve agora ser homologada pelo juiz de direito: art. 1.526. É inovação absurda, se levarmos em conta o excesso de trabalho dos magistrados. Fica a esperança de que a lei seja modificada.

3. A Eficácia do Casamento

3.1. Introdução:
o conteúdo deste capítulo. A proteção da mulher, mesmo diante da igualdade jurídica

Neste capítulo será realizado o estudo do Livro IV, Título I, Subtítulo I, Capítulo IX, do Código Civil, ou seja, de aspectos relevantes a serem destacados nos arts. 1.565 a 1.570. Isto implica em analisar também o assunto da igualdade dos cônjuges.

É, a meu ver, o primeiro tema de real importância nos tribunais, no atinente ao Subtítulo I, que trata do Casamento. Tenho referido e repetido que, por exemplo, o capítulo da invalidade do casamento, ainda que causador de grandes e desafiadoras indagações teóricas, tem escassa repercussão no meio forense, pelo reduzidíssimo número de ações visando a invalidação de matrimônios.

É capítulo de menor extensão, na medida em que a matéria resultou bastante simplificada pela irrestrita igualdade dos cônjuges (as dificuldades eram provenientes das diversas formas de tratamento diferenciado). As questões litigiosas são muito mais fático-probatórias do que técnico-jurídicas.

Faço ressalva que reputo relevantíssima: a igualdade jurídica entre homem e mulher é fundamental, mas não deve elidir uma certa preocupação protetiva por parte dos tribunais no tocante à mulher, em face das condições adversas que a maioria delas ainda sofre em nosso país. Em contrapartida, o discurso da proteção precisa ser visto com cautela, visando obstar que funcione no acobertamento de retórica machista (quem precisa de proteção é inferior, e, portanto ...) e também para que não descambe nos excessos até ridículos de proteção, que só servem para fragilizar a mulher.

3.2. A radical igualdade entre os cônjuges no novo Código Civil:
o bem reservado, a guarda dos filhos, o foro privilegiado, o direito de apor sobrenome.

O novo Código Civil, de maneira completa e visceral, liquidou com quaisquer desigualdades entre homem e mulher. Nem poderia ser diferente, diante dos arts. 5°, *caput*, e inciso I, e 226, § 5°, ambos da Constituição Federal. De resto, o primeiro artigo do Livro sobre Direito de Família consagra a igualdade: art. 1.511, em seu *caput*.

Esta radical igualdade simplificou a abordagem da matéria.

É surpreendente o enorme número de artigos que, no Código de 1916, inferiorizavam a mulher, mesmo depois do Estatuto da Mulher Casada (Lei n° 4.121/62). É verdade que tais artigos não mais eram aplicados, por contrariarem a igualdade constitucional. Contudo, permaneceram em nosso Código Civil, de maneira inacreditável, até a entrada em vigor do novo Código.

Todos os artigos que desigualavam homem e mulher desapareceram, sem exceção. O estudo, portanto, é feito mais por contraste com o sistema anterior, cabendo assinalar o que não mais existe. Esta comparação se impõe pelo menos enquanto recente o Código Civil de 2002, para sua melhor compreensão. Vejamos exemplos de desigualdades contempladas pelo Código de 1916 (algumas extremamente humilhantes e todas tragicômicas), em enumeração não taxativa:

- Art. 9°, § 1°, inciso I: a mãe só podia emancipar o filho se o pai estivesse morto.
- Art. 70: O chefe da família, ou seja, o homem, é que podia instituir bem de família.
- Art. 186: em caso de divergência de pai e mãe, para consentir no casamento de filho menor, prevalecia a vontade paterna.
- Art. 219, IV: o defloramento da mulher, ignorado pelo marido, era causa para anulação do casamento.
- Art. 233: o marido era o chefe da sociedade conjugal, representava a família, administrava os bens comuns, fixava o domicílio da família e provia a manutenção da mesma.
- Art. 247: a mulher se presumia autorizada pelo marido para os atos referidos no dispositivo legal.
- Art. 251: a mulher só poderia dirigir e administrar o casal quando o marido estivesse desaparecido, preso ou judicialmente interditado.
- Art. 266, parágrafo único: no regime da comunhão universal, a mulher administraria bens se houvesse autorização do marido.
- Art. 274: na comunhão parcial, a administração dos bens do casal competia ao marido.

- Art. 380: a titularidade do pátrio poder era de pai e mãe, mas, o exercício, do primeiro, sendo a mulher mera colaboradora.

- Art. 385: a mãe só poderia administrar os bens dos filhos na falta do pai.

- Art. 407: o tutor escolhido pelo pai prevalecia sobre o tutor eleito pela mãe. E mais: o tutor designado pelo avô paterno tinha preferência sobre o tutor posto pelo avô materno. E mais ainda: sequer se cogitava de tutor estabelecido por avós.

- Art. 454, § § 1° e 2°: na falta de cônjuge, o curador do interdito é seu pai; a mãe só podia sê-lo na falta do pai. Se isto não bastasse, entre os descendentes, na igualdade de grau de parentesco, os varões precediam às mulheres.

- Art. 467: no caso de ausência, a regra para escolha de curador repetia o disposto no art. 454 citado.

Tudo isto, e o que mais se possa imaginar, desapareceu no atual Código Civil.

Seria desnecessário, a rigor, levantar a questão dos bens reservados da mulher (art. 246 do Código Civil de 1916). Mas como antes do novo Código havia discussões a respeito, é bom deixar claro que não mais existem.

Da mesma forma, cessou a preferência materna na guarda dos filhos menores.[120] O Código resolveu ser explícito a respeito: arts. 1.584 e 1.612. A regra é a prevalência do interesse dos filhos menores, a ser examinada no caso concreto, em face do conjunto das provas.[121] Já que se fala sobre guarda, oportuno destacar importante acórdão, que versou difícil problema relacionado ao tema: foi aceito que mudança para o exterior, de quem detém a guarda, não provoca a perda desta.[122]

Outro registro tem a ver com o art. 1.565, § 1°. Esta norma nem era imprescindível, pois dificilmente se poderia interpretar de outra forma, em decorrência da igualdade constitucional. Criticam alguns este artigo, sob a alegação de que ninguém deveria usar o sobrenome de ninguém. Minha posição, no plano moral e social, é a de que o melhor é não adotar o patronímico do outro, pois esta conduta sempre dá

---

[120] Antes prevista no art. 16 do Decreto-lei n° 3.200/41 e no art. 10 da Lei n° 6.515/77.

[121] De minha parte, sou favorável a que prosseguisse a preferência materna, em tese, em abstrato, com deliberação em contrário se assim o exigisse a prova em um caso concreto. Tenho que não se estaria violando a igualdade constitucional de homem e mulher, mas apenas argumentando com o interesse dos filhos menores. Meus motivos são sociológicos e psicanalíticos. Todavia, não vou me estender, pois, afinal, é questão totalmente superada, em face do novo Código Civil.

[122] RT 679/81 (SP). *Revista de direito Civil 64/229*. Outro tópico de grande discussão, desta vez atinente à visita, diz com exigência de deslocamento do menor para o exterior, para fins de que aquela se concretize: O STJ deliberou que o menor não pode ser obrigado a tal deslocamento (no caso concreto, isto implicava em quatro meses por ano, nas férias do menor, em meio e fim de ano): Lex Jurisprudência do STJ e TRF, 206/163, no RESP 761.202-PR.

impressão de subalternidade, de inferioridade e funciona como se um se declarasse de "propriedade" e "posse" do outro. Porém, parece-me excessiva a crítica, no plano estritamente jurídico, pois conduziria a que se proibisse o uso do sobrenome do cônjuge quando do casamento, o que, a meu ver, seria invadir a esfera de liberdade do cidadão; o acréscimo do sobrenome, se desaconselhável, não vai a ponto de se revestir de caráter ilícito ou imoral.

Por fim, é conveniente verificar se está ou não revogado, pela norma constitucional de igualdade, o denominado foro privilegiado da mulher, contido no art. 100, inciso I, do Código de Processo Civil. Sempre entendi negativamente. A norma não visa desigualar homens e mulheres, mas sim proteger, quando necessário, a parte mais fraca. Muitas vezes disse que sou absolutamente favorável à igualdade jurídica entre os sexos. Mas nunca deixei de acrescentar que não podem os tribunais ignorar a realidade social e cultural, que, em grande parte do país, ainda situa as mulheres em intensas dificuldades; assim, em determinados casos concretos, terão os julgadores que levar em conta eventual posição inferior da mulher, sob pena de injustiça flagrante (o presente capítulo é momento adequado para enfatizar e reiterar esta visão do tema da igualdade); milhares e milhares de mulheres são diariamente espancadas e/ou mortas pelos namorados, amantes, maridos, companheiros, etc;[123] todas as estatísticas mostram que, no mercado de trabalho, em regra, as mulheres ganham menos; e assim por diante.[124] Esta compreensão em torno do foro privilegiado, por sua vez, não leva à injustiça, pois estamos lidando com regra de competência territorial ou de foro, e, portanto, relativa: se em certa situação a mulher for a parte forte, não se aplicará o art. 100, inciso I, do CPC. Vejamos um exemplo: a mulher, rica, se muda de Porto Alegre para Manaus, e, nesta cidade, aciona o marido, que é pobre e ficou morando

---

[123] Não há mais nenhuma dúvida de que a violência masculina é em dose muito superior à feminina. Além das guerras, bastaria constatar a prosaica verdade de que a maioria esmagadora dos assassinos seriais são do sexo masculino, além do que as mulheres, quando o são, matam e se retiram, ao passo que os homens – vários deles – ficam picando e até comendo as vítimas, isto quando não as torturaram antes de matar. Outras constatações evidentes, que resistem a qualquer discurso edificante: a) as prostitutas, apesar de terem todos os motivos para revolta contra a sociedade e os homens, raramente atacam os clientes; b) lésbicas dificilmente se matam: c) ao contrário, no homossexualismo masculino é grande a mortandade.

[124] Todo o cuidado é pouco, contudo, para evitar a utilização indevida do discurso de proteção da mulher. Aqueles que a querem manter em posição subalterna pretendem se valer da necessidade de proteção para tentar justificar a desigualdade. É mais uma precaução contra a retórica da falácia, tão comum no discurso comunicativo, capaz de transformar asserções justas e verdadeiras em um contexto, em afirmações injustas e falsas, pelo deslocamento para outro entorno discursivo. Difícil encontrar uma assertiva, por mais sublime que seja, que não possa ser empregada com fins errados, tudo dependendo das intenções de quem a emite. Além disto, é indispensável precaver-se contra os exageros protetivos perniciosos; a propósito, merece leitura a prosa corrosiva, irônica e ridicularizadora de Camille Paglia: *Sexo, arte e cultura americana*. São Paulo: Companhia das Letras, 1993, p. 57 a 79.

naquela capital; nesta hipótese, não tenho dúvida de que deve ser acolhida exceção de incompetência ajuizada pelo marido, para se afastar a regra especial de competência e aplicar a regra geral de fixação da competência pelo domicílio do réu. A jurisprudência, incluído o Superior Tribunal de Justiça, vem se inclinando pela permanência do foro privilegiado da mulher.[125]

3.3. Inovação trazida pelo art. 1.570 do novo Código Civil

Mais uma vez aparece novidade que precisa ser posta em destaque, pelo menos enquanto o novo Código Civil for recente. O risco é a memória feita pelo Código anterior, fator capaz de causar falhas no enfoque de normas nas quais as mudanças sejam menos perceptíveis.

O art. 251 do Código de 1916 mencionava as hipóteses de o cônjuge varão estar desaparecido, preso ou interditado. O registro é muito singelo e dispensa maiores ponderações: trata-se de perceber que o art. 1.570 acrescenta uma quarta hipótese: cônjuge *"privado, episodicamente, de consciência, em virtude de enfermidade ou de acidente"*.

3.4. Os atos de interesse da família:
devem ser praticados por ambos os cônjuges ou a vontade expressa de um faz presumir a anuência do outro, salvo quanto aos casos em que a lei exige a vontade dos dois?

Como último tópico deste capítulo, analiso assunto que se mostra mais complexo: saber se a igualdade é entendida como obrigatoriedade de ambos exercerem conjuntamente os atos que interessarem ao grupamento familiar ou se significa que cada um pode exercê-los separadamente (evidente que a dificuldade não existe quando a lei explicitamente quer a presença de ambos!). O problema se pôs desde a Constituição Federal de 1988 e se mantém com o novo Código Civil, pois este não possui norma explícita sobre a matéria.

A questão é difícil teoricamente, não estando a merecer a devida atenção doutrinária. Forçoso, contudo, admitir que na prática não suscita maiores indagações, quadro que pode se modificar a qualquer instante, com a grave conseqüência de pedidos de invalidação de atos praticados por um só dos cônjuges.

---

[125] Yussef Said Cahali. *Divórcio e separação*. 10ª ed. São Paulo: Revista dos Tribunais, 2002, p. 523. Yussef, contudo, não concorda com esta orientação.

João Baptista Villela e Segismundo Gontijo[126] deram-se conta da dificuldade e souberam suscitá-la em sua real dimensão. Não pode ser tratada em poucas linhas e com generalidades.

Humberto Theodoro Júnior, antes do Código Civil de 2002, equacionou a indagação de molde a considerar que ambos os cônjuges se devam manifestar.[127] Jorge Franklin Alves Felipe[128] e Pedro Sampaio[129] ficaram com a mesma posição.

Mais correto, com toda a vênia, foi o rumo indicado por José de Farias Tavares,[130] quando disse: *"A chefia será, então, bipartida, para fazer-se valer perante terceiros, nunca, porém, entre os cônjuges, que a exercem em regime de co-gestão"*. Parece-me que a assertiva deste jurista pode ser interpretada como querendo dizer que não há obrigatoriedade, em regra, de ambos os cônjuges expressarem conjuntamente sua anuência para a prática dos atos de interesses da família, presumindo-se que a manifestação volitiva de um deles conta com a concordância do outro. O ato será válido, com o que se preservam os direitos de terceiros que se envolvam no mesmo.

Complemento a tese que considero correta acrescentando que o ato pode ser ineficaz no tocante ao cônjuge que na verdade não consentira com ele, podendo o prejudicado reagir juridicamente contra os efeitos que lhe alcançarem, sempre dentro da órbita de relações entre os cônjuges e não no respeitante a terceiros. A regra geral é não ser reclamada cada vez a participação conjunta de marido e mulher. Antes do Código Civil de 2002 já defendi esta tese, para a qual abria duas exceções: a) a lei exigisse a presença de ambos os cônjuges (exemplo típico dos arts. 235 e 242 do Código Civil anterior); b) fosse da natureza de determinado instituto jurídico a necessidade de atuação de ambos os cônjuges, como na emancipação e na autorização para casamento de filho menor, quando a atuação unilateral teria o gravíssimo efeito de tirar o pátrio poder (hoje poder familiar) do outro.

O novo Código Civil parece facilitar a sustentação do caminho que reputo o mais acertado. Sempre que tem como indispensável a atuação conjunta dos cônjuges, ele é expresso a respeito; e o faz precisamente

---

[126] Artigos publicados em *Direitos de família e do menor – inovações e tendências – doutrina e jurisprudência*, obra coletiva coordenada pelo Min. Sálvio de Figueiredo Teixeira. 3ª ed. Belo Horizonte: Del Rey Editora, 1993. O artigo de João Baptista intitula-se "Sobre a igualdade de direitos entre homem e mulher" e está nas p. 133 a 154 (trecho que interessa: p. 147). O artigo de Gontijo denomina-se "A igualdade conjugal" e encontra-se nas p. 155 a 172 (trecho que interessa: p. 165 e 166).

[127] Alguns impactos da nova ordem constitucional sobre o direito civil, artigo publicado pela *Revista da Faculdade de Direito da Universidade Federal de Uberlândia*, Uberlândia, 1991, 20/41. Trecho que interessa: p. 42.

[128] A nova Constituição e seus reflexos no direito de família, *RF 304/94*.

[129] *Alterações constitucionais nos direitos de família e sucessões*. Rio de Janeiro: Forense, 1990, p. 20.

[130] O Código Civil e a nova Constituição. 1ª ed. Rio de Janeiro: Forense, 1990, p. 48.

naquelas hipóteses mais sérias, em que era mesmo recomendável e até imprescindível a anuência de ambos. Cito artigos que apóiam este pensamento: a) art. 5°, parágrafo único, inciso I; b) 1.517, *caput*; c) 1.647; d) 1.663, § 2°, 1.720; e) 1.729, *caput*. Ao contrário, o art. 1.642, inciso VI, estipula, de forma genérica, que qualquer dos cônjuges, isoladamente, pode *"praticar todos os atos que não lhes forem vedados expressamente"*.

A solução proposta guarda coerência sistemática com nosso ordenamento jurídico. Exemplo forte é dado pelo art. 11, inciso I, da Lei n° 8.245, de 18.10.1991: morrendo o locatário, a locação residencial prossegue com o cônjuge sobrevivente ou companheiro. Ora, se o cônjuge sobrevivente fica sub-rogado é porque não estava obrigado a assinar o contrato de locação. Sendo o assunto de locação residencial um tema de extrema relevância humana e social, pois diz com a moradia, a habitação, o lar, ainda assim não hesita o legislador em não exigir presença de marido e mulher no contrato. O contrato de locação, mesmo com assinatura de um só dos cônjuges, será existente e válido, com o que os terceiros contratantes, presumidamente de boa-fé, não serão afetados pela falta daquela assinatura. Quando muito o contrato seria ineficaz no tocante ao cônjuge que não o firmou, pois não concordava com o imóvel escolhido. Este cônjuge discordante não estaria obrigado a aceitar a residência unilateralmente eleita pelo outro e poderia, para ela não se mudar; se fosse acionado, em separação judicial litigiosa sanção, por abandono de lar, contestaria demonstrando que sua recusa foi embasada em razões sérias, tais como insalubridade e periculosidade do local escolhido pelo outro.

Outro exemplo forte da harmonia sistêmica trazida pela solução que proponho tem a ver com o art. 3° da Lei n° 4.121, de 27.08.1962, que permite seja título de dívida assinado por um só dos cônjuges, sem que com isto se torne inválido;[131] apenas haverá ineficácia em relação ao que não assinou, se o débito não veio em benefício da família (requisito acrescentado pelos tribunais), o qual poderá valer-se de embargos de terceiro para livrar sua meação ou seus bens particulares. A combinação sistemática de normas prossegue se atentarmos para os arts. 1.663, § 1°, 1.664 e 1.666 do novo Código Civil, com foco especial no segundo. Estes dispositivos estão em consonância com a tese de que em regra basta a manifestação de um dos cônjuges e também com o art. 3° do Estatuto da Mulher Casada, pois deixam claro que dívidas podem ser contraídas por um só dos cônjuges (não são inválidas se contraídas por um só), restando ao outro, se a obrigação não foi em benefício da família (falar em encargos de família, despesas de administração e despesas decorrentes de imposição legal é o mesmo que enumerar

---

[131] No Capítulo VIII deste livro analiso a permanência ou não do mencionado art. 3° no sistema brasileiro.

DIREITO DE FAMÍLIA

gastos que vêm em benefício da família), invocar ineficácia em relação a si próprio, de forma a excluir de eventual penhora pelo menos a meação dos bens da comunhão e os bens particulares.

A fórmula de exigir presença de só um dos cônjuges, salvo quando a lei dispuser diversamente, conta com argumentos consistentes, além dos que já foram referidos. Um deles reside em que deve ser evitada uma interpretação capaz de produzir enormes e prejudiciais demoras no desenvolvimento dos assuntos de interesse da família e dos cônjuges e no desenvolvimento dos negócios em geral na coletividade. Outro argumento é o de se impedir grande insegurança nas relações jurídicas, evitando fomentar mais e mais litígios. Não é acertado deixar de presumir a harmonia e a confiança recíproca entre os cônjuges, elementos de convivência que, se ausentes, tornam recomendável a não permanência da união. Problemas entre cônjuges devem ser internos à família e dentro dela serem resolvidos, sem atingirem terceiros de boa-fé que negociem com o marido ou com a mulher. Não fosse assim, resultaria seqüela paralisante e retardadora da atividade gerencial e diretiva da família e da agilidade dos negócios em geral da sociedade. Se exigida fosse a presença de ambos os cônjuges em todos os atos, sempre que um só concordasse explicitamente ou assinasse, o outro poderia depois pretender a anulação do ato, com prejuízo dos terceiros de boa-fé. Não seria razoável interpretar a igualdade de molde a originar quantidade gigantesca de litígios, envolvendo terceiros de boa-fé que negociaram com um dos cônjuges. Os cônjuges é que devem, como regra, enfrentar as dificuldades oriundas de seus desencontros e desavenças, sem querer transferi-las a terceiros.

4. Separação Judicial e Divórcio

4.1. A separação judicial

4.1.1. As formas de separação judicial, segundo os manuais

Advertência: Antes de abordar a separação e o divórcio, volto a fazer uma advertência que lancei mais de uma vez em meu texto (alguém pode abrir para consulta diretamente neste trecho, pois assim ocorre, em geral, em obras técnicas): este livro diz com as aulas que profiro nas Escolas Superior da Magistratura e Ministério Público, e com o conteúdo de palestras e conferências, ou seja, seleção dos temas mais relevantes, mais polêmicos, mais complexos, mais atuais. Se fosse tratar tudo o que está implicado na separação judicial e no divórcio, todas as minhas aulas seriam apenas sobre estes dois assuntos (Yussef Said Cahali escreveu 1379 páginas sobre os dois tópicos), e também todo este livro! Ainda assim, saliento que as questões de maior discussão e atualidade não se encontram aqui, mas sim na filiação (mais difícil e demorado tema de família na atualidade), no regime de bens, nos alimentos e na união estável. Foram poucas as alterações do Código Civil novo em sede de separação judicial e divórcio. Demonstração disto é como, em minha permanente coleta de acórdãos de família sobre matérias interessantes e novas, o número bem menor é naquelas duas áreas, em contraposição às outras quatro que mencionei. Fora dos aspectos abordados neste Capítulo, os outros setores de controvérsia e complexidade já são antigos e as interpretações são bem definidas e conhecidas, o que facilita aos que pesquisam. De resto, os debates jurídico-probatórios na separação judicial e no divórcio quase sempre ocorrem em matéria de alimentos, guarda de filhos, visita aos filhos e partilha de bens; ora, o tema alimentar será versado no Capítulo IX deste livro, e, questões relacionadas à partilha, no Capítulo VIII; quanto aos filhos, expus a posição deste livro em sua Apresentação.

Como corolário disto, exemplificativamente, não analisarei a separação amigável, pois em nada tem se modificado[132] (salvo o prazo de

---

[132] Talvez seja oportuno destacar que o art. 1.121 do Código de Processo Civil, em seu inciso II, foi modificado para se acrescentar o regime de visitas como elemento que deve constar na

um ano de casamento: art. 1.574), com o que todos os livros dizem o que há para ser dito, e há muito tempo, sendo também farta e consolidada a jurisprudência. Exceção será a referência sobre a possibilidade de realizá-la em tabelionato, o que será visto no item 3.

O tema propriamente dito: Apesar de aspecto elementar, recordarei as modalidades de separação judicial, como via para ingressar no assunto e como base para as considerações a serem elaboradas a partir das diferentes espécies.

A separação judicial pode ser consensual e litigiosa. Esta se subdivide em sanção (quando há discussão de culpa) e remédio. A remédio, por sua vez, se desdobra em separação de fato e doença mental. A separação judicial amigável é prevista no art. 1.574 do Código Civil, e, as demais, no art. 1.572 (a sanção está no *caput*, a remédio por separação de fato no § 1º, e, por doença mental, no § 2º).

O Código Civil de 2002 alterou prazos: a) para requerer a separação judicial amigável basta um ano de casamento; b) para solicitar a separação judicial litigiosa remédio por doença mental, o prazo foi reduzido para dois anos de enfermidade.

Esta classificação das modalidades de separação judicial é a consagrada nos manuais de direito. Depois vou problematizá-la, pois vem emergindo corrente de pensamento que pode conduzir ao surgimento de mais uma espécie de separação.

Por enquanto, cabe assinalar que o art. 1.573 apenas seria uma explicitação de casos de insuportabilidade da vida em comum (art. 1.572, *caput*) e de impossibilidade de reconstituição da vida em comum (art. 1.572, § 1º), tudo sob a denominação de *"impossibilidade da comunhão de vida"*. Sob este ângulo, seria um dispositivo absolutamente inútil e um lamentável retrocesso; inútil porque seu parágrafo único, ao falar em outros fatores que podem ser considerados pelo juiz, torna desnecessário o elenco precedente; retrocesso porque ressuscita a antiga enumeração de hipóteses de desquite litigiosa, vigorante no Código Civil de 1916 até a Lei nº 6.515/77 (Lei do Divórcio). Adiante veremos que pode ser conferida outra interpretação ao art. 1.573, em face de acórdão do Superior Tribunal de Justiça, que o redime e o tornaria extremamente útil, com criação de nova espécie de separação judicial.

4.1.2. A questão da culpa e a possibilidade de ser alterada a classificação das formas de separação judicial

Em termos nacionais, a doutrina e a jurisprudência, largamente dominantes, continuam a trabalhar com a culpa, inclusive para efeitos

---

petição de separação amigável. A rigor, nem seria necessário este acréscimo. Resta desejar que os juízes tenham a sabedoria de aceitar cláusulas genéricas, como a de visitação livre.

alimentares e para a ruptura da união estável. Seria difícil que fosse de outra maneira, pois o novo Código Civil prossegue prevendo a culpa, tanto como causa de separação judicial litigiosa sanção (art. 1.572, "caput"), como em termos fator capaz de provocar redução dos alimentos (arts. 1.694, § 2°, e 1.704, parágrafo único), e, ainda, como determinante da perda do direito de usar o nome (art. 1.578, *caput*). A culpa não mais atua é no equacionamento da guarda dos filhos (arts. 1.583 a 1.590). Note-se que a culpa ainda teria influência na indenização por dano moral quando da ruptura da sociedade conjugal; aqui acontece curioso problema: há os que admitem a indenização por dano moral, mas não querem discutir a culpa! É, sem dúvida, posição incoerente.[133] Uma derradeira constatação sobre a naturalidade com que o Código Civil trabalha com a culpa, mas aí já fora do campo da separação judicial: em outros momentos, o Código opera com a noção de culpa: a) art. 1.564, pertinente às conseqüências da anulação do casamento para o culpado; b) art. 1.830, no qual a culpa é pesquisada para fins de direito sucessório.

O Tribunal de Justiça do Rio Grande do Sul vem reagindo contra esta linha preponderante de pensamento, em julgamentos que colimam ou afastar a cogitação de culpa por inconstitucionalidade (fere o resguardo da dignidade humana), ou, pelo menos, elidir sua discussão, em casos concretos, tanto quanto possível[134] (exemplos: a – desnecessidade de discutir a culpa porque já acertados alimentos e uso de sobrenome; b – a passagem do tempo, em separação judicial litigiosa sanção, permite saída através da separação judicial litigiosa remédio por separação de fato[135]). Esta orientação tem sólido fundamento, pois se alicerça em dados psicológicos, que evidenciam a reciprocidade da culpa, e morais, que visam resguardar os cônjuges das desvantagens de uma separação judicial litigiosa com pesquisa de culpa, assim como na constatação de que o desamor deve acarretar o fim da sociedade conjugal, o que combina com o fato de a revalorização do aspecto

---

[133] Aludo ao tema ao tratar, no Capítulo IX, sobre a influência da culpa nos alimentos. Ali me reporto a artigo de minha autoria sobre a indenização por dano moral na família, que é desfavorável a esta espécie de ressarcimento (para casos que só podem ocorrer entre cônjuges, pois evidente que, por exemplo, haverá aquela indenização em hipóteses de agressão física e moral). A incoerência apontada foi bem diagnosticada em acórdão da 7ª Câmara Cível do TJRS: Apelação Cível n° 70010457786, julgada em 29.06.2005, sendo Relator o Des. José Carlos Teixeira Giorgis; o acórdão, acertadamente, negou a indenização por dano moral, exatamente porque não aceitava o debate sobre culpa na separação judicial.

[134] RJTJRGS 195/366, 201/364, 208/349, 208/371, Apelação Cível 70002183259.

[135] Yussef Said Cahali se rebela contra esta possibilidade, por considerá-la não técnica, mas apenas um exercício de pragmaticidade: *Divórcio e separação*. 10ª ed. São Paulo: Editora Revista dos Tribunais, 2002, p. 601 e 602. Realmente, é forçoso convir que a solução pragmática não se harmoniza muito com o Código de Processo Civil. A tanto não leva o art. 462 daquele diploma legal, pois não se trata apenas de considerar fato novo, mas sim de alterar a causa de pedir.

afetivo ser uma das características principais do direito de família moderno.[136]

Com toda a vênia, não me convenci do argumento de inconstitucionalidade, não me parecendo razoável não possa o legislador sequer prever separação com culpa. *E sinto-me à vontade para manifestar esta posição, visto que sou a favor da eliminação da culpa.* Apenas vejo que o direito brasileiro insiste em mantê-la na lei federal e cumpre ao intérprete e aplicador acatar esta opção legislativa. Acho forçada a construção pela inconstitucionalidade. Não só forçada em si própria, como também duvidosa pela circunstância de que também integraria o conceito de dignidade humana, na elasticidade que a corrente contrária está querendo lhe atribuir, o direito moral da parte que se sente ofendida de demonstrar que não foi ela a culpada pela destruição do casamento (dentro das noções correntes de moral média, as quais, gostemos ou não, queiramos ou não, ainda impregnam as valorações do povo). A lei federal não está obrigando ninguém a seguir o caminho tortuoso e difícil da separação sanção! Por isto é também difícil atinar com inconstitucionalidade porque estivesse sendo desrespeitada a dignidade humana. Pode o interessado, não alcançada a forma ideal, que é a separação judicial amigável (ou o divórcio amigável), valer-se da separação judicial remédio ou, passados dois anos de separação fática, do divórcio direto. Não faltam caminhos legislativos para evitar a separação judicial litigiosa sanção. Por outro lado, é excessivo simplesmente proibir o uso desta última modalidade, pois que, como salientei, podem suceder motivos morais consideráveis para que assim seja, isto sem falar dos motivos jurídicos (quantitativo dos alimentos, uso do sobrenome). Além disto, forçoso reconhecer que, dentro de uma concepção tridimensional do direito (fato – valor – norma, consoante Miguel Reale), a realidade social e valorativa do povo, em grande parte, mostra o apego à indagação sobre o responsável pela ruptura; não seria exato, portanto, dizer que o legislador impôs uma solução alheia às expectativas da população.[137] A idéia de culpa, em geral, está

---

[136] O Superior Tribunal de Justiça, sendo Relator o Ministro Ruy Rosado de Aguiar, proferiu julgamento em que prestigia as decisões gaúchas, decretando separação judicial mesmo sem prova de culpa, quando esta fora alegada em ação e reconvenção. Trata-se do RESP 467.184-SP, julgado em 05 de dezembro de 2002, encontrável em Revista Brasileira de Direito de Família, Síntese, IBDFAM, Porto Alegre, jan-fev-mar 2003, p. 87. O Ministro Relator chegou a adiantar opinião sobre o novo Código Civil, afirmando que o art. 1.573, parágrafo único, permite separação judicial com amplitude, mesmo sem conduta reprovável do cônjuge, bastando a impossibilidade da vida em comum. Seria, a meu ver, a aceitação da mera incompatibilidade de gênios, por exemplo. Segundo ele, seria uma nova modalidade de separação remédio, o que alteraria até mesmo a classificação das formas de separação feita pela doutrina dominante.

[137] Sei que este argumento deve ser empregado com cautela, pois o povo, em sua maioria, provavelmente aprovaria a pena de morte. Eu continuaria sendo contrário a ela e sustentaria sua inaplicabilidade, mesmo constando na Constituição Federal! Porém, a grande diferença é que aí se trata de matar alguém e não de somente estar uma lei federal a prever a possibilidade de uma

presente nas apreciações populares sobre todos os assuntos controversos, desde o acidente de trânsito com danos puramente materiais; com muito maior motivo na gravidade dos conflitos erótico-afetivos.

Contudo, a verdade é que a reação contra a culpa é crescente e o acórdão antes enunciado, do STJ, prestigia a orientação gaúcha e permite partir até para uma alteração das modalidades de separação judicial. Enseja ele o aparecimento de nova modalidade de separação judicial, que seria a separação judicial litigiosa remédio por impossibilidade de comunhão de vida ou desamor. O acórdão resgata o art. 1.573 e sustenta que seu parágrafo único faculta ao juiz decretar a separação judicial por desarmonia do casal. O que era artigo totalmente censurável, por inútil, passaria a ter profundo alcance no sistema brasileiro. É orientação nova e que não se pode prever será ou não acatada pelos doutrinadores e pela maioria da jurisprudência.

4.1.3. A perda de bens prevista no art. 1.572, § 3°

É ponto que sempre mereceu, a meu pensar, especial atenção, pois bastante descuidado pelos profissionais do direito, apesar de sua importância, às vezes com graves consequências para os clientes dos advogados que não se deram conta dos efeitos gravíssimos do dispositivo legal, mais ainda antes do novo Código Civil, quando abrangia a separação judicial litigiosa remédio por separação de fato, segundo o art. 5°, § 3°, da Lei n° 6.515/77 (hoje atinge só a separação judicial litigiosa remédio por doença mental).

A falta de clareza da norma torna recomendável se exemplifique sua aplicação. Suponhamos que João case com Maria, tendo esta um patrimônio de um milhão de reais. Fazem pacto antenupcial elegendo a comunhão universal de bens. Com isto, João, só pelo ato de casar, ganha quinhentos mil reais. Pois bem, se João vier a propor contra Maria uma ação de separação judicial litigiosa remédio, alegando doença mental da mesma, e sair vencedor, como decorrência perde os quinhentos mil reais que ganhou pelo casamento!

Note-se que a sanção patrimonial em tela diz respeito somente à separação judicial remédio e não ao divórcio. Era e continua sendo assim. Por estranho que pareça, alguns tentaram estendê-la, por analogia, ao divórcio, precisando o Supremo Tribunal Federal asseverar o óbvio, ou seja, regras restritivas de direito ou punitivas não tem aplicação analógica.

---

separação judicial com alegação de culpa, entre outros caminhos legais para a ruptura da sociedade conjugal ou do casamento. É preciso ter em mente a proporcionalidade entre os valores envolvidos, sob pena tudo ser inconstitucional, conforme a posição interpretativa de cada um, o que resultaria no perigo de nada ser inconstitucional! (...) O linguajar amplo e aberto do texto constitucional, principalmente de seus primeiros artigos, enseja uma amplitude infinita das alegações de inconstitucionalidade.

Hoje a regra se transformou praticamente em letra morta, pois é raríssima a separação judicial litigiosa remédio por doença mental. É bom que assim seja, pois sempre a considerei como altamente censurável, na medida em que implicava em forte contradição sistêmica, visto que a pior conduta imaginável, em separação sanção, não acarretava e não acarreta perda de patrimônio. Evidente o motivo de sua manutenção para o caso de doença mental: punir quem, imoral e perversamente, quer se livrar do cônjuge doente. Discordo desta motivação: é mais imoral e perverso obrigar alguém a ficar ao lado de um doente mental; terminaremos produzindo mais um doente e cultivando a hipocrisia na relação familiar.

A razão para antes o castigo patrimonial abranger a separação judicial litigiosa remédio por separação de fato foi a série de contradições que geraram a colcha de retalhos que foi a Lei do Divórcio. Facilitava-se a separação judicial, com a introdução da fórmula do remédio, mas se buscava cercear quem utilizasse do caminho mais fácil para largar o cônjuge (no fundo, a intenção de preservar os matrimônios).

Por fim, registre-se que a doutrina não encontrou como aplicar a segunda parte do § 3º, ou seja, quando diz *"e se o regime dos bens adotados o permitir, a meação dos adquiridos na constância da sociedade conjugal"*. Por mais que se refletisse, não foi possível localizar outra aplicação para o § 3º senão no pertinente ao regime de comunhão universal de bens.[138]

4.1.4. Na separação judicial, a partilha ainda pode ser realizada após sua decretação

A matéria parece por demais singela, mas é de ser ventilada em função do texto do art. 1.575 do Código Civil, em seu *caput*.

Dá ele a impressão de que a sentença de separação implica forçosamente na partilha dos bens. Não era assim e continua não sendo. Na separação judicial, a partilha pode jamais ser feita. Nem poderia ser diferente, pois até no divórcio a partilha pode ficar para depois (art. 1.581), o que será mais tarde enfocado.

A redação do art. 1.575 é que não foi feliz. Quer ele apenas dizer que a separação judicial faculta, permite, autoriza a partilha de bens. É curioso que esta dúvida esteja, já que o art. 7º da Lei do Divórcio tinha igual previsão e não se vinha querendo que separação judicial obrigasse à partilha! Provavelmente, como estamos diante de um Código Civil novo, esteja sendo lido com mais atenção do que as leis anteriores (...)

---

[138] Yussef Said Cahali. *Divórcio e separação*. 10ª ed. São Paulo: Revista dos Tribunais, 2002, p. 835 e 836.

Por falar em partilha, remeto o leitor ao Capítulo VIII (regime de bens), em seu item 11, quando faço várias considerações sobre dificuldades que surgem na divisão patrimonial em casos nos quais um ou ambos os cônjuges possuem quotas ou ações de empresas.

4.1.5. Não foi repetido o art. 8° da Lei n° 6.515/77

O Código Civil de 2002 não tem norma como a do art. 8° da Lei do Divórcio. Significaria isto que a sentença que julga a separação judicial não pode mais retroagir ao momento da decisão que concedeu separação cautelar?

Respondo negativamente.

É verdade que sentença de separação judicial tem, em princípio, efeito predominantemente constitutivo. Ora, sentenças constitutivas operam efeitos, em regra, apenas para a frente (*ex nunc*) e não para trás (*ex tunc*). Para a eficácia ser retroativa, somente se houver lei expressa assim ordenando. Era o que fazia o art. 8° da Lei do Divórcio. Maior ainda a relevância do problema quando se sabe que a súmula 305 do Supremo Tribunal Federal determina a irretratabilidade da vontade de se separar, depois da audiência de ratificação perante o magistrado. A repercussão prática do tema é inegável, bastando lembrar a hipótese de falecer um dos pais dos separandos, deixando grande herança (casamento com comunhão universal de bens) durante o processo de separação, mas antes da sentença transitada em julgado.

Porém, tenho que as regras processuais e procedimentais da Lei do Divórcio permanecem. O art. 8° sob exame é eminentemente norma processual, com o que pode subsistir. A dificuldade virá se vier a ser totalmente revogada a Lei do Divórcio, como pretende projeto em tramitação no Congresso Nacional.

4.1.6. O nome

A fim de evitar eventual confusão, é oportuno indicar que o art. 1.578 do Código Civil, ao expressar que o cônjuge declarado culpado na ação de separação judicial perde o direito de usar o sobrenome do outro, ao abrir exceções a esta regra traz hipóteses que antes se referiam à manutenção do nome no divórcio, como se constata pelo art. 25, parágrafo único, da Lei n° 6.515/77 (mais adiante veremos que agora o nome no divórcio está previsto no art. 1.571, § 2°, do Código Civil, aliás em péssima colocação dentro da lei e em triste solução).

O § 2° do art. 1.578 alude aos casos de separação judicial amigável e separação judicial litigiosa remédio. O singelo registro é feito porque a redação da lei civil não é clara quanto a este desiderato, o que tem provocado dúvidas em alguns.

DIREITO DE FAMÍLIA

4.1.7. Três observações atinentes à separação consensual: renúncia aos alimentos, doações e deslocamento de matérias contenciosas para processo próprio, sem prejuízo da separação judicial consensual

Os objetivos desta obra não permitem cogitar dos muitos problemas suscitados pela separação judicial amigável, como antes aludi. Apenas sobre separação amigável cabe um curso com muitas horas-aula! Basta ver como haveria inúmeras questões respeitantes a como bem estipular as cláusulas alimentares, onde várias omissões e equívocos são cometidos.

Farei aqui só três breves observações.

O importante tema da renunciabilidade ou irrenunciabilidade dos alimentos será examinado ao estudarmos os alimentos, ou, mais especificamente, o art. 1.707 do Código Civil (Capítulo IX deste livro).

Outra questão complexa de interesse teórico e prático significativo diz respeito à possibilidade jurídica das promessas de doação. A doutrina tradicional tendia a não aceitar tais promessas, por considerar inviável promessa de doação. Não se poderia exigir cumprimento de uma promessa de presentear. Presente ou se dá ou não se dá. Porém, o STF, sabedor da má intenção quase sempre acobertada em tais promessas, resolveu levá-las a sério. Por que fazer uma promessa de doação, sabendo que não poderia ser reclamada juridicamente? Na prática, assim acontece para se obterem concessões da outra parte, concessões estas muitas vezes não escritas na petição de separação amigável. A propósito: RTJ 107/1.221, 119/862. O STJ seguiu pelo mesmo caminho. Exemplos: a) RESP 416340/SP, julgado pela Quarta Turma em 04.03.2004[139] (adotou-se a argumentação de que não haveria mera promessa de doação, mas sim ato devidamente homologado por sentença, o que configura ato jurídico perfeito e acabado); b) ERESP (embargos de divergência em recurso especial) 125859/RJ, julgado pela Segunda Seção em 26.06.2002[140] (decidiu-se que promessa de doação em desquite amigável é acordo homologado por sentença e exigível em ação cominatória); c) RESP 32895/SP, julgado pela Terceira Turma em 23.04.2002[141] (doado imóvel ao filho do casal, por ocasião de acordo realizado em autos de separação consensual, a sentença homologatória tem a mesma eficácia da escritura pública); d) RESP 220608/SP, julgado pela Quarta Turma em 04.12.2001[142] (considerou inaceitável cláusula, constante de acordo de separação, que submeteu a doação de imóveis aos filhos à condição de poder ser desfeita a qualquer tempo,

---

[139] Fonte: DJ de 22.03.2004, p. 310.

[140] Fonte: DJ de 24.03.2003, p. 136.

[141] Fonte: DJ de 1º.07.2002, p. 335.

[142] Fonte: DJ de 20.05.2002, p. 145.

pela vontade única dos doadores); e) RESP 124859/RJ, julgado pela Terceira Turma em 06.03.2001[143] (a promessa de doação aos filhos obriga se não foi feita por liberalidade, mas como condição do desquite). Felizmente, os tribunais tiveram a sensibilidade para a solução mais justa e consentânea com o direito, sem se ocultar atrás da esterilidade do tecnicismo lógico-formal.

Por fim, interessante apontar, sob o ponto de vista pragmático, que os juízes, sabiamente, vem adotando solução colimando facilitar a separação amigável: existente, por exemplo, discussão sobre alimentos e guarda de filhos, mesmo assim homologam a separação, remetendo aqueles debates para ação própria. É solução discutível sob o prisma estritamente técnico-jurídico (não poderia haver separação judicial amigável se não houve acerto sobre os temas do art. 1.121 do Código de Processo Civil), porém é forçoso convir que a solução é adequada e razoável,[144] permitindo aos cônjuges desde logo equacionarem e resolverem o aspecto essencial de sua relação afetiva e erótica.

4.2. O divórcio

4.2.1. As formas de divórcio

O divórcio, como é cediço, e apenas recordando para iniciar o assunto, pode ser por conversão ou direto. Ambos se dividem em amigável e litigioso. A modalidade da conversão está no art. 1.580, *caput* e § 1°, e, do direto, no § 2° do mesmo artigo (Código Civil).

O novo Código Civil em nada modificou as formas de divórcio e nem poderia fazê-lo, pois que estão elas, com seus requisitos de direito material, contempladas na Constituição Federal, em seu art. 226, § 6°.

4.2.2. O art. 1.581 e as remissões que não faz

Expressiva alteração foi feita pelo novo Código Civil, em seu art. 1.581, ao permitir que a partilha seja concretizada depois de decretado o divórcio, qualquer que seja a espécie de divórcio.

Antes era bem diferente. No divórcio por conversão, o entendimento largamente dominante era de que a partilha não poderia ser depois do divórcio, em face dos arts. 31 e 43 da Lei do Divórcio. No divórcio direto, em sua modalidade amigável, havia a mesma compreensão, pelos termos do art. 40, § 2°, inciso IV, da lei referida. Discussão intensa formou-se foi quanto ao divórcio direto litigioso,

---

[143] Fonte: DJ de 23.04.2001, p. 158.

[144] Razoabilidade não apenas no sentido vulgar da palavra, mas na conotação dada por Luis Recasens Siches, explicada no Capítulo I desta obra. A lógica jurídica é uma lógica do razoável e não uma lógica formal ou matemática.

pois a Lei do Divórcio foi omissa no referente ao momento da partilha; depois de muitos debates, com divergências fortes entre tribunais, firmou-se a orientação de que a partilha poderia ser após o divórcio decretado, o que originou súmula do STJ: 197.

Contudo, bem que deveria o novo Código Civil ser mais generoso nas remissões a outros artigos. Há dois dispositivos legais que estão intima e decisivamente relacionados ao art. 1.581: art. 1.523, inciso III, e art. 1.641, inciso I.

O art. 1.523, inciso III, dispõe que não *deve* haver novo casamento sem partilha dos bens do casamento precedente. Não fala em não *pode*, mas sim em não *deve*. O art. 1.523 elenca as denominadas causas suspensivas do casamento, que são os antigos impedimentos impedientes do art. 183, incisos XIII a XVI, do Código Civil de 1916. No art. 1.521 é que se diz *"não podem casar"*, o que implica nos anteriores impedimentos dirimentes absolutos. Portanto, se celebrado o casamento, sem prévia partilha dos bens do casamento precedente, o novo casamento é existente, válido e eficaz. Qual seria, então, a seqüela negativa para quem desobedecer a causa suspensiva? Entra aí o art. 1.641, inciso I: o regime de bens do casamento será obrigatoriamente o de separação. Não há outra penalidade no sistema jurídico.

Note-se que o art. 1.523, em seu parágrafo único, contém norma que, sabiamente, relativiza a causa suspensiva, permitindo que o juiz não a aplique em determinadas circunstâncias.

A penalidade de incidência obrigatória de regime de separação é séria, pois impede a alteração de regime enunciada no art. 1.639, § 2°, do Código Civil. Entretanto, vejamos um exemplo que, a meu pensar, constituiria a inteligente aplicação da lei, em observância às suas finalidades e espírito: João casa com Maria sem prévia partilha dos bens de seu casamento anterior. Em face disto, o regime do novo casamento será o de separação obrigatória. Contudo, suponhamos que João realize mais tarde a partilha do anterior casamento e ele e Maria comprovem que ninguém foi prejudicado pela desobediência da causa suspensiva (art. 1.523, parágrafo único); tenho que neste caso podem solicitar ao Judiciário que afaste o regime de separação obrigatória e seria aplicar o correto direito deferir-lhes a pretensão. Com isto, ficam casados pela comunhão parcial, e, se o quiserem, poderão pleitear mudança de regime.

4.2.3. Desapareceu, no divórcio por conversão, a exigência de cumprimento de obrigações assumidas quando da separação judicial

O art. 36, parágrafo único, inciso II, da Lei n° 6.515/77, permitia contestar ação de conversão de separação judicial em divórcio com base no argumento de que o autor não estaria cumprindo obrigações assumidas naquela separação. Esta norma não consta no Código Civil de 2002. Portanto, tal linha de defesa não é mais admitida.

Ao entrar em vigor um novo sistema normativo de determinados institutos jurídicos, é inafastável apontar também as omissões, desde que provoquem revogação de regras anteriores, sob pena de sérios erros por parte daqueles que não são especializados na respectiva área de conhecimento, com o que podem seguir pelas normas precedentes.

O novo Código Civil acertou plenamente em elidir a hipótese contestatória mencionada. Desde há muito já a reputava inconstitucional, pois somente a Constituição Federal estabelece os requisitos materiais para o divórcio, não ficando espaço para a lei infraconstitucional. Esta apenas pode regular a parte processual, não disposta na Constituição. Aliás, por igual fundamento, tinha como inconstitucional a exigência legal de prévia partilha para o divórcio, tema antes versado.

> *4.2.4. O prazo de um ano de separação judicial, para efeitos de conversão em divórcio, só pode ser contado, além do trânsito em julgado da sentença de separação, da decisão concessiva de medida cautelar de separação de corpos.*
> Foi revogado o art. 44 da Lei do Divórcio.

É o que está estipulado no art. 1.580 do Código Civil.

Novamente aqui uma omissão relevante, mais sutil e, às vezes, não perceptível pelos não acostumados com o direito de família. O novo Código Civil deixa de repetir o art. 44 da Lei do Divórcio.

O art. 44 citado é a norma legal mais obscura que conheço no direito brasileiro. Muito esforço doutrinário foi necessário para interpretá-la, o que acabou ocorrendo no sentido de entender que permitia a contagem retroativa do prazo de um ano de qualquer processo em que fosse determinada ou presumida a separação fática. Seria uma separação fática mas judicializada, ou seja, revelada dentro de um processo. Por exemplo: ainda que transitada em julgado hoje a sentença de separação judicial, seria possível amanhã postular a conversão em divórcio, desde que houvesse, exemplificativamente, uma ação de alimentos anterior, com sentença transitada em julgado, na qual se pudesse presumir a separação fática dos cônjuges.

Hoje, em face do art. 1.580 do Código Civil, o recuo do prazo de um ano somente é aceito em casos de cautelar de separação de corpos. Contudo, evidente que precisa haver uma separação judicial para ser convertida em divórcio e não apenas uma separação de corpos; a Constituição Federal, em seu art. 226, § 6°, é explícita em impor a existência de separação judicial a ser convertida; além disto, o § 1° do art. 1.580 fala em *"conversão em divórcio da separação judicial"*. Decisão monocrática do TJRS, com toda a vênia erroneamente, resolveu diversamente.[145]

Como aprendizado sobre exegese das leis, interessante destacar que estamos diante de uma daquelas hipóteses em que só se atinge a interpretação correta atribuindo erro ao legislador, isto é, quebrando uma das regras de hermenêutica, que ordena se busque evitar tais alegações de erro. A doutrina somente conseguiu interpretar o art. 44 quando deixou de associá-lo ao divórcio direto, o que seria a primeira tendência, por sua colocação na lei, depois do art. 40. E mais: foi obrigada a reconhecer que restava inútil o art. 25, *caput*, da Lei do Divórcio, que se viu absorvido pelo art. 44, que dizia bem mais do que aquele.

4.2.5. O nome

Antecipei que o novo Código foi infeliz ao tratar do nome no divórcio.

Em primeiro lugar, porque pôs a matéria em local totalmente inadequado e traiçoeiro: art. 1.571, § 2°. Deveria o assunto estar regulado depois do art. 1.578.

Em segundo, porque permite a permanência do nome de casado, o que não condiz com a ruptura de vínculo matrimonial que se dá no divórcio. Foi um retrocesso, pois antes o divórcio produzia perda do nome de casado, salvo exceções previstas em lei.

4.3. A possibilidade de realização de separação consensual e divórcio consensual por via administrativa

A Lei n° 11.441, de 04 de janeiro de 2007, alterou dispositivos do Código de Processo Civil, para permitir que separação e divórcio amigáveis possam ser feitos em tabelionato, além de inventários e partilhas.

Para utilização da escritura pública, não pode o casal ter filhos menores ou incapazes (art. 1.124-A, do CPC, com a redação determinada pela Lei referida). Note-se que é exigida a presença de advogados e que haverá gratuidade para os que se declararem pobres.

---

[145] Agravo de Instrumento n° 70007367337. O grande equívoco da decisão é nos fundamentos. Admito que se possa tentar construção argumentativa para chegar àquela conclusão; afinal o direito não trabalha com um método racional-dedutivo, como a matemática e a lógica formal. No entanto, é inaceitável que a decisão não tenha enfrentado a Constituição Federal, que, em seu art. 226, § 6°, claramente exige a presença de separação judicial a ser convertida.

De uma maneira geral, a modificação foi bem recebida, pois desburocratiza e agiliza separações e divórcios. No entanto, Euclides de Oliveira, Presidente do Instituto Brasileiro de Direito de Família de São Paulo, apesar de favorável à alteração, pondera que pode trazer falta de segurança jurídica para as partes, pois faltará a orientação dada pelo juiz e o promotor, mais importante quando a parte não está muito segura do que faz.[146]

A novidade é muito recente, mas alguma dificuldade já se pode antever.

Uma delas diz com a possibilidade, que ventilei no item 1.7 acima, de deslocamento de matérias contenciosas para processo próprio, sem prejuízo da homologação judicial da separação ou do divórcio amigáveis. Parece-me que, no caso de atuação de tabelionato, não poderá ser assim. Aquele deslocamento é controvertido mesmo em sede de processo judicial. Ora, maior a cautela em caso de separação e divórcio feitos em tabelionato. Nesta hipótese, tenho que deve haver rigorismo no sentido de só ocorrer a atuação do tabelião se realmente as partes acertarem sobre todos os pontos aludidos no art. 1.124-A, ou seja, descrição e partilha de bens, pensão alimentícia e acordo sobre o uso de sobrenome.

Outra dúvida é a seguinte: o art. 1.124-A fala em separação consensual e divórcio consensual; ora, existe o divórcio direto amigável, em que é requisito a separação de fato por mais de dois anos; como as partes provarão esta separação de fato perante o tabelionato? Em juízo, a tendência tradicional era a de ser designada data para inquirição de testemunhas. Depois, passaram vários juízes a aceitar declarações por escrito de testemunhas. Entendo que a solução consiste em o tabelião adotar esta última fórmula, isto é, as partes apresentarão no tabelionato declarações de pessoas que informem a existência da separação de fato. Não estou sozinho nesta posição, pois o magistrado Antonio Carlos Parreira, Juiz de Direito da Vara de Família e Sucessões e Diretor do Foro da comarca de Varginha, em Minas Gerais, sustenta o mesmo;[147] no entanto, reconhece que há acirrrada divergência a respeito e diz:

> Salvo se houver autorização judicial para a lavratura do ato, aconselhável aos tabeliães aguardar instruções a respeito de sua Corregedoria-Geral de Justiça, ou que seja pacificado o entendimento por mudança da lei por por construção jurisprudencial.

O referido magistrado levanta outra questão bastante polêmica: considera possível a escritura pública mesmo existindo filhos menores ou maiores incapazes. Argumenta com o princípio de que a lei deve ser

---

[146] *Folha de São Paulo* de 6 de janeiro de 2007, p. C4.

[147] Artigo sob o título *Escrituras de inventários, separações e divórcios: alguns cuidados*, encontrável na página da Internet do Colégio Notarial do Brasil, secção de São Paulo: *www.notarialnet.org.br.*

aplicada segundo os fins sociais a que se destina. Não vê prejuízo para os incapazes se seus direitos indisponíveis já estiverem judicialmente tutelados e as escrituras de separação e divórcio ratificarem as decisões judiciais, sem quaisquer alterações pelo casal. É o que ocorre, por exemplo, na conversão de separação judicial em divórcio, quando os temas atinentes aos incapazes podem estar totalmente resolvidos. Podem também estes temas estar resolvidos em processo judicial e a escritura irá ratificar o que foi homologado ou imposto pelo Judiciário. Parece-me razoável esta tese. Porém, ressalva, com o que concordo plenamente, *"como aos tabeliães não é dado decidir, devem se abster de lavrar escrituras quando existentes filhos incapazes, seguindo à risca a lestra fria da lei, podendo quando muito levantar dúvida ao Magistrado, ou instruir os contratantes a postular autorização judicial. Na prática, entre aguardar uma decisão em processo de dúvida ou de autorização judicial para a lavratura da escritura, é preferível requerer a separação ou o divórcio em juízo"*. Realmente é difícil outro caminho, pois a lei é claríssima em exigir que os filhos não sejam menores e nem incapazes e aos tabeliães, pela natureza da função que desempenham, é problemático partir para interpretações ampliativas e extensivas, que possam comprometer a validade do ato. Tabeliães e oficiais de registro em geral seguem a interpretação literal, ficando as criações e exegeses amplas entregues ao Poder Judiciário.

Outra grave dúvida, trazida pela Lei 11.441/2007, diz com a possibilidade ou não de futura execução dos alimentos, convencionados na escritura pública, mediante pedido de prisão do inadimplente. A advogada Marlise Beatriz Kraemer Vieira (conferir em *www.espacovital.com.br* de 12.03.2007), entende não ser viável cogitar de prisão, pois que o art. 733 do Código de Processo Civil só a permite quando os alimentos houverem sido fixados em sentença ou decisão judicial. A execução seria admissível com base no art. 585, inciso II, daquele diploma legal, e com base no art. 13 do Estatuto do Idoso, mas mediante o rito da expropriação (obviamente, se não for possível o desconto em folha de pagamento ou o desconto de rendas de bens do alimentante). Em contrário, o Des. Luiz Felipe Brasil Santos (conferir sua página na Internet: *www.direitodafamilia.net*) sustenta o cabimento da prisão, sob pena de se contrariar completamente o objetivo da Lei, desincentivando o uso da escritura pública. Em um primeiro momento,impressionou-me o argumento do Des. Luiz Felipe. Porém, convenci-me que é muito difícil superar o obstáculo trazido pelo art. 733. Prisão é medida excepcional em matéria alimentar, com o que as interpretações não lhe podem ser favoráveis em caso de dúvida. Descabem exegeses ampliativas, extensivas ou analógicas. Precisará ser modificado o art. 733. Não estou feliz com minha conclusão, pois penso que a ameaça de prisão é a única forma, quando não possível o desconto em folha, de o alimentante levar a sério esta dívida de relevância extraordinária. É deplorável que o legislador tenha sido tão desatento: a solução simples teria sido uma alteração no art. 733, com o que se evitariam enormes discussões, assoberbando ainda mais o Poder Judiciário, já assolado por invencível carga de trabalho.

Outro aspecto interessante: o Des. Luiz Felipe menciona que Paulo Luiz Neto Lobo aceita o simples comparecimento do advogado dos separandos ou divorciandos ao tabelionato, sem necessidade da presença destes. No entanto, discorda, pois considera obrigatório o comparecimento também das partes. Argumenta com o fato de que no processo judicial, quando atuam Juiz e Promotor na fiscalização, é reclamada a presença das partes; com mais razão deve ser assim em tabelionato. Neste particular, penso que sua posição é correta. A propósito, cita ele o art. 619-C, § 4º da Consolidação Normativa Notarial e Registral da Corregedoria-Geral da Justiça do Tribunal de Justiça do Rio Grande do Sul, introduzido pelo Provimento 04/07; ali é expressamente exigida a presença das partes em tabelionato.

Também pondera o Magistrado que o restabelecimento da sociedade conjugal pode ser feito por escritura pública, entendimento consagrado pelo art. 619-H da mencionada CNNR, segundo redação do Provimento 04/07. Aliás, é sem dúvida recomendável aos profissionais do direito a leitura da íntegra da Consolidação Normativa, na parte em que sofreu os acréscimos do Provimento 04/07, da Corregedoria gaúcha.

5. Relações de Parentesco:
Disposições Gerais

5.1. Introdução

Estamos diante de capítulo curto, com asserções rápidas, ainda que uma delas, atinente à extensão do vínculo de afinidade aos companheiros, seja de grande importância. A extensão e a dificuldade surgem no estudo da filiação, tradicionalmente dos mais complicados.

O art. 1.593 é bem mais relevante do que parece, pois propicia um apoio à paternidade socioafetiva. No entanto, será examinado quando ingressarmos no exame desta espécie de ligação familiar.

5.2. A alteração do dimensionamento de grau no parentesco em linha colateral

Pelo art. 1.592 do Código Civil, o parentesco em linha colateral vai até o quarto grau (é o que o povo conhece como primo-irmão e também sobrinho-neto em relação ao tio-avô). Pelo Código anterior, se estendia até o sexto grau. A lei fez coincidir o grau máximo de parentesco com o grau máximo na linha colateral que ainda pode herdar. Diferença existe é no tocante aos alimentos, quando a obrigação alimentar, na linha colateral, vai até o irmão, que é parente em segundo grau (art. 1.697).

5.3. A afinidade foi estendida aos companheiros

O art. 1.595, em seu *caput*, trouxe prestígio à união estável, pois hoje a afinidade é também o vínculo entre um companheiro e os parentes de seu companheiro. Antes a afinidade era o vínculo somente entre um cônjuge e os parentes de seu cônjuge (sogro, nora, sogra, genro, cunhado, padrasto, enteado).

Limitação de destaque aparece em função do art. 1.595, § 2°. Exemplo: não pode alguém casar com ex-companheiro de seu filho, mesmo que este companheirismo esteja findo.

5. 4. A afinidade é considerada parentesco e, na linha colateral, foi limitada ao cunhado

Antiga discussão havia sobre se afinidade também seria parentesco ou se este só era pertinente ao dito vínculo de sangue.

O Código resolveu tomar posição a respeito e, no § 1º do art. 1.595, deixa claro que afinidade também é parentesco.

Outro velho debate foi ultrapassado: disputava-se até que grau ia a afinidade na linha colateral, pois o Código de 1916 deixava a questão em aberto. Hoje o art. 1.595, § 1º, é cristalino ao limitá-la ao irmão do cônjuge ou companheiro.

6. Filiação Biológica e Socioafetiva

6.1. Introdução

Eis o tópico de maior dificuldade entre os que são examinados neste livro. A filiação sempre provocou quase um temor doutrinário, desde as transformações contidas na Constituição Federal de 1988. Autores optaram por continuar expondo o tema dentro dos limites e regras do Código Civil de 1916; outros fizeram problemática miscelânea de normas; poucos assumiram que era preciso ter como revogados vários artigos do velho Código.

O Código Civil de 2002 está bem, em linhas gerais, tendo assumido, como não poderia deixar de ser, a absoluta igualdade dos filhos e a ausência de restrições na pesquisa da verdadeira paternidade biológica. Sua grande falha consiste em não ter aberto espaço para o critério da verdade socioafetiva. Optou pelo critério da verdade biológica, combinado com o critério da verdade legal. Seu equívoco está no art. 1.601, em sua primeira parte, ao limitar ao marido a legitimidade para contestar a paternidade dos filhos nascidos de sua mulher, questão que depois estudaremos. Fora isto, houve erro em manter artigos radicalmente inúteis, mas que, pelo menos, não trazem prejuízos jurídicos (serão depois apontados).

Dentro do critério assumido pelo novo Código Civil, que é o biológico e o legal, sua normatividade está satisfatória, salvo as restrições antes referidas. Não mais aparecem artigos do velho Código que desigualavam filhos e restringiam a busca do vínculo biológico, tais como os arts. 339, 340, 344 (quanto ao prazo curtíssimo de decadência), 363, 364. O art. 363 do Código Civil de 1916 teve sobrevida intolerável, depois da Constituição Federal de 1988, pois evidente que era inconstitucional. A lei não tem que enumerar casos em que se pode investigar paternidade. Basta ver que aquele artigo não contemplava a inseminação artificial (e nem poderia fazê-lo, pois era de 1916)! Tanto é que o STJ já vinha considerando aquele dispositivo como inconstitucional desde a Constituição Federal de 1988.

6.2. Permanece alguma classificação possível para os filhos?

Antes, como é sabido, os filhos biológicos se classificavam em legítimos, legitimados e ilegítimos. Estes, por sua vez, em naturais e espúrios. Os últimos se subdividiam em incestuosos e adulterinos. Esta classificação só tem agora valor histórico e didático. Inclusive, é proibido utilizar tais expressões em documentos oficiais.

A única classificação que alguns setores doutrinários ainda admitem é em filhos matrimonais (ou havidos do casamento) e filhos extramatrimoniais (ou havidos fora do casamento). Para fins didáticos é possível utilizá-la, mas, bem a rigor, nem ela resiste, pois os filhos ditos extramatrimoniais são supostos ou sedizentes filhos; uma vez reconhecidos, voluntária ou judicialmente, serão absolutamente iguais. De qualquer forma, forçoso reconhecer que corresponde à divisão da matéria no Código Civil: o Capítulo II é referente aos filhos matrimoniais, e, o Capítulo III, aos extramatrimoniais.

A pequena mas importante Lei nº 883/49, que permitia o reconhecimento de adulterinos depois de dissolvida a sociedade conjugal, está completamente revogada, esvaziada, pois se baseava em distinções entre os filhos que não mais são aceitas.

6.3. Os critérios de estabelecimento da paternidade (ou maternidade ou filiação):
verdade legal, verdade biológica e verdade socioafetiva

Luiz Edson Fachin, a propósito um dos pioneiros em preconizar maior valorização da socioafetividade,[148] distingue corretamente os três grandes critérios do direito ocidental para estabelecimento da paternidade (maternidade) ou filiação: critério da verdade legal, critério da verdade biológica e critério da verdade socioafetiva.[149] A última parte da idéia de que a paternidade se constrói e recupera a noção de posse de estado de filho.[150]

Oportuno recordar que até a Constituição Federal de 1988 prevalecia o critério da verdade legal, ou seja, alguém era filho porque a lei assim ordenava, mesmo que todos soubessem que não era filho biológico do marido da mãe, mas sim de seu amante, por exemplo. Caso típico era o art. 344 do Código Civil de 1916, ao estabelecer prazos curtíssimos de decadência para que o marido reagisse. Depois, a

---

[148] *Estabelecimento da filiação e paternidade presumida.* Porto Alegre: Sergio Antonio Fabris, 1992. E mais: *Da paternidade – relação biológica e afetiva.* Belo Horizonte: Del Rey Editora, 1996.

[149] Estabelecimento da filiação e paternidade presumida, obra já citada, p. 19 a 26.

[150] Idem, p. 23.

predominância foi para a verdade biológica, o que até hoje prossegue (o próprio nome está dizendo: alguém é filho porque biologicamente assim sucede). Nos últimos anos, cresce o movimento para se emprestar maior importância ao critério socioafetivo (estado de filiação determinado pela ostensividade da situação pai-filho e pelo tratamento entre eles como se o fossem, somados à presença do afeto), principalmente no Tribunal de Justiça do Rio Grande do Sul.

Caso exemplar e cotidiano de predominância do critério da verdade legal, como já disse, residia no art. 344 do Código Civil de 1916, quando impunha curtíssimos prazos decadenciais para afastar a ação negatória de paternidade, além de atribuí-la privativamente ao marido. Note-se a diferença com a imprescritibilidade prevista no art. 1.601 do Código Civil em vigor, que, neste particular, prestigiou o critério da verdade biológica.[151] É sabido que o novo Código Civil não foi feliz ao deixar de reger mais explicitamente o critério socioafetivo.

As restrições à verdade biológica, postas pelo Código Civil de 1916, em seus arts. 339, 340, 344, tinham a ver com o interesse da paz doméstica, como ensina Caio Mário da Silva Pereira.[152] Note-se que a doutrina tradicional admitia atenuação ao critério da verdade legal, distinguindo, por exemplo, entre ação de contestação de paternidade (= negatória de paternidade) e ação de impugnação ou desconhecimento de paternidade. *"A primeira tem por objeto negar o status de filho ao que goza da presunção decorrente da concepção na constância do casamento. A segunda visa a negar do fato da própria concepção, ou provar a suposição de parto, e, por via de conseqüência, a condição de filho".*[153] Consoante Caio Mário, a ação de impugnação ou desconhecimento de paternidade tem lugar quando há falta de identidade entre a criança nascida da mulher e a pessoa que traz a condição de filho, quando há simulação de parto e quando existe falsidade ideológica ou instrumental do assento de nascimento. Esta ação não era privativa do marido e era imprescritível.[154] Como se vê, valioso o ensinamento de Caio Mário, em matéria na

---

[151] Não o fez, porém, quando só atribuiu ao pai a legitimidade para propor a ação, assunto ao qual retornarei.

[152] *Instituições de Direito Civil*. 8ª ed. Rio de Janeiro: Forense, 1991. Vol. V, p. 180.

[153] Caio Mário da Silva Pereira, ob. e vol. cit., p. 180 e 181.

[154] Este assunto tem sido objeto de muita discussão nos tribunais, com oscilações nos julgados. Em alguns momentos prevalece o interesse patrimonial dos parentes (interesse na sucessão), e, em outros, a preservação do grupo familiar nuclear, que não deve ser prejudicado pelos parentes. Assim o STF resolveu a favor da família nuclear em RTJ 37/681. Vejamos o STJ: em LEX – Jurisprudência do Superior Tribunal de Justiça e Tribunais Regionais Federais, vol. 163, p. 39, encontra-se importante acórdão, que cita vários precedentes daquela Corte de Justiça, uns admitindo a legitimidade ampla dos parentes (se bem que operando o prazo decadencial do art. 178, § 9º, VI do Código Civil de 1916), quando se trata de registro falso, e, outros, com posição adversa, preocupados com a solidez da família nuclear e/ou amparados na socioafetividade (no caso apreciado na oportunidade, a prevalência foi da socioafetividade, para afastar a ação promovida pelos tios, mas sem negar a estes a legitimidade, o que significa aplicar a lição de Caio Mário). O TJRS já aceitou ação proposta pelos tios para anular assento de nascimento: RJTJRS 183/389; hoje, com o crescimento do prestígio do critério socioafetivo, seria mais difícil

qual falta clareza para alguns autores; suas assertivas permanecem válidas em relação ao art. 1.601 do Código Civil de 2002 (a ser depois examinado) e servem para resolver a grande maioria dos casos submetidos ao Judiciário, sem necessidade de alegação de inconstitucionalidade da primeira parte do artigo referido (que com demasiada freqüência vem sendo utilizada com excesso: não gosto de alguma norma e logo a vou reputando inconstitucional, quando ou é forçada tal imputação ou, pelo menos, a questão poderia ser superada pela interpretação sistemática infraconstitucional). Também era tida como imprescritível a denominada ação de vindicação de estado,[155] que cabia ao filho nascido na constância do casamento, quando lhe faltava ou lhe era negada a condição peculiar ao seu estado. Estas constatações evidenciam o que todos sabem: que as ações de estado são imprescritíveis (ou, se preferir: não decaem), e só conhecem a decadência ou prescrição em caráter excepcional, quando a lei expressamente o determine (era o caso do art. 344 do Código Civil de 1916).

Pretendo dedicar o próximo item de meu trabalho ao estudo da socioafetividade. Mais tarde, ingressarei no critério do Código, que é o biológico e o legal.

6.4. O critério socioafetivo.

Em que consiste, seu alcance doutrinário e jurisprudencial e as várias dificuldades que provoca, pois que não inserido no sistema do Código

Como antes assinalado, cresce cada vez mais a relevância do critério da verdade socioafetiva. Pelo que há de mais novo nesta compreensão, e porque não explícita no novo Código Civil, reservarei espaço maior para versar sobre a matéria.

Sílvio de Salvo Venosa[156] disserta :

> Lembremos, porém, que a cada passo, nessa seara, sempre deverá ser levado em conta o aspecto afetivo, qual seja, a paternidade emocional, denominada socioafetiva pela doutrina, que em muitas oportunidades, como nos demonstra a experiência de tantos casos vividos ou conhecidos por todos nós, sobrepuja a paternidade biológica ou genética. A matéria é muito mais sociológica ou psicológica do que jurídica. Por essas razões, o juiz de família deve sempre estar atento a esses fatores, valendo-se, sempre que possível, dos profissionais auxiliares, especialistas nessas áreas.

Rosana Fachin[157] ensina:

---

deliberação neste sentido, como mostra julgado em RJTJRS 206/323, quando se repeliu ação negatória de paternidade proposta pelos irmãos. Em sentido diverso, o TJSP: RT 795/209 (ação também intentada pelos irmãos do filho reconhecido).

[155] Idem, p. 181 e 182.

[156] *Direito Civil – Direito de Família*. 2ª ed. São Paulo: Atlas, 2002. Vol. 6, p. 264.

[157] Da Filiação. Artigo publicado em *Direito de Família e o novo Código Civil*. Vários autores, com coordenação de Maria Berenice Dias e Rodrigo da Cunha Pereira. Belo Horizonte: Del Rey e IBDFAM, 2001, p. 120.

DIREITO DE FAMÍLIA

Sobressai a importância da engenharia genética no auxílio das investigações de paternidade; sem embargo dessa importante contribuição, é preciso equilibrar a verdade socioafetiva com a verdade de sangue. O filho é mais que um descendente genético e se revela numa relação construída no afeto cotidiano. Em determinados casos, a verdade biológica cede espeço à "verdade do coração". Na construção da nova família deve se procurar equilibrar essas duas vertentes, a relação biológica e a relação socioafetiva.

Jacqueline Filgueras Nogueira[158] preconiza que o sistema jurídico brasileiro deve ser explícito no tratamento da posse de estado de filho, uma vez que *"esta evidencia a verdadeira relação que deve estar presente entre pais e filhos, ou seja: concretiza os elementos essenciais da relação filial, como amor, afeto, carinho, cumplicidade, proteção (...)"*.

Julie Cristine Delinski[159] tem igual preocupação no sentido de que o nosso direito precisa ser claro no respeitante à significação da socioafetividade, pois vê-se que *"a afeição tem valor jurídico, que a maternidade ou paternidade biológica de nada valem diante do vínculo afetivo que se forma entre a criança e aquele que trata e cuida dela, que lhe dá amor e participa da sua vida"*.

Zeno Veloso,[160] analisando as reformas legislativas feitas no estrangeiro, mostra que *"A presunção de paternidade matrimonial foi mantida em todos os sistemas, sem exceção, embora tenham sido criados mecanismos para o seu afastamento e previstas as hipóteses em que a mesma cessa. Foi suprimido o monopólio do marido para impugnar a paternidade presumida. A velha regra 'pater is est' não foi abolida, mas recebeu atenuações, foi relativizada. Inobstante todos os avanços e conquistas, o prestígio conferido à paternidade biológica, à paternidade real, em detrimento da paternidade jurídica (estabelecida pela presunção), não se admite que alguém se intitule genitor adulterino para, em nome próprio, com base nesta simples alegação, impugnar a paternidade presumida do marido da mãe, reconhecendo, depois, a paternidade natural (biológica, carnal). Priorizando-se os interesses da criança, o biologismo é contido quando se constata a posse do estado de filho diante do marido da mãe. Se coexistem a paternidade jurídica (estabelecida pela regra 'pater is est') e a paternidade afetiva, esta situação real e concreta em que se encontra o filho na família e na sociedade é barreira intransponível para que se introduza um questionamento nesta relação paterno-filial. A busca da verdade biológica, obviamente, tem de ter alguns limites, inclusive para garantir o que seja mais útil para a criança, para o seu equilíbrio psicológico, sua paz, tranqüilidade – enfim, o que seja melhor para o seu bem, para a sua felicidade"*.[161] Em apoio de suas asserções, o notável jurista traz ensinamento dos professores João Baptista Villela (famoso e precursor artigo

---

[158] *A Filiação que se constrói:* o reconhecimento do afeto como valor jurídico. São Paulo: Memória Jurídica, 2001, p. 194.

[159] *O novo direito da filiação.* São Paulo: Dialética, 1997, p. 96.

[160] *Direito brasileiro da filiação e paternidade.* São Paulo: Malheiros, 1997, p. 214 a 221.

[161] Ob. cit., p. 214.

sobre 'Desbiologização da paternidade') e Eduardo de Oliveira Leite. Note-se que Zeno Veloso, em louvável contraponto, também assevera que, em face do princípio constitucional da igualdade entre os filhos, é direito destes, *"e direito fundamental, ter acesso a sua identidade, saber qual é a sua ascendência de sangue, conhecer sua procedência genética"*.[162]

Falando em direito estrangeiro, seria oportuno lembrar Florence Bellivier, Laurence Brunet e Catherine Labrusse-Riou,[163] quando querem *"conjurer les dangers culturels dune biologisation du droit et dune vision à la fois techniciste e naturaliste de la filiation, évinçant la considération des structures anthropologiques et des engagements humains qui façonnent le rapport des parents e des enfants, (...)"*.

José Bernardo Ramos Boeira[164] refere interessante questão que propôs em concurso público para ingresso na carreira do Ministério Público do Rio Grande do Sul, quando indagou sobre a possibilidade de pedido de estabelecimento da filiação tendo como suporte fático a "posse de estado de filho". A partir daí, sustenta a aceitabilidade da reqüesta, com base em uma interpretação sistemática que tem por origem a Constituição Federal (arts. 1º, II e III, e 227, § 6º) e passa por dispositivos do Estatuto da Criança e do Adolescente (arts. 20, 26 e 27). Mais adiante veremos que esta possibilidade é defendida também por Belmiro Pedro Welter. A doutrina tradicional não a tem como lícita no direito brasileiro[165] e os tribunais não chegaram a tal ponto, nem o do Rio Grande do Sul, questão a qual retornarei.

Maria Christina de Almeida[166] enuncia:

> (...) a paternidade é hoje, acima de tudo, socioafetiva, moldada pelos laços afetivos cujo significado é mais profundo do que a verdade biológica, onde o zelo, o amor paterno e a natural dedicação ao filho pelo pai, dia a dia, revelam uma verdade afetiva, em que a paternidade vai sendo construída pelo livre desejo de atuar em integração e interação paterno-filial.

Paulo Luiz Netto Lôbo[167] ressalta que *"A igualdade entre filhos biológicos e adotivos implodiu o fundamento da filiação na origem genética"* e expõe os fundamentos constitucionais do princípio da afetividade na filiação:

---

[162] Ob. cit., p. 215.

[163] *La filiation, la génétique et le juge: où est passée la loi?* Artigo publicado em *Revue trimestrielle de droit civil*, Dalloz, julho-setembro 1999, nº 3, p. 559.

[164] *Investigação de paternidade – posse de estado de filho.* Porto Alegre: Livraria do Advogado, 1999, p. 154 a 163.

[165] Por exemplo: Silvio Rodrigues. *Direito Civil – Direito de Família.* 23ª ed. São Paulo: Saraiva, 1998. Vol. 6, p. 321. Orlando Gomes (Direito de Família. 7ª ed. Rio de Janeiro: Forense, 1990, p. 335) reconhece que o Código Civil não incluiu a hipótese, mas deplora, considerando *"lacuna imperdoável"*.

[166] *Investigação de paternidade e DNA – aspectos polêmicos.* Porto Alegre: Livraria do Advogado Editora, 2001, p. 161.

[167] *Código Civil Comentado:* direito de família, relações de parentesco, direito patrimonial: arts. 1.591 a 1.693, vol. XVI / Paulo Luiz Netto Lobo; Álvaro Villaça Azevedo (coordenador). São Paulo: Atlas, 2003, p. 42 e 43.

DIREITO DE FAMÍLIA

a) todos os filhos são iguais, independentemente de sua origem (art. 227, § 6º); b) a adoção como escolha afetiva, alçou-se integralmente ao plano da igualdade de direitos (art. 227, § § 5º e 6º); c) a comunidade formada por qualquer dos pais e seus descendentes, incluindo-se os adotivos, tem a mesma dignidade de família constitucionalmente protegida (art. 226, § 4º); d) o direito à convivência familiar, e não a origem genética, constitui prioridade absoluta da criança e do adolescente (art. 227, caput).

O mesmo jurista (Paulo Luiz Netto Lobo) produziu texto fundamental, capaz de provocar a superação de confusões e dúvidas desnecessárias que impregnam a matéria.[168] Partindo da relevância da afetividade em campos como a sociologia, a psicanálise, a antropologia, mostra como apenas recentemente a socioafetividade passou a ter o papel importante que lhe cabe no direito de família. Argumenta com extensão e profundidade no sentido de comprovar que o sistema jurídico brasileiro não se resume à filiação biológica, senão que também abriga a filiação socioafetiva. Indica como, no conflito entre filiação biológica e não biológica, o critério do melhor interesse do filho pode oferecer a adequada solução, com o que é lícito manter o estado de filiação mesmo que verificada a ausência de vínculo biológico. *Em distinção essencial – aspecto em que mais colabora para esclarecimento de tumultos interpretativos dispensáveis – assinala que o estado de filiação nada tem a ver com o direito à origem genética, radicado no direito de personalidade.* A consolidação de uma paternidade ou maternidade socioafetiva não pode impedir que o filho busque conhecer, inclusive judicialmente, sua genealogia, suas raízes, suas origens, seus antepassados. Além do direito de personalidade envolvido, manifesto o interesse jurídico em tal descoberta, em face dos impedimentos matrimoniais, do sofrimento psicológico e emocional decorrente do desconhecimento das origens,[169] das compatibilidades em doações de órgãos, da análise de doenças geneticamente transmissíveis.

Belmiro Pedro Welter, em obra sobre o critério socioafetivo,[170] buscou demonstrar, como o fez José Bernardo Ramos Boeira, que se revela viável, no direito brasileiro atual, a ação de investigação de paternidade socioafetiva.[171] A propósito do assunto da imprescindibilidade do conhecimento da origem biológica, mesmo admitida a socioafetividade, Belmiro sustenta, com correção e profundidade, como não pode ser afastado o direito a este conhecimento.[172] O Tribunal de

---

[168] Direito ao estado de filiação e direito à origem genética: uma distinção necessária. Artigo publicado em *Revista Brasileira de Direito de Família*, Porto Alegre: IBDFAM-Síntese, v. 19, agosto-setembro 2003, p. 133 a 156.

[169] Para algumas pessoas este conhecimento revela-se importantíssimo para o equilíbrio emocional e psíquico. Porque algumas pessoas não têm igual preocupação, seria desumano e absurdo pretenderem generalizar e concluir que outros também não ligam.

[170] *Igualdade entre as filiações biológica e socioafetiva.* São Paulo: Revista dos Tribunais, 2003.

[171] Ob. cit., p. 198 a 204.

[172] Ob. cit., p. 176 a 188.

Justiça gaúcho já proferiu julgamento em que acatou esta espécie de investigação (ao que sei pela primeira vez no Rio Grande do Sul, e, talvez, no Brasil).[173]

O Tribunal de Justiça gaúcho aderiu fortemente ao critério socioafetivo, que em nosso Estado, em decorrência desta atitude, desfruta de grande prestígio. Vejamos exemplos: RJTJRGS 214/368, 196/191, 195/398, 196/236 (com alentado voto do Des. Luiz Felipe Brasil Santos sobre as bases jurídico-sistêmicas que permitem aceitação do critério no direito brasileiro), 207/355. O Tribunal de Justiça do Paraná também trouxe significativa contribuição: Boletim IBDFAM 13/2002, p. 10.

Um relevante esclarecimento se faz aqui imprescindível: como anteriormente destacado, o Tribunal do Rio Grande do Sul, apesar de sua postura simpática ao critério socioafetivo, não o admitia isoladamente. Explico: precisa ele estar conjugado com outros critérios expressos no Código Civil, tais como os da verdade legal e biológica (no caso a aparência de filiação biológica, através do registro de nascimento, que, de resto, constitui uma verdade registral, que é modalidade de verdade legal). Assim, ainda não se acatava que pudesse o cognominado "filho de criação" promover com êxito a ação defendida por José Bernardo Ramos Boeira e Belmiro Pedro Welter; no acórdão há pouco noticiado, pela primeira vez houve decisão admitindo que filho de criação possa ser considerado filho para todos os efeitos legais. Para entender melhor, basta ver os casos resolvidos nos acórdãos antes citados, quando realmente a socioafetividade nunca operou isoladamente. Caso comum, por exemplo, é o do homem que, casando ou estabelecendo companheirismo, reconhece como seus filhos que não o são e que sua esposa ou companheira teve com outro. Mais tarde se arrepende e quer negar a paternidade. Pois bem, o Tribunal gaúcho alega que a ação não procede, entre outros argumentos (alegação da própria torpeza, adoção à brasileira), porque o passar do tempo consolidou a socioafetividade.[174] Mas veja-se que aí a socioafetividade não atuou isoladamente, pois havia um registro de nascimento em que aparecia o autor da ação negatória como pai (verdade registral, ou seja, verdade legal).

Avisei que a matéria de filiação era complexa. Mais uma vez se confirma com uma nuance que vem sendo reconhecida a partir do crescimento da socioafetividade: a possibilidade – e de minha parte diria necessidade – de se admitir como que uma duplicidade na filiação, de acordo com a distinção, tão bem feita por Paulo Luiz Netto Lobo (antes a expus, neste mesmo item 4), entre *estado de filiação e direito à origem genética*, radicado no direito de personalidade. O critério

---

[173] *RJTJRS 248/229*, por maioria.

[174] A propósito, entendimento contrário encontra-se em *RT 851/213* (SP), com voto vencido.

socioafetivo pode manter um determinado estado de filiação (que falsamente era tido como radicado no vínculo biológico), mas isto não impediria o cidadão de investigar sua raiz biológica ou genética, para finalidades antes arroladas (direito de personalidade de conhecer a ascendência biológica, transplante de órgãos, cautelas quanto aos impedimentos matrimoniais, verificação da possibilidade de contrair doenças transmissíveis geneticamente). Neste último caso, o reconhecimento do vínculo biológico teria só e exclusivamente estas finalidades, esgotada em si própria, sem repercutir no estado de filiação. Esta possibilidade, que me parece correta, vem encontrando resistência no Tribunal gaúcho, mas a distinção começa a ser feita, o que é um grande avanço: RJTJRS 221/334.

Outro ponto: afinal, tem ou não o critério socioafetivo base no atual Código Civil? Tudo indica que o legislador dele não cogitou. No entanto, setores da doutrina e jurisprudência vem se esforçando por detectá-lo, e com tal desiderato, citam dois arts.: 1.593 e 1.605, inciso II. O art. 1.593, ao falar em *"ou outra origem"*, pela amplitude desta expressão, poderia abranger a socioafetividade. O art. 1.605, em seu inciso II, ao prever *"veementes presunções resultantes de fatos já certos"*, se refere ao tradicional conceito de posse de estado de filho, que nada mais seria do que a socioafetividade (não é bem assim, como mostrarei depois). São argumentos razoáveis, mesmo porque, ainda fosse outra a intenção do legislador, pela moderna hermenêutica, a lei, após editada, se desapega da vontade de quem a elaborou, mais importando a interpretação consoante o art. 5° da Lei de Introdução ao Código Civil. Não custa, entretanto, para fazer o contraponto, lembrar o seguinte: a) a expressão "ou outra origem", sabidamente, para quem conhece o processo de sua elaboração no Congresso Nacional, queria aludir à inseminação artificial heteróloga (art. 1.597, inciso V) e não ao critério socioafetivo; b) o art. 1.605, inciso II, reproduz o art. 349, inciso II, do Código de 1916, e este não queria introduzir o critério socioafetivo no direito brasileiro.

O Des. Luiz Felipe Brasil Santos,[175] em afirmação que significa novos rumos na matéria, e é até certo ponto surpreendente, disse que não mais falaria em afetividade, com o que deixaria de lado a expressão "socioafetivo", para falar em "parentalidade sociológica". Sustentou ser arriscado cogitar da afetividade, pois afeto é dado subjetivo e não mensurável. Com isto, voltou à tradicional definição de posse de estado de filho, que não trabalhava com o afeto, mas apenas com dados objetivos. Com efeito, a posse de estado de filho tinha relação com três elementos: *tractatus, nomen e fama* (como citam todos os manuais de direito), nenhum deles vinculado à subjetividade do afeto.

---

[175] *RJTJRS 249/127.*

A verdade é que, queiramos ou não, gostemos ou não, o critério socioafetivo não foi contemplado no sistema do Código Civil. Basta ver que há propostas de alteração legislativa no Congresso Nacional, introduzindo expressamente tal critério na lei civil. Esta omissão do Código Civil fez com que radicasse a socioafetividade na Constituição Federal: o direito de se definir como participante de um grupo familiar é integrante da dignidade humana; como argumento de reforço, no caso de crianças e adolescentes, se invoca o art. 227 da Constituição, que os protege. Uma das dificuldades consiste em saber se poderia o critério socioafetivo ser usado ao contrário: alegação de ausência de afetividade para derrubar parentesco. Logicamente, seria admissível a hipótese, mas se revela intolerável, pois provocaria o caos no sistema jurídico. Alguém, por exemplo, alegando falta de contato com irmãos, tios, sobrinhos, primos, sobrinhos-netos, tios-avós, poderia pretender a derrubada de todo o parentesco! O máximo que se fez foi autorizar retirada de sobrenome paterno, por falta de afetividade, mas mantendo o parentesco.[176]

6.5. Procriações artificiais

Retornando ao Código Civil, cabe passar ao exame dos critérios biológico e legal, nele consagrados.

Começo pelo art. 1.597, naquilo que tem de novo, que são os incisos III a V.

Preambularmente, assinalo que é intolerável que quaisquer condutas nesta área não passem pelo filtro severo do resguardo da dignidade humana. Qualquer mercantilização ou monetização, por exemplo, precisa ser repelida. Nunca esquecerei artigo que discutia a natureza jurídica do contrato celebrado no caso de cessão de útero ou de mãe de substituição (sequer deve ser empregada a expressão repugnante "mãe de aluguel"), procurando apurar se se tratava de locação de coisa ou locação de serviços! Também é contra a dignidade humana (art. 1°, inciso III, da Constituição Federal) a cognominada "produção independente", na qual uma mulher se insemina mantendo oculto o doador do sêmen, o que produz o resultado de um ser humano nascer sem possibilidade de conhecer suas raízes, sua genealogia, sua ascendência, o que viola direito de personalidade, além de causar graves problemas em transplantes de órgãos, em impedimentos para casamento, em saber sobre doenças geneticamente transmissíveis.

---

[176] Apelação cível n° 70011921293, julgada em 05 de outubro de 2005 pela 7ª Câmara Cível do TJRS.

Novamente, como ao se estudar a ingerência estatal na família, todos, sem caírem no reacionarismo anticientífico estéril, devem estar atentos aos perigos da manipulação e controle do homem e ao ressurgimento de um racismo em novas bases. A inseminação artificial é importantíssima no auxílio aos casais sem filhos e impossibilitados de tê-los normalmente. No entanto, a eugenia seria arma terrível nas mãos de pessoas dispostas a planejarem e dirigirem uma humanidade dócil e submissa, e, segundo elas, devidamente purificada, ao bom estilo nazi-fascista. Avulta, como contrapeso imprescindível, mais uma vez, o acompanhamento atento pelo povo, que se quer participativo na tomada de todas as decisões relevantes que lhe digam respeito, além do que, depois, fiscalizará, a cada passo, a execução do decidido coletivamente.

O novo Código Civil trouxe regras muito escassas e que quase nada resolvem. Falta lei, falta jurisprudência. Porém, começa a surgir ótima doutrina brasileira.[177] É urgente extensa lei que regulamente a matéria, até para impedir sua mercantilização, o que vem sucedendo em grande escala.

Não é meu propósito deter-me neste tema, em decorrência de sua quase nula repercussão forense. Apenas abordarei pontos básicos. Importante, isto sim, como já asseverei e insisto, é a preocupação em evitar a monetização e industrialização repugnantes que tendem a dominar esta área, para o que seria essencial que houvesse lei reguladora minuciosa, e não apenas o quase nada dito pelo novo Código Civil. Por enquanto, resta construir, estando praticamente tudo em aberto, com base nos princípios gerais de direito e nas normas constitucionais, assim como em subsídios de direito comparado. A dignidade humana deve imperar no reger das interpretações, como bem alerta Sérgio Ferraz.[178] Sobre a questão da dignidade humana, cito dois exemplos: a) não é tolerável contrato como o que envolve a denominada "barriga de aluguel" (a expressão em si é repugnante; devem se utilizar nomes como cessão de útero ou mãe de substituição), pois nulo por objeto ilícito; b) não tenho como admissível juridicamente (volto ao assunto, por sua relevância) a cognominada produção independente, quando uma mulher resolve se inseminar com sêmen anônimo; a mulher é dona de seu corpo, mas não de colocar no mundo um ser pela metade, que não terá, por um dos lados, como conhecer suas raízes, sua

---

[177] a) Guilherme Calmon Nogueira da Gama. *O biodireito e as relações parentais*. Rio de Janeiro: Renovar, 2003; b) Eduardo de Oliveira Leite. *Procriações artificiais e o direito*. São Paulo: Editora Revista dos Tribunais, 1995. c) Belmiro Pedro Welter. *Igualdade entre as filiações biológica e socioafetiva*. São Paulo: Editora Revista dos Tribunais, 2003, p. 205 a 264; d) Monica Sartori Scarparo. *Fertilização assistida – questão aberta – aspectos científicos e legais*. Rio de Janeiro: Forense, 1991.

[178] *Manipulações biológicas e princípios constitucionais:* uma introdução. Porto Alegre: Sergio Antonio fabris, 1991.

genealogia, sua ascendência, seus antepassados; sei que é tema polêmico, mas tenho que, mantido o sigilo em geral, pelo menos o filho deve ter o direito de apurar quem é seu pai biológico, mesmo mantido o estado de filiação já existente (vale aqui a distinção antes feita entre estado de filiação e direito de personalidade de conhecer as origens); isto não significa criação de vínculos jurídicos com quem doou o sêmen, mas só ensejar ao filho o conhecimento de sua ascendência, para finalidades antes enunciadas.

6.5.1. O art. 1.597, III

A lei permite a fecundação mesmo que falecido o marido. Parece-me correto o enunciado 106 da I Jornada de Direito Civil do Centro de Estudos Judiciários do Conselho da Justiça Federal, que reclama autorização escrita deixada pelo marido, em caso de se querer utilizar seu sêmen após o falecimento. Dentro desta orientação, Paulo Luiz Netto Lobo[179] mostra como é indispensável que a paternidade seja consentida, o que significa que a utilização não permitida do sêmen deve ser equiparada à do doador anônimo, não implicando em atribuição de paternidade.

Aliás, o mesmo autor, também corretamente, assinala que a concepção não ocorre no momento da penetração do espermatozóide no óvulo, quando fora do corpo da mulher.[180] O embrião precisa ter sido introduzido no corpo da mãe. O entendimento contrário é inaceitável porque existe a possibilidade de armazenamento de embriões descartados quando da inseminação artificial. Esta observação vale para os incisos IV e V.

Interessante lembrar (apenas lembrar, pois é tema de direito das sucessões, a ser tratado pelo respectivo professor) o dificílimo problema criado pela fecundação após a morte do marido no que diz com a herança. Como irá o filho, apesar de filho, herdar, se não existia nem como nascituro no momento da morte do autor da herança? O mesmo problema retorna no inciso IV. Setores doutrinários vêm resistindo à idéia de que o filho possa herdar em tais casos, fazendo diferenciação entre as normas de direito de família e as de direito sucessório; todavia, parece-me mais correto admitir a possibilidade de o filho herdar, levando em conta a igualdade constitucional entre *todos* os filhos.

---

[179] *Código Civil comentado:* direito de família, relações de parentesco, direito patrimonial: arts. 1.591 a 1.693, vol. XVI. Coordenador: Álvaro Villaça Azevedo. São Paulo: Atlas, 2003, p. 50 e 51.

[180] Ob. e vol. cit., p. 51.

6.5.2. O art. 1.597, IV

Embrião excedentário é aquele advindo de fertilização efetuada fora do ventre materno e nele não introduzido.

A medicina considera como embrião o ser humano durante as oito primeiras semanas de seu desenvolvimento. Até 14 dias após a fecundação haveria o pré-embrião; após os 14 dias surgiria propriamente o embrião ou vida humana. A propósito, muito se discute sobre o destino a ser dado aos embriões excedentários não aproveitados. Eduardo de Oliveira Leite,[181] após longas considerações sobre a matéria, conclui que tais embriões (que ficam congelados) não podem ser descartados, destruídos ou aplicados em pesquisas ou experimentações, só podendo ser doados para satisfação de projeto parental de outro casal estéril. Belmiro Pedro Welter[182] vai na mesma linha de entendimento, e, com base em estudos ingleses e espanhóis, não aceita experimentos ou abortamentos com embriões. No entanto, A Resolução nº 1.358/92, do Conselho Federal de Medicina, admite o descarte de embriões obtidos *in vitro*, pois não vislumbra aí qualquer ilícito civil ou penal.

Aqui também a lei autoriza a utilização do embrião a qualquer tempo, ou seja, mesmo que já dissolvida a sociedade conjugal ou o casamento, inclusive pela morte. Contudo, novamente acertada a Jornada de Direito Civil, quando, em sua proposição 107, afirma que deve haver autorização por escrito dos ex-cônjuges para utilização dos embriões excedentários, podendo ser revogada até o início do procedimento.

Outra vez penso que a razão está com Paulo Luiz Netto Lobo,[183] ao ensinar que a prática só é aceita pelo Código se o embrião excedentário derivar de gametas da mãe e do pai, sejam casados ou companheiros (= união estável). Está proibido o emprego do embrião por homem e mulher que não sejam os pais genéticos. Se descumprida a vedação, ocorrendo a concepção no útero de mulher que não seja a mãe genética, o filho será juridicamente daquela, pela presunção de maternidade da mulher parturiente e porque o Brasil não acolheu – como o faz a maioria dos países – o uso instrumental do útero alheio, sem vínculo de filiação. Outra distinção relevante foi feita pelo enunciado 104 da Jornada de Direito Civil ao afirmar que, no curso do casamento, a presunção de paternidade será absoluta quando houver manifestação expressa do marido, e, relativa, se a manifestação foi implícita.

---

[181] *Procriações artificiais e o direito:* aspectos médicos, religiosos, psicológicos, éticos e jurídicos. São Paulo: Revista dos Tribunais, 1995, p. 392.

[182] *Igualdade entre as filiações biológica e socioafetiva.* São Paulo: Revista dos Tribunais, 2003, p. 221 e 222.

[183] Ob. e vol. cit., p. 52.

6.5.3. O art. 1.597, V

Aqui não se prevê possa a inseminação se realizada após o falecimento do marido ou a qualquer tempo. Assim, deve suceder durante a constância da sociedade conjugal.

Concordo com Guilherme Calmon Nogueira da Gama,[184] quando disserta que a presunção de paternidade é absoluta se o pai consentiu na inseminação heteróloga. Se não houve anuência expressa e prévia do marido, a presunção será relativa.

6.6. O art. 1.601, o mais importante da filiação matrimonial.
A legitimidade para propor a ação negatória e a questão
da imprescritibilidade

É o mais importante e controvertido artigo do Livro IV, Título I, Subtítulo II, Capítulo II. Ao contrário do tema anterior, se reveste de grande repercussão prática e constante aparecimento na área forense. Vai suscitar controvérsias intermináveis em suas duas partes. O que denomino de primeira parte é aquela em que se estabelece que cabe ao marido o direito de contestar a paternidade dos filhos nascidos de sua mulher; a segunda parte é a que considera tal ação imprescritível.

A primeira parte pode provocar alegação de inconstitucionalidade, pois restringe a legitimidade para uma demanda em que pelo menos deveria se acatar o interesse jurídico da mãe, do filho e de quem se considera como verdadeiro pai biológico.[185] Manteve restrição contida no art. 344 do Código de 1916, com a diferença de que foi retirada a expressão "privativamente". Contudo, lembro o que expus no item 3 deste Capítulo sobre as lições de Caio Mário da Silva Pereira: raramente será necessário invocar a inconstitucionalidade, pois a legitimidade estrita não tem a ver com situações graves, como troca de bebês no berçário, suposto parto, registro falso (hipótese muito comum), quando a legitimidade será de todos os parentes. A legitimidade do pai estaria reservada para casos, por exemplo, em que os cônjuges vivem juntos e não há dúvida de que o filho nasceu da esposa, apenas ocorrendo que o marido resolve começar a suspeitar que talvez não seja o pai.

A segunda, ao contemplar a imprescritibilidade, desgosta forte corrente do pensamento brasileiro, que, em nome da estabilidade da

---

[184] *A nova filiação:* o biodireito e as relações parentais: o estabelecimento da parentalidade-filiação e os efeitos jurídicos da reprodução assistida heteróloga. Rio de Janeiro: Renovar, 2003, p. 843 a 845.

[185] Já existe no Congresso Nacional proposta de alteração legislativa, para incluir tais pessoas na legitimidade ativa.

família, visando o interesse dos filhos, e em nome da socioafetividade, quer limitar o prazo.

Regra geral, nas ações de estado das pessoas, é a imprescritibilidade, como lembra Paulo Luiz Netto Lôbo.[186] Prescrição ou decadência somente se admitem quando há texto legal expresso, como era o caso do art. 344 do Código Civil de 1916. Sou favorável à imprescritibilidade,[187] pois mais consentânea com a verdade biológica e com o estágio atual de evolução do direito de família brasileiro.

É por demais sabido que a Constituição Federal de 1988 trouxe alterações profundas no Direito de Família brasileiro. Foi o ramo de nosso direito que mais sofreu transformações em face daquela Carta Magna.

Trata-se de buscar um Direito de Família mais adequado às novas realidades sociais de convivência humana e buscar uma estrutura familiar menos produtora de psicopatologias, porque menos opressora, mais autêntica, mais verdadeira, mais sincera, menos impregnada de hipocrisias e falsidades, mais regada pela afeição, mais igualitária, mais solidária. Nosso direito apenas está se deixando orientar pelos princípios jurídicos do Direito de Família atual.

Mesmo antes do novo Código Civil, três grandes fontes normativas autorizavam a que se construísse um novo sistema jurídico-familiar, tendo como revogados vários artigos do Código Civil de 1916.

A primeiro delas, evidentemente, é a Constituição Federal de 1988. Seu art. 227, § 6º, é incisivo: "Os filhos, havidos ou não da relação do casamento, ou por adoção, terão os mesmos direitos e qualificações, proibidas quaisquer designações discriminatórias relativas à filiação". O texto é claríssimo e imperativo. Por si só bastava para radical mudança do sistema do Código Civil de 19616. Era suficiente que os exegetas e aplicadores do direito compreendessem as vertentes sociológicas e psicológicas do novo Direito de Família, assim como seus princípios básicos. É elementar que o direito positivo pátrio permite, por exemplo, ao juiz que, calcado na Constituição Federal, possa deixar de aplicar qualquer norma infraconstitucional que a contrarie. A Constituição não apenas proíbe designações discriminatórias, mas também ordena que os filhos tenham os mesmos direitos e tenham as

---

[186] *Código civil comentado* cit., vol. XVI, p. 76.

[187] Reconheço, porém, que provavelmente até a inconstitucionalidade poderia ser sustentada para elidir o caráter imprescritível da ação, com base no art. 227 da Constituição Federal, isto é, defesa dos interesses das crianças e adolescentes. Parece, contudo, que dificilmente esta construção teria base jurídica, pois resultaria em indeterminação completa sobre qual seria o prazo de prescrição, ou mais corretamente, de decadência, que regeria a espécie, revogado que foi o art. 344 do Código Civil, e, como seqüela, o art. 178, § 3º, do mesmo diploma legal. Poder-se-ia encontrar saída aplicando prazo geral de prescrição, que é de dez anos; porém, não serve aos que entendem que o prazo deve ser o mais curto possível para o pai.

mesmas qualificações. Por sinal, com alicerce na norma constitucional advieram muitos arestos que, com correção e felicidade, proclamaram estar revogada a Lei n° 883/49, resultando a possibilidade de reconhecimento voluntário ou judicial da paternidade mesmo se adulterino o filho e ainda antes da dissolução da sociedade conjugal.[188]

Importantíssimo é o art. 27 da Lei n° 8.069, de 13 de julho de 1990 (Estatuto da Criança e do Adolescente): "O reconhecimento do estado de filiação é direito personalíssimo, indisponível e imprescritível, podendo ser exercitado contra os pais ou seus herdeiros, sem qualquer restrição, observado o segredo de Justiça". Observem-se as palavras "sem qualquer restrição". O emprego destes vocábulos, que poderiam ser reputados como redundantes ou supérfluos, deixa inquestionável que o legislador não mais admite a permanência de nenhuma norma jurídica que por qualquer forma ou subterfúgio, por qualquer maneira explícita ou implícita, crie embaraços à descoberta da verdadeira paternidade biológica.

O terceiro elemento do tripé legislativo era a Lei n° 8.560, de 29 de dezembro de 1992, que regulava a investigação de paternidade dos filhos havidos fora do casamento. Esta Lei não colocava absolutamente nenhum comando que por qualquer maneira pudesse implicar em obstáculo ou percalço à plena investigação da paternidade e ao integral e irrestrito reconhecimento voluntário da paternidade. Quisesse o legislador criar tropeços à pesquisa plena da paternidade, teria emitido algum sinal neste sentido no diploma legislativo em análise.

Ora, a partir da Constituição Federal de 1988, adquiriu relevo no Brasil o critério da verdade biológica ou genética, em detrimento da paternidade por ficção, quando terminava alguém sendo considerado filho de outrem ainda que toda a comunidade soubesse que não havia tal relação parental no plano biológico. O art. 344 do Código Civil era totalmente incompatível com o critério da verdade biológica. Não podia permanecer aplicável o art. 344, inclusive quanto aos exíguos prazos decadenciais. Sílvio Rodrigues[189] admitia que a Lei n° 8.560/92 ilidiu a presunção "pater is" e censurou a pequenez dos prazos do art. 344, referindo que a mencionada Lei alterou o sistema. Deve merecer todo o destaque o fato de não já não mais era admissível o prazo exíguo de decadência constante do art. 344 do Código Civil de 1916, pois em

---

[188] Já em 1989 a 6ª Câmara Cível do Tribunal de Justiça do R. G. do Sul, sendo Relator o Des. Adroaldo Furtado Fabrício, insigne jurista e depois Presidente daquela Corte, decidiu que a investigação de maternidade era lícita mesmo se para atribuir filho adulterino para a mulher: Apelação Cível n° 589046564. Sobre reconhecimento do filho adulterino na constância do casamento: RT 652/138, 654/84, 710/60, 717/255; Revista Jurídica, 146/87; Lex – Jurisprudência do STJ e dos TRFs, 32/159.

[189] *Direito Civil – Direito de Família.* 20ª ed. São Paulo, Saraiva, 1994. Vol. 6, n° 122, p. 273. No n° 127, p. 276 e 277, retorna o ilustre jurista ao tema, falando do que denominou de "situação retrógrada" patrocinada pelo legislador de 1916.

forte conflito com a amplitude de verificação da verdadeira paternidade, como já o estava com a tradicional orientação de imprescritibilidade da ação investigatória de paternidade.[190]

Gustavo Tepedino também se rebelara contra o art. 344 do Código Civil, demonstrando como não se coadunava com a nova estrutura jurídica do Direito de Família.[191]

O Egrégio Superior Tribunal de Justiça, ao apreciar o Recurso Especial nº 146.548/GO, com julgamento definitivo em 22 de agosto de 2000, pela Colenda 4ª Turma, com apenas um voto vencido, deliberou pelo afastamento do prazo decadencial previsto no art. 178, § 3º, do Código Civil. Foi Relator originário o Ministro Barros Monteiro e, Relator para o acórdão, o Ministro César Asfor Rocha. A ementa pode ser encontrada em Revista AJURIS, Porto Alegre, vol. 79, p. 696.

O Tribunal de Justiça gaúcho vinha resolvendo pela não aplicação dos diminutos prazos decadenciais do art. 344 do Código Civil de 1916. Assim foi, por exemplo, nos embargos infringentes nº 596048322, julgados pelo Egrégio 4º Grupo de Câmaras Cíveis em 08 de novembro de 1996 (decisão por maioria). Na apelação cível nº 595109216, julgada pela Colenda 8ª Câmara Cível em 21 de dezembro de 1995, foi o assunto tratado longamente.

O Tribunal de Justiça de São Paulo, por várias vezes, já proclamara a queda dos prazos decadenciais do art. 344 do Código Civil. Na apelação cível nº 64.598-4, julgada pela 5ª Câmara de Direito Privado em 14.05.98, sendo Relator o Des. Marcus Andrade, foi resolvido que:

> Negatória de paternidade – Imprescritibilidade – Sentença de indeferimento da inicial fundada no § 3º do artigo 178 do Código Civil, desconstituída para que a demanda tenha regular seqüência – Apelação provida. A orientação que se impõe, ante o atual estado da ciência e da técnica médicas, permitindo conclusão de, praticamente, certeza absoluta sobre a paternidade biológica, é a da perda de eficácia dos §§ 3º e 4º do art. 178 do Código Civil, não mais se configurando o óbice da prescrição (ou decadência) ao pedido de tutela jurisdicional direcionado à verdade da filiação.[192]

Ora, se assim já era antes do novo Código Civil, com muito maior razão agora, quando existe regra expressa pela imprescritibilidade no art. 1.601. *A preocupação pela estabilidade familiar, naquilo em que preserva o interesse dos filhos menores, é atendida, a meu ver, exatamente pelo critério da socioafetividade. Assim, a imprescritibilidade não conflita com o interesse dos filhos menores e nem com a socioafetividade. Se demonstrada a socioafetividade, a ação do pai será repelida, mesmo sendo imprescritível. São planos totalmente distintos do mérito da causa. Melhor para os próprios filhos*

---

[190] Sobre a matéria, no Tribunal de Justiça do R. G. do Sul: RJTJRS, 175/721.

[191] "A Disciplina Jurídica da Filiação", artigo publicado na coletânea de estudos Direitos de Família e do Menor, sob a coordenação de Sálvio de Figueiredo Teixeira, Livraria Del Rey, Belo Horizonte, 3ª ed., 1993, p. 225 a 241.

[192] Fonte: repertório Jurisprudência Informatizada Saraiva (JUIS), nº 21, 3º trimestre do ano de 2000, Saraiva, São Paulo – SP.

que assim seja, pois não se chancelará uma situação falsa e hipócrita (que facilmente escorrega para a morbidez) de paternidade pela singela passagem de curto lapso de tempo, como ocorria com o art. 344 do antigo Código Civil.

Apenas faço questão de ressaltar que não se pode simplesmente presumir a socioafetividade pela passagem do tempo – equívoco que às vezes tenho observado em certos julgamentos –, senão que deve se ensejar prova plena da existência ou não da relação socioafetiva. O filho matrimonial pode ser registrado em nome de um pai que sequer o viu após o nascimento! Onde estaria aí a socioafetividade, mesmo que muitos anos tenham se passado? É do interesse do filho que um tal pai, ausente, irresponsável e sem qualquer amor, permaneça nesta condição? Alguns argumentariam com os alimentos; ora, o filho irá solicitá-los do verdadeiro pai biológico. Voltarei a esta espécie de discussão ao estudar o art. 1.614 do Código Civil.

6.7. Prossegue a averiguação oficiosa de paternidade, prevista pela Lei nº 8.560/92.

Os casos de reconhecimento dos filhos havidos fora do casamento passaram a ser regulados pelo art. 1.609 do novo Código Civil e não mais pela Lei nº 8.560/92.

Todavia, continua em vigor o art. 2º da Lei citada, quando possibilita a denominada averiguação oficiosa da paternidade, inclusive com atuação do Ministério Público em eventual propositura de demanda investigatória. O caso é de aplicação do art. 2º, § 2º, da Lei de Introdução ao Código Civil. Mais ainda quando se trata de providência altamente benéfica aos menores, o que atende ao art. 227 da Constituição Federal.[193]

6.8. O art. 1.609:
o reconhecimento incidental; a probição de reconhecer filho já morto e sem descendentes

Observação que importa fazer é que segmento da doutrina vem entendendo que, no reconhecimento por escritura pública ou escrito particular, não pode haver incidentalidade, pois está só é prevista pela lei para o reconhecimento por testamento. É o que pensa Paulo Luiz

---

[193] Acórdãos têm resolvido que não é inconstitucional a Lei 8.560/92 quando atribui ao Ministério Público a legitimidade concorrente para propor investigatória de paternidade: a) Revista Jurídica 211/58 (RJ); b) RJTJRS 169/238; c) RT 717/227 (MG).

DIREITO DE FAMÍLIA

Netto Lôbo,[194] para quem o reconhecimento incidental *"apenas poderá servir como meio de prova para a ação de investigação da paternidade, mas não poderá ser levado diretamente à averbação no registro de nascimento"*; o jurista, além do argumento de a incidentalidade só aparecer referenciada ao testamento, acrescenta que o inciso IV admite a manifestação incidental perante o juiz, mas se for "direta e expressa". Sem dúvida, esta interpretação tem fundamento, mas parece-me demasiadamente tecnicista, em uma época em que os interesses dos que querem definição do estado familiar são altamente protegidos. De minha parte, não me parece adequado negar o reconhecimento porque incidentalmente feito em escritura pública ou escrito particular; não estaria sendo atendido o art. 227 da Constituição Federal e, antes disto, o art. 1°, inciso III, da mesma Carta.

Parece oportuno explicar porque o art. 1.609, parágrafo único, não permite reconhecer filho já falecido, se este não deixou descendentes. Trata-se de evitar reconhecimento motivado apenas por interesse na herança do suposto filho morto.

6.9. O art. 1.610

Antes, muito se debatia se um testamento poderia ser revogado sem revogação de paternidade nele reconhecida.

O Código atual resolveu o impasse. Note-se que – parece óbvio, mas é bom fazer a distinção – o testamento pode ser revogado, apenas não se podendo revogar a parte que nele reconheceu o filho extramatrimonial.[195] Também, é claro, é possível revogar disposições testamentárias que deixaram bens para o suposto filho.

6.10. O art. 1.614:
o prazo de quatro anos é ou não decadencial

É dispositivo de comporta intensa polêmica e está para o Capítulo III, em importância, como o art. 1.601 está para o Capítulo II.

Já mostrei como é básica no sistema brasileiro a regra da imprescritibilidade das ações de estado. Reporto-me às várias considerações

---

[194] *Código civil comentado e vol.* cit., p. 109 e 110. Netto Lobo traz a posição de Pontes de Miranda em relação ao sistema anterior ao Código de 2002; Pontes, por sua vez, menciona posições de Hermenegildo de Barros e Carlos de Carvalho.

[195] O esclarecimento é bastante elementar e sempre existiu, mas vou fazê-lo, pois que tenho notado a dúvida em aulas e palestras: irrevogabilidade nada tem a ver com impossibilidade de invalidar.

que lá fiz e que têm tudo a ver com o presente assunto. Não é o art. 1.614 do Código Civil que modifica esta linha de conduta!

A primeira parte do art. 1.614 do Código Civil (dispositivo correspondente ao art. 362 do Código Civil anterior) não oferece a menor dificuldade e nunca foi objeto de debate, ou seja, o filho maior não pode ser reconhecido sem o seu consentimento.

O grande problema está na segunda parte: *"e o menor pode impugnar o reconhecimento, nos quatro anos que se seguirem à maioridade, ou à emancipação"*. Discussões imensas e antigas permeiam este prazo de quatro anos, resultando algumas opiniões, com todo o respeito, absolutamente equivocadas.

A doutrina seguidamente se confundiu no exame do art. 362 do Código Civil de 1916. A solução correta foi dada por Pontes de Miranda,[196] quando ensinou que o prazo de quatro anos nada tem a ver com inexistência, nulidade, anulabilidade e mesmo impugnabilidade por ser o reconhecimento contrário à verdade. Trata-se de hipótese de ineficácia por não aceitação do reconhecido. *Este ângulo do tema é muito importante: o reconhecido pode rejeitar o pai registral, nos quatro anos, sem apresentar alegações de inexistência, nulidade, anulabilidade ou falsidade registral: basta que não concorde com a paternidade que lhe foi, digamos assim, imposta.* Constitui direito do filho maior ou emancipado rejeitar imotivadamente o pai, no contexto dos arts. 362 e 1.614, mesmo que se entenda ser imprescindível uma ação com tal escopo.

Percebe-se que a melhor doutrina nacional tendeu para a interpretação de recusa imotivada do pai, tanto que J. M. de Carvalho Santos sustentou que *"para a impugnação, basta que a pessoa perfilhada não queira a posição de filho natural do perfilhante e assim o declare"*.[197]

Arnaldo Rizzardo[198] leciona que a lei não regula a prescrição para a ação anulatória de reconhecimento.

Belmiro Pedro Welter[199] lança extensa e vigorosa argumentação para demonstrar a imprescritibilidade da ação de investigação ou de negação de paternidade ou maternidade, sem que esta imprescritibilidade seja prejudicada pelo prazo de quatro anos do art. 1.614.

Portanto, errôneo transformar o prazo de quatro anos em um prazo de decadência que, uma vez ultrapassado, não permitiria mais ao filho reagir mesmo em situações de registro nulo, de registro falso, de manifesta inverdade de filiação biológica, e assim por diante, fulminando a possibilidade de ação investigatória de paternidade

---

[196] *Tratado de Direito Privado*. 4ª ed. São Paulo: Revista dos Tribunais, 1983. Tomo IX, § 972, p. 99 e 100.

[197] *Código civil brasileiro interpretado*. 9ª ed. Rio de Janeiro-São Paulo: Freitas Bastos, 1963. Vol. V, p. 473.

[198] *Direito de Família*. Rio de Janeiro: Aide, 1994. Vol. II, p. 610.

[199] *Investigação de Paternidade*. Porto Alegre: Síntese, 1999. Tomo II, p. 104 a 119.

biológica em relação a terceiro que não o pai registral. Seria transformar o imprescritível em uma decadência de quatro anos! A simples passagem de um prazo tão curto condenaria o filho a nunca mais poder afastar um pai manifestamente falso no plano biológico e a não poder buscar seu verdadeiro pai biológico. *Estas asserções, como insisto no presente texto, em nada prejudicam a socioafetividade.*

O Tribunal de Justiça gaúcho atinou com o caminho correto em acórdão de 1984: RJTJRS, vol. 108, p. 439 a 445, sendo Relator o Desembargador Adroaldo Furtado Fabrício, jurista de renome nacional. Bem mais tarde, após divergências renovadas, no ano de 2000, o 4º Grupo de Câmara Cíveis, por maioria, ficou com aquela orientação.[200] Infelizmente, com toda a vênia, o 4º Grupo, também por maioria, alterou aquela posição em 2003, passando a resolver que a imprescritibilidade da ação investigatória cede quando o filho deixa de questionar seu reconhecimento de filho natural no quatriênio seguinte a sua maioridade.[201]

Como se percebe, o Tribunal gaúcho percorreu caminho inverso ao do Superior Tribunal de Justiça. Este, após ter seguido a interpretação que considero equivocada,[202] esteve repensando e atenuando sua compreensão, até alterá-la totalmente em época mais próxima, passando a decidir que não se extingue o direito do filho investigar paternidade depois dos quatro anos.[203]

Insisto e repito que prazos curtos de prescrição ou decadência não se harmonizam com os critérios do moderno direito de família. Não se pode condenar alguém a conviver com um falso pai biológico durante toda a vida, impedindo-o, além disto, de investigar o verdadeiro pai genético.

Ao que se nota da mencionada última decisão do 4º Grupo Cível do Tribunal de Justiça do R. G. do Sul, foi impregnada pela tendência de prestigiar ao máximo o critério socioafetivo, mesmo que com o excesso de tornar prescritível o que é imprescritível. Aí o equívoco. A socioafetividade em nada é prejudicada pela imprescritibilidade! A solução não oferece dificuldade: rejeita-se a alegação de decadência em quatro anos, mas, prosseguindo no exame do mérito da investigatória, será rejeitada, *para fins de mudança no estado de filiação*, se comprovada a socioafetividade em relação ao pai registral.

---

[200] *Revista Ajuris*, Porto Alegre, março de 2001, nº 81, tomo II, p. 447 a 457. EI 70000497420.

[201] *RJTJRGS 223/139.*

[202] LEX – Jurisprudência do Superior Tribunal de Justiça e Tribunais Regionais Federais, vol. 65, p. 239.

[203] RESP 208788-SP, julgado pela 4ª Turma em 20.02.03, Relator Ministro Ruy Rosado. RESP 440119-RS, julgado pela 3ª Turma em 05.11.02, sendo Relator o Ministro Castro Filho. RESP 435868-MG, julgado pela 3ª Turma em 29.11.02, sendo Relatora a Ministra Nancy Andrighi.

Porém, reitero e enfatizo – e este é outro problema: se comprovada a socioafetividade! Descabe presumir a socioafetividade, como se decorresse da passagem do tempo somente. O filho pode estar com 22 anos (18 , que é a maioridade, + os quatro anos do art. 1.614) sem que nunca tenha visto ou convivido com o pai registral. Precisa ser admitida prova plena a respeito da socioafetividade. Esta, por definição, radica em aspectos fáticos, sociais, psicológicos, etc., que exigem normal e ampla pesquisa probatória.

De qualquer forma, oportuno lembrar que, pelo menos os que seguem orientação adversa devem aceitar que, mesmo consolidado o estado de filiação, possa o filho investigar a paternidade biológica para fins de direito de personalidade (aqui abrangido o direito de conhecer as raízes, a genealogia, as origens, os antepassados, o que, para muitos, é essencial), de verificação de impedimentos matrimoniais, de realização de transplantes de órgão, de análise de doenças geneticamente transmissíveis. Paulo Luiz Netto Lobo produziu texto fundamental, capaz de provocar a superação de confusões e dúvidas desnecessárias que impregnam a matéria.[204] Partindo da relevância da afetividade em campos como a sociologia, a psicanálise, a antropologia, mostra como apenas recentemente a socioafetividade passou a ter o papel importante que lhe cabe no direito de família. Argumenta com extensão e profundidade no sentido de comprovar que o sistema jurídico brasileiro não se resume à filiação biológica, senão que também abriga a filiação socioafetiva. Indica como, no conflito entre filiação biológica e não biológica, o critério do melhor interesse do filho pode oferecer a adequada solução, com o que é lícito manter o estado de filiação mesmo que verificada a ausência de vínculo biológico. *Em distinção essencial (já apresentada neste livro) – aspecto em que mais colabora para esclarecimento de tumultos interpretativos dispensáveis –, assinala que o estado de filiação nada tem a ver com o direito à origem genética, radicado no direito de personalidade.* A consolidação de uma paternidade ou maternidade socioafetiva não pode impedir que o filho busque conhecer, inclusive judicialmente, sua genealogia, suas raízes, suas origens, seus antecedentes. Além do direito de personalidade, envolvido, manifesto o interesse jurídico em tal descoberta, em face dos fatores antes enumerados. Assim, mesmo provada a socioafetividade a ação pode ser aceita em parte, para que, mantido o estado de filiação no tocante ao pai registral, o autor da investigatória possa saber quem é seu verdadeiro pai biológico, para os fins enunciados. Se seguida a orientação de decadência em quatro anos, como capaz de derrubar a investigatória

---

[204] *Direito ao estado de filiação e direito à origem genética:* uma distinção necessária. Artigo publicado em Revista Brasileira de Direito de Família, Porto Alegre: IBDFAM-Síntese, v. 19, agosto-setembro 2003, p. 133 a 156.

de paternidade, sequer poderia o filho acionar para os fins enumerados nesta alínea.

6.11. Dois artigos do novo Código Civil com repercussão na prova em investigação de paternidade: 231 e 232

É conhecida a rigorosa posição dos tribunais contra os que se negam ao exame pericial em investigações de paternidade. Este rigorismo foi chancelado pelo Código Civil de 2002, em seus arts. 231 e 232.

A recusa só poderia ser admitida se com motivo justificável, o que é muito difícil encontrar. Um dos raríssimos casos seria comprovada participação em grupo religioso que não admita retirada de qualquer material do corpo humano.

Note-se que a jurisprudência gaúcha é implacável com os que se negam ao exame pericial. Contudo, o STJ, apesar de também trabalhar com a presunção desfavorável a quem se nega a se submeter à perícia, em alguns casos amainou o rigor, dizendo que a recusa do réu à perícia não desonera o autor de comprovar, minimamente, por meio de provas indiciárias, a existência de relacionamento íntimo entre a mãe e o suposto pai.[205]

Interessante ressalvar que não é aconselhável a sacralização dos exames periciais, como decorre da conduta de alguns profissionais do direito; alguns atuam como se perícias não pudessem cometer equívocos. Para vergonha nossa, profissionais do direito, o alerta sobre a divinização acrítica dos exames de DNA partiu de pessoa fora da área jurídica: Dra. Anete Trachtenberg, doutora em Genética e professora na UFRGS.[206] Acórdãos já deliberaram expressamente contra resultado de exame de DNA.[207] Rolf Madaleno também expôs razões ponderáveis a respeito da sacralização do DNA;[208] em igual sentido, o pronunciamento de Zeno Veloso.[209]

---

[205] RESP 692.242 – MG.

[206] O poder e as limitações dos testes sangüíneos na determianção da paternidade, artigo publicado em *Revista AJURIS*, 63/324. Outro artigo merecedor de leitura e que relativiza o endeusamento do DNA: Alfredo Gilberto Boeira: O perfil de DNA como prova judicial – uma revisão crítica; artigo publicado em *RT 714/290*.

[207] a) *Revista Trimestral de Jurisprudência dos Estados 136/195* (MG); b) *RJTJRS 184/262*. Também se decidiu que laudo pericial, como todas as provas, tem valor relativo e deve ser avaliado em harmonia com as demais: Ciência Jurídica 62/163 (MG).

[208] *Novas perspectivas do direito de família*. Porto Alegre: Livraria do Advogado, 2000, p. 155 a 176.

[209] *Congresso Brasileiro de Direito de Família*. A família na travessia do milênio (anais do II Congresso Brasileiro de Direito de Família, realizado em Belo Horizonte de 27 a 30.10.1999). Coordenador: Rodrigo da Cunha Pereira. Belo Horizonte: IBDFAM, OAB-MG, Del Rey, 2000, p. 191 a 200, em artigo sob o título A dessacralização do DNA.

6.12. A relativização da coisa julgada na investigação de paternidade

O tema é extenso, mas os objetivos deste livro não comportam espaço para apresentá-lo a não ser em termos de concisa notícia.

Basta alertar para corrente doutrinária e jurisprudencial, esta presente no Rio Grande do Sul, que vêm quebrando a coisa julgada nas investigatórias.

De minha parte, ainda não me convenci da correção da tese, mas venho constantemente repensando-a. Ainda argumento com o perigo de se relativizar a garantia constitucional da coisa julgada.

Por todos os doutrinadores, favoráveis à possibilidade da superação da coisa julgada, invoco os extensos fundamentos de Belmiro Pedro Welter, em sua obra Investigação de paternidade (Porto Alegre: Síntese, 1999), tomo II, p. 41 a 67. Não afasta o jurista, inclusive, a possibilidade de nova ação investigatória sem prévia ação rescisória que desconstitua a coisa julgada material.

O TJRGS, mesmo em época próxima, aparece com julgamentos que acatam a coisa julgada: RJTJRGS 202/194, 209/204, 212/355. O mesmo fez o STJ: LEX Jurisprudência do STJ e TRF 111/130. Já na apelação cível nº 599323417 (Revista do IBDFAM, ano 2002, vol. 13, p. 9), o TJRGS teve posição contrária (aqui cumpre assinalar havia a peculiaridade de que se argumentou com invalidade do processo por falta de pressuposto processual insuprível, pois a mãe do investigante, em depoimento pessoal, excluiu o investigado da paternidade, sem que tivesse sido nomeado curador especial ao primeiro). O TJRGS também ultrapassou a barreira da coisa julgada na ação rescisória nº 598508794, julgada pelo 4º Grupo Cível em 12 de março de 1999 (e o fez aceitando exame de DNA extrajudicial feito antes da propositura da ação rescisória). Também deixando de lado a coisa julgada, no TJRGS: Agravos de Instrumento nº 70006683817 e 70006874564. O STJ também começou a ampliar suas deliberações pela relativização da coisa julgada: Recursos Especiais 427117-MS, 330172-RJ e 226436-PR.

6.13. Os riscos da abusiva resistência do réu na investigatória.
Dano moral e retroatividade dos alimentos, entre outros aspectos

É às vezes inacreditável a indevida resistência dos investigados, que buscam protelar o processo por todas as formas possíveis. A pior hipótese é quando o réu conduz sua própria defesa, quer porque é advogado, quer porque comanda seu advogado, o que é comum quando o acionado também é da área jurídica. Já se disse que advogar em causa própria é um louco advogar para um idiota ou vice-versa. Eis um dos casos mais exemplares de aplicação desta máxima.

Mais incrível é que nem os demandados conseguem, com calma e racionalidade, explicar porque procrastinam tanto o andamento do feito, salvo se tiverem a esperança de que a parte investigante morra antes de findar o processo (...). Mesmo assim de nada adiantará se a parte autora tiver herdeiros, que poderão prosseguir na ação. E convenhamos que, pela diferença de idade, é bem mais provável que o investigado faleça antes.

Devem estar conscientes estes teimosos réus das seguintes possíveis seqüelas de sua protelação:

A) A recusa injustificada ao exame pericial quase sempre é motivo para que o juiz fixe os alimentos provisionais. Ora, quanto mais demorar o processo, a partir daí, maior o valor de alimentos retroativos, se procedente a ação. Com efeito, súmula do STJ, de n° 277, impõe que os alimentos retroajam desde a citação.

B) A protelação exagerada pode acarretar litigância de má-fé: art. 17, inciso IV, do Código de Processo Civil.

C) Sujeita-se o investigado, em tese, à indenização por dano moral ao investigante. Em circunstâncias nas quais tudo evidencia tinha o réu condições de saber que era o pai e, mesmo assim, protrai indefinidamente o assunto, com manobras duvidosas, é viável cogitar daquele dano. Os tribunais já tem sido instados a enfrentar o problema. É verdade que ainda prevalece a cautela, mas os caminhos estão se abrindo para a pretensão, com o que o risco assumido pelo investigado torna-se cada dia maior. Pelo menos que esteja o réu consciente desta possibilidade, para depois não reclamar. Por enquanto, dentro da linha de precaução, merece referência acórdão da 7ª Câmara Cível do TJRS:[210] *"Embora, em tese, viável a contemplação do dano extrapatrimonial no âmbito das relações familiares, deve a jurisprudência agir com extrema parcimônia análise dos casos em que se dá semelhante postulação, sob pena de que a excessiva abertura que possa ser concedida venha a gerar enxurradas de pretensões ressarcitórias, com a total patrimonialização das relações afetivas. Caso em que não configura hipótese que justifique a concessão do pleito reparatório"*. No caso concreto, não se demonstrou que houvesse exacerbada e insustentável conduta de resistência por parte do investigado. A Desembargadora Maria Berenice Dias também já repeliu o pedido indenizatório, pelas peculiaridades do caso concreto.[211] De qualquer maneira – e isto é o que importa – a matéria começou a ser ventilada nos tribunais.

---

[210] Apelação Cível n° 70011681467, sendo Relator o Des. Luiz Felipe Brasil Santos.

[211] Apelação Cível n° 70008298259, julgada pela 7ª Câmara Cível do TJRS em 25.08.2004.

D) Começa a crescer posição doutrinária que defende tenham os alimentos de ser pagos desde a concepção do investigante, quando o pai sabia da gravidez e de sua provável condição de pai. Maria Berenice Dias aderiu a este pensamento[212] e cita outros que o fizeram: Thicho Brahe Fernandes, Antônio Carlos Mathias Coltro e Silmara Juny Chinelato. Maria Berenice Dias, inclusive, já foi Relatora, na 7ª Câmara Cível do TJRS, de caso no qual aquela foi a decisão, ainda que com voto vencido.[213] É verdade que esta orientação esbarra na súmula 277 do STJ. Mas devem os investigados se cuidar, pois a súmula pode não ser aplicada em caso concreto especial no qual se prove que a conduta do investigado foi absolutamente censurável. E mais: desde quando súmulas não são alteráveis? Em resumo: repito que interessa é esteja o investigado plenamente consciente dos riscos de sua protelação, para o que deve ser bem aconselhado por seu advogado, até para que, depois, não se volte contra este.

6.14. É viável juridicamente a ação declaratória de relação avoenga?

É discussão de bastante tempo[214] – e que continua na ordem do dia – a que perquire a respeito da possibilidade de um neto acionar suposto avô para obter diretamente a declaração da condição de neto, quer com o sedizente pai já falecido (o suposto pai morreu sem ter ajuizado investigatória contra quem seria seu pai) ou mesmo com este vivo. A mesma dúvida vale em sentido inverso, ou seja, se o alegado avô poderia demandar contra alegado neto, para obter reconhecimento do parentesco.

Existe forte resistência àquela possibilidade, a partir da premissa consagrada de que a ação de investigação de paternidade é personalíssima (só pode ser proposta pelo suposto filho contra quem seria seu pai). O TJRS vem negando aceitação para a demanda: a) RJTJRS 220/316 (Relator: Des. Luiz Felipe Brasil Santos, com voto vencido do Des. José Carlos Teixeira Giorgis); b) RJTJRS 221/301 (mesmo Relator, com voto vencido da Desª Maria Berenice Dias).

No entanto, o Superior Tribunal de Justiça, em caso oriundo do Rio Grande do Sul, aceitou a ação: RESP 604154.[215]

---

[212] *Manual de direito das famílias.* 3ª ed. São Paulo: Revista dos Tribunais, 2006, p. 340.

[213] Ob. e p. cit.. Apelação Cível nº 70012915062, julgada em 09.11.2005.

[214] Basta ver que, antes da Constituição Federal de 1988, o TJRS, em Embargos Infringentes nº 584028146, julgados pelo 2º Grupo de Câmaras Cíveis, por maioria, considerou o suposto neto carecedor da ação. Todavia, o STJ, examinando recurso especial relativo ao julgamento referido, modificou-o, afastando a carência: RESP 269-RS, da 3ª Turma, sendo Relator o Ministro Waldemar Zveiter, em 03.04.1990; Fonte: Lex – Jurisprudência do STJ e TRF, 12/64.

[215] *Revista Brasileira de Direito de Família*, 32/89. Julgamento em 16.06.2005.

Maria Berenice Dias é favorável à ação em tela.[216] Com igual pensamento temos Belmiro Pedro Welter.[217] Belmiro Welter se alonga na apreiciação do tema e traz bons fundamentos para amparar sua tese. Porém, importante notar que Maria Berenice é a favor da ação mesmo que o suposto pai do neto demandante ainda esteja vivo. Belmiro Welter não chega a se posicionar sobre esta peculiaridade.

Sempre fui favorável à possibilidade jurídica de tal ação, pelo menos se já falecido o suposto pai. Subscrevo os argumentos de Belmiro Welter. Os que são contrários costumam alegar que seria iniciada uma ampliação de legitimidade que poderia levar ao absurdo. Ora, é tudo questão de sabedoria no equacionamento do assunto, evitando os excessos. Ocorre que o parentesco dos avós é por demais próximo e relevante, para que não se o leve em conta. Diz, inclusive, com o direito de personalidade de conhecer as raízes, a genealogia, os antepassados, os ancestrais. Aliás, este tema é paradigmático de que pode o operador do direito, por melhor que seja – e acontece com todos nós –, em certos instantes ficar envolvido com os raciocínios cerebrinos de gabinete, sem atentar para a realidade social. Faca-se o teste de perguntar a qualquer do povo se não seria possível um neto obter declaração judicial de ser neto de determinado avô; dificilmente a resposta não seria 100% em prol da possibilidade, além do que nem entenderiam o porque da pergunta (...)

---

[216] *Manual de direito das famílias*. 3ª ed. São Paulo: Revista dos Tribunais, 2006, p. 378 a 380.

[217] *Investigação de paternidde*. Porto Alegre: Síntese, 1999. Tomo I, p. 79 a 83.

7. Adoção

7.1. A completa igualdade do adotado, qualquer que seja a idade deste

O instituto da adoção teve ótimo progresso com o aparecimento da legitimação adotiva, através da Lei n° 4.655/65. Novo aperfeiçoamento veio com a adoção plena, regulada pelo Código de Menores (Lei n° 6.697, de 10.10.79, arts. 29 a 37), com a qual o adotado lograva plena inserção no núcleo familiar do adotante.

Antonio Chaves não hesitava em sustentar que o art. 2° da Lei n° 883/49 beneficiava os adotivos de qualquer espécie.[218]

Dado positivo notou-se na tendência de afastar dúvidas sobre se na adoção plena a sucessão seria ou não sem restrições ao adotado.[219]

Alvissareiro ver como a maioria dos julgados trilhou o caminho balizado pelo entendimento de que a adoção, pelos fecundos motivos que a inspiram, deveria merecer interpretação ampliativa e não restritiva, orientação que foi também do Supremo Tribunal Federal.[220]

Houve ademais o esforço em resguardar a adoção contra defeitos em sua constituição, validando-a mesmo que feita com desobediência de requisitos legais explícitos, em nome de um fato consumado benéfico ao adotado. Esta inclinação, como era de se esperar, aumentou com o passar do tempo.[221]

---

[218] Ob. cit., p. 267.

[219] RT 608/97.

[220] *Jurisprudência Brasileira*, Editora Juruá, 1983, 73/37. Cumpre registrar, para fazer o contraponto, que o mesmo Tribunal, deploravelmente, em outro julgado deliberou não ser cabível a interpretação ampliativa, pois a adoção é criação da lei: JB cit., 73/74.

[221] RJTJSP 4/40. RF 100/484. RTJ 45/473. *Revista Trimestral de Jurisprudência dos Estados 133/145*. Lex-Jurisprudência do Superior Tribunal de Justiça e Tribunais Regionais Federais 149/44. O TJSP, ainda que com voto vencido, chegou a admitir adoção sem escritura pública – em caso no qual esta, pela lei vigente, deveria ter sido feita – acatando ação visando o reconhecimento de filiação adotiva: Boletim de Jurisprudência ADV-COAD 4/97, p. 60, item 76960; outro caso de adoção por via judicial, admitida em São Paulo: RT 750/250; em contrário, com voto vencido: RT 757/183.

DIREITO DE FAMÍLIA

A Constituição Federal de 1988, em seu art. 227, § 6°, igualou todos os filhos, incluídos os adotivos. O novo Código Civil – e não poderia ser diferente – trouxe a completa paridade dos adotados. Decorrências desta igualdade são, por exemplo, regras como as dos arts. 1.626, *caput*, e 1.628, segunda parte (parentesco pleno entre o adotado e *todos* os parentes do adotante). A tal ponto foi a intenção de igualar, que foi cometido um exagero, qual seja o de se reclamar processo para a adoção de maior de 18 anos (art. 1.623, *caput* e parágrafo único); eu próprio, sempre defensor incansável da irrestrita igualdade dos adotados, penso que houve uma demasia nesta exigência; não há porque impedir a escritura pública quando o adotado tiver 18 anos ou mais; interessa é a eficácia da adoção e não a forma pela qual é feita, pelos menos quando envolvidos somente adultos.

Sobre a igualdade total dos adotados, põe-se interessante problema a ser enfrentado pelos que argumentam que a Constituição Federal de 1988 exclusivamente iguala os adotados menores de 18 anos. É dificuldade que não me atinge, visto que desde 1988 preconizo a igualdade de *todos* os adotados. É que a corrente majoritária entendia que a igualdade dos adotados alcançava só aqueles que o fossem na condição de menores de 18 anos; assim se manifestavam porque, devendo a interpretação ser sistemática e parágrafos precisam ser harmonizados com a cabeça do artigo, o § 6° do art. 227 da CF seria pertinente às crianças e adolescentes, porque unicamente estes eram mencionados no *caput* da norma constitucional. Também alegam que o interesse da sociedade é a adoção de crianças e adolescentes, e não a adoção entre maiores. Os que interpretavam desta forma vêem-se na triste contingência de reputar inconstitucional a igualdade completa dos adotados trazida pelo Código Civil de 2002, pois afinal a Constituição Federal não mudou! É problema bastante grave e que terão o ônus de enfrentar.

De minha parte, redigi texto em que longamente defendi a plena igualdade de todos os adotados, qualquer que seja a idade do adotado.[222] Pela relevância do assunto, retorno agora aos aspectos principais que na época expendi. A orientação preponderante, contra aquela que defendo, teve sempre o prestígio de sólida argumentação de Antônio Chaves,[223] em obra ímpar no Brasil sobre adoção; é livro antigo,[224] mas os argumentos que lançou o jurista continuam sendo os melhores até agora emitidos contra a igualdade dos adotados acima de 18 anos. E mais, o que muito me preocupa, servem como base para os que querem

---

[222] Algumas considerações sobre a nova adoção, em: a) *Revista AJURIS 53/72*; b) *RT 682/62*.

[223] *Adoção, adoção simples, adoção plena*. 3ª ed. São Paulo: Revista dos Tribunais, 1983, p. 607 a 611.

[224] Não reeditado após a Constituição Federal de 1988. O novo livro de Antônio Chaves foi: *Adoção*. Belo Horizonte: Del Rey, 1994.

simplesmente terminar com a adoção de maiores (assim, quando aqui defendo a igualdade de todos os adotados, na verdade também estou defendendo que continue a adoção para adotados acima de dezoito anos de idade). Diz ele, em resumo, que: a) acatar adoção de pessoas com mais de dezoito anos choca-se com a finalidade do instituto (amparo de crianças e adolescentes), como hoje é concebido; é difícil admitir que alguém, que não encontrou amparo até os 18 anos, se sujeite à paternidade de um estranho depois desta idade; limitar a adoção até os 18 anos é evitar torpezas, complicações, dúvidas, mano-bras ilícitas; quem quiser proteger pessoas com mais de 18 anos tem muitas maneiras de fazê-lo, sem recorrer a um processo indicado para amparar crianças; b) não existe, de qualquer forma, pátrio poder (expressão da época) sobre maiores; c) quanto ao nome, é absurdo e perturbador para as relações sociais se adote uma pessoa de 30 ou de 40 anos para que o mude; d) no tocante aos alimentos, não convém que duas pessoas maiores de idade se unam por vínculo indissolúvel ou praticamente indissolúvel por toda a vida; e) no pertinente à herança, para transmitir o patrimônio a outra pessoa não é necessário adotá-la: basta testar; fora isto, seria prejudicar os filhos naturais. Não é fácil discordar da maior autoridade no país sobre adoção, mas ouso fazê-lo com os fundamentos que passo a expor.

A) Tenho que, fundamentalmente, as concepões predominantes devem evoluir para uma noção mais aberta e solidária de família. É passo indispensável para uma melhoria das relações sociais em seu todo, aperfeiçoando os caminhos éticos da humanidade rumo a uma estruturação real e concretamente embuída pelos constantes ideais de liberdade, de igualdade e de fraternidade. Estes ideais precisam deixar de ser formais ou retóricos, reservados ao campo das utopias, para adquirir significação palpável e sólida. Se colimado este desiderato, urge repensar a família enquanto grupo fechado, encerrado em si próprio, e, portanto, tendendo ao egoísmo grupal. As relações afetivas e de solidariedade humana deveriam, no mínimo, equiparar-se aos laços de sangue. Não se trata apenas de buscar uma tônica em ligações não puramente biológicas, senão que ter em vista não restringir as relações de amizade, de afeto, de amor, a limites de idade, bloqueando a abertura mais intensa dos grupos familiares.

Nas relações de sangue ou biológicas podem aflorar as mais consistentes e duradouras inimizades. O mesmo pode suceder no vínculo entre adotante e adotado que o tenha sido até 18 anos de idade. Em contraposição, mangníficas demonstrações de amizade e amor paternal florescem entre pessoas com idade superior a 18 anos. Aceitar a exegese limitativa do texto constitucional é impedir, por exemplo, que pessoa com 35 anos possa adotar, com efeitos plenos, alguém com

DIREITO DE FAMÍLIA

19 anos, ao passo que pessoa com 34 anos pode adotar plenamente quem tenha 18 anos! E pior: pessoa com 70 anos não poderia adotar, com eficácia plena, quem tivesse 19 anos!

No estudo da socioafetividade, se viu que paternidade hoje não é vista sob o ângulo só genético, mas psicológico, moral, sociocultural, afetivo. Em grande número de ocasiões, o vínculo biológico não transcende a ele mesmo e revela-se completo e patológico o fracasso da relação de paternidade, sob o prisma humano, social e ético. Em contrapartida, múltiplas situações de ausência de ligação biológica geram e mostram relação afetiva, em nível de paternidade saudável, produtiva, responsável. E os milhões de casos de paternidade e maternidade biológicos não desejados? Ao contrário, a paternidade oriunda da adoção é plenamente consciente e desejada. Ora, esta consciência e este desejo devem ser relevantes igualmente da perspectiva do adotado, o que mais se consegue quanto mais estiver amadurecido.

Acatar a plenitude de efeitos da adoção, sem limites de idade, é favorecer a maturidade ética da humanidade, por via da melhor abertura da família aos que originalmente não a integram. Esta aceitação na família de alguém que antes lhe era estranho, em longo prazo, fomenta e incentiva uma visão mais receptiva e relacional daquela com o todo social. Em ângulo microscópico, desenvolver-se-ia a atitude que, macroscopicamente, se nutre a esperança de ver cultivada entre as nações e os povos. Aliás, sob a ótica nacional, o que seria do microcosmo adquire contornos bem mais expressivos e passa a influenciar decisivamente o macrocosmo, pois é elementar a ação exercida pela estrutura e funcionamento da família no respeitante à organização e fisiologia da sociedade.

Haveria também divisão mais justa do patrimônio. Não concordo com a resistência em que os bens de uma pessoa sejam partilhados, por sua morte, entre maior número de indivíduos, o que contribui para disseminar a riqueza e desconcentrá-la (todos sabem que a excessiva concentração de riqueza constitui um dos maiores males na atualidade; quer a concentração individual, quer a concentração internacional em mãos de pouquíssimos países[225]). Se alguém resolve adotar adultos, entre outros motivos para que herdem em igualdade de condições com filhos biológicos, este comportamento, além de apresentar aquela vantagem socioeconômica, provoca a salutar distribuição de patrimônio em função de reais uniões afetivas e não só pelo prisma biológico. O que, muitas vezes, faz um filho para merecer uma herança? É ético

---

[225] Recente estudo da ONU revela dados impressionantes: só 2% concentram metade da riqueza mundial e 50% dos mais pobres respondem apenas por 1% da riqueza do planeta! Fonte: Folha de São Paulo de 06 de dezembro de 2006, em seu caderno Dinheiro, p. B7.

aguardar a morte de outrem para auferir patrimônio? Ou o correto não é amealhar bens pelo seu trabalho? Quantas vezes o filho biológico abandonou os pais de maneira radical e perversa! E quantas vezes foram aqueles pais atendidos, zelosa e amorosamente, por filhos adotivos, já adotados com idade superior a 18 anos. Quantas vezes um patrimônio construído com sacrifício é dilapidado pelos filhos biológicos, criados sem conhecer o esforço do trabalho árduo. Por sinal, é hora de repensar o direito das sucessões, tornando-o mais justo; é equânime entregar, por exemplo, uma polpuda herança para filhos já ricos, mais ainda se parentes do falecido estão na pobreza?

B) O argumento puramente técnico-jurídico ou de técnica legislativa, que trabalha com a associação dos parágrafos ao *caput* do art. 227 da CF, se correto a partir de seus pressupostos dogmático-positivistas, deve ceder diante de etapas mais importantes da interpretação, que levam em conta os dados axiológicos, sociológicos e teleológicos. Neste particular, me reporto ao que escrevi sobre interpretação e aplicação do direito no Capítulo I deste livro.

Além disto, no caso específico do art. 227 da CF, outro dado demonstra como é falho afirmar que *sempre* um parágrafo se associe à cabeça de um artigo. Com efeito, o § 2º do art. 227 diz: *"A lei disporá sobre normas de construção dos logradouros e dos edifícios de uso público e de fabricação de veículos de transporte coletivo, a fim de garantir acesso adequado às pessoas portadoras de deficiência".* Como imaginar que "pessoas portadoras de deficiência" sejam exclusivamente aquelas previstas no *caput* do artigo, ou seja, crianças e adolescentes!!?

C) Entro mais especificamente e de forma direta no exame dos vários argumentos arrolados por Chaves.

A maior preocupação de Antônio Chaves parece ser com a possibilidade de má utilização do instituto da adoção, que se prestaria a manobras ilícitas, torpezas, etc. Com a devida vênia,[226] não me parece que seja o mais adequado raciocinar com os casos de exceção, com hipóteses teratológicas (exemplo: homem adota amante a fim de tê-la em seu lar como se filha fosse), com situações de desonestidade, com circunstâncias imorais, mais ainda quando para restringir a eficácia de um instituto tão sublime e de tanta relevância humana e social. Nunca houve, na história, mensagem, por mais excelsa, que não fosse, em certo instante e por algumas pessoas, absolutamente deturpada, falseada, mal-empregada, utilizada com fim escuso, enodoada; ora, isto não fará com que o homem desista de lutar pelos grandes ideais. Não sendo assim, restaria o suicídio coletivo, a autodestruição da raça humana.

---

[226] Maior ainda a vênia quando já falecido o insigne jurista, um dos grandes deste país. De qualquer forma, tranqüiliza-me que escrevi o texto original quando ainda estava ele vivo.

Ademais, os casos de mal-uso da adoção podem ser sanados por sua nulificação, em face de, por exemplo, objeto ilícito.

Se o instituto da adoção até hoje foi concebido segundo determinadas finalidades, não significa esteja vedada a alteração da mundividência que o cerca, sob pena de se estar argumentando com a tradição, ou seja, com a imutabilidade comportamental. Por sinal, aquelas finalidades já são colocadas como diferentes por alguns autores. Paulo Lúcio Nogueira[227] ensina que

> o caráter assistencial da adoção vem sendo ampliado cada vez mais com o passar do tempo, pois, se no início a finalidade do instituto era propiciar filhos aos que não podiam tê-los – interesse do adotante – depois passou a ser uma maneira de assitir não só menores, mas até adultos, por laços de parentesco ou afetividade, assegurando-lhes uma forma de subsistência – interesse do adotado – através de pensão ou outros meios.

Discorda o jurista que duas pessoas maiores de idade se unam por vínculo indissolúvel por toda a vida, no campo alimentar. Novamente se vê a fixação nos laços apenas biológicos, em detrimento de uma perspectiva ampla e abrangente do relacionamento humano. Admite-se que irmão deva sustentar irmão em qualquer época, se um deles necessitar e não puder prover à própria subsistência, e isto ainda que os irmãos se tenham transformado em inimigos mortais. No entanto, não se quer conceder a mesma possibilidade alimentar a uma relação que se pode impregnar de elevado conteúdo afetivo e se enquadrar perfeitamente como liame paternidade-filiação. É exemplo que somente se pode querer que prospere o de alguém ajudar no sustento de outrem menos aquinhoado, independentemente de laços biológicos, assumindo a obrigação em plena consciência.

É absurdo e perturbador às relações sociais a alteração do patronímico do adotado, porque este seja maior? Não me parece. Assinale-se que, desde o Código de 1916, é consagrada a faculdade de o adotando, mesmo sendo maior, assumir os apelidos do adotante; importa é que a adoção não tenha sido celebrada visando à modificação do nome por intuito fraudulento ou doloso. Ninguém contesta que um adulto tenha seu patronímico alterado quando obtém sucesso em ação de investigação de paternidade, com todas as dificuldades que isto produza nas relações com terceiros. Novamente a sacralização do biológico, em desfavor da afetividade e da solidariedade. O sistema legal conhece várias situações de modificação de apelidos, inclusive para fins comerciais,[228] com o que seria contraditório não admiti-lo pelas nobres razões que se pressupõem (não se presume a má-fé, consoante princípio geral de direito) em uma adoção.

---

[227] *Estatuto da Criança e do Adolescente Comentado.* São Paulo: Saraiva, 1991, p. 53, 54 a 64.

[228] Rubens Limongi França. *Do nome civil das pessoas naturais.* 3ª ed. São Paulo: Revista dos Tribunais, 1975, p. 270 a 276.

Poderia ser tido como inadequado que adotado maior se integrasse à família do adotante, de molde a se estender a ligação parental aos parentes do adotante, gerando obrigação alimentar para estes e prejudicando-os na sucessão do adotante? Este argumento prova demais e parte do questionável pressuposto de mais valorizar as ligações biológicas. Trata-se de aceitar uma ampliação do conceito de família, ampliando os laços de fraternidade. Além da excessiva hierarquização entre vínculos biológicos e afetivos, o argumento pela por omitir que idênticos problemas surgiriam quando o adotado tivesse até 18 anos, e, no entanto, aí se aceita a inserção do adotado na família do adotante. Articulando sinteticamente meu ponto de vista: a) como ficam os terceiros, que não aceitam o fato, quando se lhes impõem talvez dezenas de parentes indesejados, com as conseqüências nos planos alimentar e sucessório? b) A dificuldade, posta pelo argumento a que me oponho, existirá, de qualquer forma, quando o adotado for menor, ou seja, os parentes do adotante, mesmo que indignados com a adoção, "sofreriam" suas seqüelas (parentais, alimentares, sucessórias), tendo de "suportar", com repercussões patrimoniais, um parente imposto. E mais: o adotado poderia reclamar seus direitos quando maior, o que faria tivessem os revoltados parentes de pagar alimentos para um adulto que nunca quiseram como parente e cuja adoção consideraram inadmissível; c) não vejo maior sentido em argumentar com exigência de alimentos contra quem não assumiu jamais tal obrigação; a prevalecer esta compreensão, os parentes do adotante, quando o adotado fosse menor, não estariam jungidos a pagar alimentos, pois podem ter se oposto violentamente à adoção; e mais: quem alguma vez assumiu em tese ter de alimentar seus irmãos biológicos (e estes podem ser em grande número e todos necessitados)? d) Não vejo no que minha posição colida com princípios gerais de direito; bem diferentemente, está em consonância com o maior destes princípios, que diz com a manutenção da vida e da vida com dignidade. Com efeito, aumenta-se a possibilidade de alguém pleitear alimentos, de participar na divisão de bens, de se sentir integrante de um grupamento familiar e assim por diante. Sem dúvida, os princípios gerais de direito não se alicerçam em considerações de liames puramente biológicos ou em dados resultantes de faixas etárias.

7.2. Direito intertemporal:
a igualdade entre adotados alcança adoções feitas antes da Constituição Federal de 1988

Por estranho que pareça, até hoje muitas pessoas não aceitam que adotados antes da Constituição Federal de 1988, pelo sistema do anterior Código Civil, tenham se tornado iguais aos demais filhos, em face do art. 227, § 6º, daquela Carta Magna.

No plano sucessório, nenhuma dúvida poderia existir diante do art. 1.577 do Código Civil de 1916 e do art. 1.787 do atual Código Civil.

Não quero, porém, restringir-me ao campo patrimonial, e o assunto comporta maior aprofundamento.

Vou ater-me ao campo técnico-jurídico. Contudo, se se tornar necessário no futuro, não fugirei da discussão dos aspectos emocionais, afetivos e morais, pois não me parece eticamente defensável como que uma matematização dos filhos, com alguns valendo metade, um terço, um quinto, etc., dos demais! (...) Ou se quer um filho ou não se quer um filho. Ou será que, por exemplo, alguns pretendem um empregado sem direitos trabalhistas?

Falta em nosso país uma maior reflexão sobre o direito intertemporal ou direito transitório. E diariamente se apresentam controvérsias seriíssimas neste assunto, em todos os ramos do direito. As mais desinformadas opiniões emergem, revelando a não leitura dos clássicos e outras obras especializadas.

Os mais conhecidos cursos de direito civil repetem, como conhecimento primário e elementar, que *"as leis que definem o estado da pessoa aplicam-se imediatamente a todos que se achem nas novas condições previstas"*.[229]

E a explicação para que assim seja vem dos ensinamentos do grande mestre do direito intertemporal, Paul Roubier. É a distinção importantíssima entre contrato e estatuto legal. Diz ele a respeito:[230]

> Pour quune loi nouvelle puísse sappliquer à un contrat en cours, il faut quelle établisse ou modifie um statut légal, et quelle ne soit pas simplement une loi relative aux conditions de validité d'un contrat. Que faut-il entendre par là? Cette distinction du contrat et du statut legal correspond à celle des actes et des institutions; elle mest assez familière à la doctrine contemporaine, mais ele a été jusquici mal precisée, ce qui a provoque parfois des réactions violentes. Ce que lon peut dire de plus clair est ceci. Une loi est relative à une institution juridique lorsquelle vise des situations juridiques ayant une base en quelque sorte matérielle et concrète dans les personnes ou les choses qui nous entourent, et quelle crée directement sur cette base un réseau de pouvoirs et de devoirs, qui sont susceptibles dintéresser tout le monde. Par exemple, le mariage, ladoption, la propriété, etc., constituent dês institutions juridiques, cest-à-dire autant de status légaux. Au contraire, une loi est une loi contractuelle lorsquelle vise une situation juridique ayant une base en quelque sorte idéale et abstraite, en ce sens quelle établit, autour des situations précédentes, un ensenble de droits et dobligations entre les parties au contrat, que celles-ci sont libres en principe de déterminer elles-mêmes, et que dans bien des cas nintéressont quelles exclusivement. Par exemple, si le regime de la propriété constitue um statut legal, la vente constitue un moyen de transférer cette propriété dune personne à une autre, en créant autour de cette opération certaines obligations que les parties établiront entre elles pour régler leurs rapports respectifs. De même le regime du mariage constitue um regime

---

[229] Caio Mário da Silva Pereira. *Instituições de direito civil – edição universitária.* 2ª ed. Rio de Janeiro: Forense, 1990. Vol. I, p. 116, n. 32.

[230] *Le droit transitoire (conflits des lois dans le temps).* 2ª ed. Paris: Éditions Dalloz et Sirey, 1960, p. 423 e 424, n. 84.

legal, mais sur cette base de lunion des personnes les époux déterminent librement, par des conventions matrimoniales, um ensenble de droit et dobligations sur leurs patrimoines et les éléments que les composent.

Acrescenta Roubier que o estatuto legal constitui a situação jurídica primária, enquanto o contrato constitui a situação jurídica secundária, que é construída sobre a base da primária: as modificações introduzidas na primeira atuam sobre a segunda.

Quando se está diante de situação de estatuto legal, pouco sobra de espaço para as noções de direito adquirido, pois as partes celebraram determinado ato submetendo-se ao referido estatuto, e, portanto, anuíram desde logo nas futuras modificações que viesse a padecer o estatuto. Não há direito adquirido a um estatuto legal. Porque leis sobre estatuto legal versam sobre relações sociais fundamentais em qualquer coletividade, o interesse público justifica que lei nova passe a orientar os efeitos futuros do ato praticado. No estatuto legal, não tiveram as partes como ditar os efeitos jurídicos do ato celebrado, pois tal eficácia é rigidamente estabelecida em lei de regime estatutário. Nas leis de regime contratual dá-se o contrário, pois as partes têm ampla liberdade de escolher e dispor sobre os efeitos jurídicos do negócio.

Roubier, versando especificamente sobre a adoção,[231] disserta que nela as partes não são livres para estabelecer como quiserem os efeitos jurídicos do ato. A vontade das partes age na formação do ato, mas não no pertinente aos efeitos, previstos inafastavelmente na lei; assim, se a lei modifica os efeitos da adoção, ela não modifica os efeitos de um contrato, mas os de um estatuto legal.

Em nosso país, Wilson de Souza Campos Batalha acolhe a distinção de Roubier[232] e destaca que *"os efeitos da adoção, entretanto, são subordinados às leis sucessivas, por se tratar de estatuto legal: a esse respeito é de admitir-se a incidência imediata das leis novas".*

O caso é de efeito imediato e geral da lei nova, incidente sobre os efeitos jurídicos de um ato que ainda estão se produzindo. Não se cogita de atingir efeitos já produzidos, mas apenas efeitos que venham a ocorrer. A regra do efeito imediato e geral é consagrada em nosso direito, como mostra Rubens Limongi França.[233] A eficácia imediata resguarda os efeitos que antecederam à lei, atingindo somente os posteriores, com o que se evita a retroação.

É certo que o efeito imediato não pode contrariar a Constituição Federal, quando esta protege o ato jurídico perfeito, o direito adquirido e a coisa julgada. Porém, como se viu, a categoria do direito adquirido perde sentido em se tratando de lei de estatuto legal. Se isto não

---

[231] Ob. cit., p. 79 e 393.

[232] *Direito intertemporal.* Rio de Janeiro: Forense, 1980, p. 272.

[233] *Direito intertemporal brasileiro.* 2ª ed. São Paulo: Revista dos Tribunais, 1968, p. 420.

bastasse, tem-se que: a) a proteção do ato jurídico perfeito diz com as condições e requisitos que regeram a constituição do referido ato; ora, a igualdade dos adotivos nada tem a ver com tais condições e requisitos, mas sim com os efeitos do ato em instante posterior;[234] b) nem haveria como falar em um direito adquirido a ter permanentemente um filho em *status* inferior, como que uma parcela de filho, um pedaço de filho, um terço ou um quarto de filho.

Não é dado desconhecer a lei como pretexto para não segui-la. A adoção é ato por demais sério para que se efetive sem pleno conhecimento de suas conseqüências, o que exige aconselhamento jurídico com profissional habilitado. Quem adota deve saber que lei nova produzirá efeito sobre a adoção.

Nos pretórios, os arestos sobre a questão sucessória têm proclamado a igualdade do adotivo diante dos filhos biológicos, mesmo sendo a adoção pelo sistema do Código Civil de 1916 e anterior à Constituição Federal de 1988.[235]

Resta desejar que a resistência emocional e passional à igualdade dos adotivos anteriores à Constituição Federal de 1988 termine por ceder diante da contundência e caráter pacífico das opiniões doutrinárias e das decisões dos tribunais, amparadas por uma visão mais profunda da perspectiva ética e da real nobreza de sentimento e afeto.

A adoção é instituto por demais sublime e grandioso, para que se o amesquinhe com exegeses restritivas, alicerçadas no fechamento egoístico da família consangüínea, em estranhas concepções sobre meias filiações e no aceitar de uma desigualdade que provocará problemas psicológicos ao adotado, tudo em nome de interesses menores, porque puramente patrimoniais, ou seja, vinculados à herança (é muito difícil ver alguém discutir o tema quando não há herança envolvida).

7.3. Permanecem ou não as regras do ECA sobre adoção?

Insustentável pretender que o Estatuto da Criança e do Adolescente (Lei n° 8.069/90) continue regendo sozinho a adoção de pessoas por ele abrangidas. É insofismável que o Código Civil de 2002 regula a adoção qualquer que seja a idade do adotado; basta ler os arts. 1.621 (quando fala sobre criança ou adolescente e sobre a concordância de adotado que contar com mais de doze anos), 1.622, parágrafo único

---

[234] Interessante constatar que o novo Código Civil, em seu art. 2.035, estipula que, mesmo para negócios jurídicos em geral (não apenas estatuto legal), os efeitos produzidos após o mencionado Código são por ele regidos.

[235] *RT* 647/173; *Revista Trimestral de Jurisprudência dos Estados, 82/152; Revista Jurídica, 168/91; Boletim IOB de jurisprudência, n° 20/91*, p. 426, n. 6.137.

(acordo sobre guarda e visita ao adotado, evidentemente, pressupõe que ele não tenha atingido a maioridade), 1.623 (se o parágrafo único contempla adoção para maiores de 18 anos, é porque o *caput* se refere a quem tem menos de 18 anos) e 1.624 (cogita novamente sobre adoção de menores).

O problema é outro: saber se o ECA foi totalmente revogado, na parte da adoção, ou se a continua regulando, paralelamente ao novo Código Civil. Tenho que a resposta é afirmativa.

A solução está no art. 2º, § 2º, da Lei de Introdução ao Código Civil Brasileiro (Decreto-lei nº 4.657/42): *"A lei nova, que estabeleça disposições gerais ou especiais a par das já existentes, não revoga nem modifica a lei anterior".*

Esta solução é a melhor até pelo fato de não deixar outra vez sem regramento discussões antigas que foram resolvidas pelo ECA e sobre as quais o Código Civil silencia. Exemplos: o ECA: a) veda adoção por procuração (art. 39, parágrafo único); b) proíbe adoção por ascendentes e irmãos do adotando (art. 42, § 1º); c) determina que a morte dos adotantes não restabelece o pátrio poder (hoje poder familiar) dos pais naturais; d) traz normas sobre adoção por estrangeiro (arts. 51 e 52).

Não tenho qualquer dúvida, porém, em asseverar que, havendo conflito de normas, prevalecerá o Código Civil de 2002, lei nova. Digo que não tenho dúvida porque circulam teses que trabalharm com as duas leis, escolhendo de cada uma a regra que o intérprete achar mais razoável e conveniente, isto para prestigiar o ECA, em função dos interesses das crianças e adolescentes; considero que esta compreensão pode ser interessante, mas contraria o direito brasileiro. Antes é necessário mudar a Lei de Introdução. Assim, por exemplo, tenho como tranqüilo que hoje a idade mínima para adotar é de 18 anos (art. 1.618 do Código Civil) e não mais de 21 anos (art. 42, *caput*, do ECA).

7.4. O consentimento dos pais ou representantes legais na adoção: um defeito no Código Civil

O difícil problema, ainda não valorizado pela doutrina, diz com a exegese dos artigos 1.621, § 1º, e 1.624, ambos do Código Civil em vigor.

O art. 1.621, em seu § 1º, dispõe que será dispensado o consentimento dos pais ou dos representantes legais em relação à criança ou adolescente *cujos pais sejam desconhecidos ou tenham sido destituídos do poder familiar.* No entanto, o art. 1.624, ao que parece, vai muito além, dado que dispensa aquele consentimento também *quando se cogitar de infante exposto, ou de menor cujos pais estejam desaparecidos, ou de órfão não reclamado por qualquer parente, por mais de um ano.*

Portanto, o art. 1.624, além das hipóteses do art. 1.621, § 1º (pais desconhecidos ou destituídos do poder familiar), elenca outras: infante exposto, pais desaparecidos, órfão.

A pergunta que se impõe é a seguinte: estaria o art. 1.624 afastando a exigência de destituição de poder familiar quando se tratar de infante exposto ou de pais desaparecidos? Para a hipótese de orfandade, é óbvio, a pergunta não tem nenhum sentido e o problema não existe.

Durante palestra já me foi sugerido que a solução residiria em verificar que o art. 1.624 fala somente em *"representante legal"* e não em "pais". Parece-me proposta frágil, inadequada à grandeza da matéria, além do que é cediço que a expressão "representante legal", em sentido amplo, abrange os pais (apesar de se reconhecer que o art. 1.621, em seu "caput", fez a dicotomia); e mais: infante exposto tem pais e pais desaparecidos não significam inexistência de pais, ou seja, não haveria porque em tais casos houvesse representante legal que não os próprios pais.

Penso que o conflito deve se verificar entre duas interpretações fortes: a) combinar os artigos 1.621 e 1.624, buscando harmonizá-los, de tal sorte que sempre seria indispensável a destituição do poder familiar, isto é, mesmo nos casos de infante exposto e pais desaparecidos; b) entender que o art. 1.624 vai mesmo além do 1.621, tornando-o até supérfluo.

A primeira exegese radica no argumento de que a orientação tradicional do direito brasileiro tem sido, em princípio, a de exigir consentimento dos pais ou representantes legais, com o que a destituição do poder familiar é requisito indispensável, se eles se opõem à adoção. Tem ela a vantagem de atender a uma parêmia hermenêutica que preconiza deva o intérprete sempre tentar harmonizar e conciliar dispositivos legais aparentemente conflitantes, evitando imputar erros, contradições, superfetações, ao legislador.

Penso, com toda a vênia, que a segunda interpretação é a melhor, ou seja, o art. 1.624 vai além do art. 1.621. Para apoiar meu ponto de vista, que submeto à apreciação dos doutos, arrolo os seguintes argumentos:

A) Manifestamente, o art. 1.621, em seu § 1º, não é exaustivo, pois deixa de lado a hipótese de orfandade, contemplada no art. 1.624, na qual, é indiscutível, ninguém cogitaria de destituição de poder familiar (argumento mais fraco se tomado isoladamente e que só adquire significado em função dos argumentos posteriores, principalmente o segundo e o terceiro).

B) O instituto da adoção é de extrema relevância social e valorativa, revelando-se sublime. Em decorrência disto, todas as interpretações devem ser no sentido de prestigiá-lo, de fomentá-lo, de incentivá-lo, de reforçá-lo, de facilitá-lo.

C) É princípio do direito de família moderno levar em conta o interesse das crianças e adolescentes, mesmo em detrimento do interesse dos pais. Ora, se a adoção se mostra benéfica ao menor, não há porque prejudicá-la ou dificultá-la.

D) Várias decisões de nossos tribunais já vêm deixando de lado o interesse dos pais ou representantes legais, quando se trata de permitir se concretize a adoção. O Tribunal de Justiça do Rio de Janeiro, em 1991, permitiu adoção sem o consentimento de pai desaparecido.[236] O Tribunal de Justiça de Minas Gerais admitiu adoção sem prévio ou cumulativo pedido de destituição de pátrio poder.[237] O Tribunal de Justiça do Rio Grande do Sul acatou adoção a partir do entendimento de que mãe que entrega o filho está renunciando indiretamente ao pátrio poder.[238] O mesmo Tribunal deferiu adoção, com retirada de pátrio poder, porque o casal adotante tinha a guarda da criança há quatro anos; a mãe biológica se arrependera da entrega do filho e o pai não mais se interessava por ele.[239] O Superior Tribunal de Justiça começa a ensaiar abertura a respeito do tema: passou por cima da exigência de destituição de pátrio poder, em caso no qual a mãe biológica não dera expresso consentimento, pois que a adoção já perdurava por anos.[240]

E) O art. 1.624 repete a hipótese de destituição do poder familiar, reforçando a inutilidade o art. 1.621, § 1º, além de situar aquele evento no mesmo nível dos demais nele previstos, inclusive o caso de infante exposto e o caso de pais desaparecidos.

Deparei-me com respeitável opinião doutrinária que conforta meu ponto de vista: Paulo Luiz Netto Lôbo[241] ensina que o art. 1.624 *"acrescenta outras hipóteses de dispensa de consentimento, além das previstas no art. 1.621, que já comentamos, podendo ser figurado como parágrafo deste"*.

Como antecipei, minha interpretação esbarra com uma crítica consistente: tem como corolário atribuir um sério equívoco ao legislador, pois torna inútil o art. 1.621, em seu § 1º, englobando-o, na medida

---

[236] *ADV-COAD 33/91*, p. 524, item 55254. Também: RT 674/176.

[237] *ADV-COAD 4/96*, p. 53, item 72469.

[238] *RJTJRS 202/313*.

[239] Idem 207/347.

[240] LEX Jurisprudência do Superior Tribunal de Justiça e Tribunais Regionais Federais, vol. 149, p. 44.

[241] *Código Civil Comentado*. Obra coordenada por Álvaro Villaça Azevedo. São Paulo, Atlas S.A., 2003. Vol. XVI, p. 167, em comentário ao art. 1.624.

em que diz o que nele consta e ainda bem mais. Minha resposta a esta objeção passa por assumir que às vezes a boa interpretação só surge se se imputar erro ao legislador, o que em numerosas oportunidades sucedeu e sucede. Em tese, é necessário o esforço para evitar a incoerência, a antinomia, a falha legislativa. Mas nem sempre é possível prestigiar esta regra hermenêutica, que, como toda a diretriz jurídica, não pode ser dogmatizada, absolutizada. Aliás, Paulo Nader[242] não hesita em atribuir falha de sistematização ao legislador no presente assunto, censurando-o por repetir, no art. 1.624, parte das exceções constantes do art. 1.621, § 1º Cito somente dois exemplos bastante conhecidos de clamorosos erros legislativos: 1) a clamorosa contradição entre os arts. 269, inciso IV, e 271, inciso VI, ambos do anterior Código Civil. Pelo primeiro não se comunicam, no regime da comunhão parcial, os frutos civis do trabalho ou indústria de cada cônjuge ou de ambos (269, IV, conjugado com 263, XIII); pelo segundo, se comunicam! Qualquer que seja a interpretação assumida, isto é, prevaleça o primeiro ou o segundo artigo, é certo que se deve asseverar que o legislador esqueceu de revogar o outro! 2) O obscuro artigo 44 da Lei do Divórcio só obteve uma exegese adequada quando se o relacionou ao divórcio por conversão, tornando ocioso, inócuo e praticamente nulo o art. 25 da mesma Lei,[243] o que, por sinal, trouxe severa censura operada pelo Tribunal de Justiça do Paraná e endossada por Yussef Said Cahali. Aliás, Cahali não hesita em criticar acerbamente a Lei nº 6.515/77, por seus erros. A interpretação conferida ao art. 44 teve como seqüela acusar o legislador de dois erros graves: inutilidade do art. 25 e má colocação na lei do dito dispositivo, pois deveria estar onde estava o art. 25 e não após o art. 40, provocando a impressão de estar ligado ao divórcio direto, previsto no art. 40.

Como é de meu feitio, não deixo de argumentar contra mim próprio: a posição que sustento padece do problema de, pretendendo ajudar à adoção e os menores e adolescentes, possa vir a prejudicá-los, em casos concreto, pelo ensejar de ação rescisória para desfazer a adoção não precedida de destituição de poder familiar. De qualquer forma, na prática, dificilmente este problema prejudicaria o adotado, pois, mesmo que procedente a rescisória, a guarda, provavelmente, no interesse do adotado, seria mantida com quem a detém; ora, no dia seguinte os ex-adotantes promoveriam outra ação visando adotar, desta vez com total acatamento técnico-jurídico de quaisquer requisitos legais, com o que ajuizariam a ação de destituição de poder familiar, com ótimas chances de sucesso, em face a fortíssima orienta-

---

[242] *Curso de direito civil, v. 5:* direito de família. Rio de Janeiro: Forense, 2006, p. 394.

[243] Yussef Said Cahali. *Divórcio e Separação.* 10ª ed. São Paulo: Revista dos Tribunais, 2000, p. 1001.

ção dos tribunais em seguir as interpretações de interesse de crianças e adolescentes e não de seus pais biológicos.

Em conclusão: não se exige a destituição de poder familiar nas situações de infante exposto, pais ou outros representantes legais desconhecidos e pais ou outros representantes legais desaparecidos, além do óbvio caso de orfandade (com órfão não reclamado nos termos legais).

7.5. Devem ser ouvidos os pais biológicos na adoção de maior da idade?

Sempre entendi que não, em função da idade de adotante e adotado. Que sentido teria, por exemplo, que se exigisse consentimento dos pais na adoção de uma pessoa de quarenta anos por uma pessoa de sessenta anos?

No entanto, o TJRS ordenou a citação dos pais biológicos em caso como este: Agravo de Instrumento nº 70010150712, porque manifestamente interessados. Resta aguardar o que dirão os pais e como o Tribunal apreciará as razões que apresentarem. A dificuldade é que os pais biológicos sempre terão três argumentos, pelo menos, a seu favor: a) desconsideração da socioafetividade; b) impossibilidade de pedirem alimentos; c) perda da herança.[244] O problema da socioafetividade é realmente sério e eu próprio deparei-me com esta dificuldade, que me pode pôr em contradição: sou a favor da socioafetividade.[245] Antes o problema não se colocava porque a adoção entre maiores era regida pelo Código Civil de 1916, que previa uma adoção fraca, com permanência de vínculos com os pais biológicos. A doutrina não vem enfrentando o tema. Cabe aguardar o pronunciamento dos tribunais. De minha parte, para não deixar de assumir uma posição, insisto em que não cabe aceitar os pretensos argumentos, por mim citados, dos pais biológicos; quanto aos alimentos e à herança, não se podem sobrepor ao interesse social na adoção entre maiores, que extensamente expus no artigo doutrinário antes citado, no qual fiz a defesa desta espécie de adoção. No tocante à socioafetividade, assumo a contradição para superá-la em favor da adoção, pelos mesmos fundamentos do artigo em tela. No entanto, admito que o tema é dificílimo e recém se iniciam as reflexões a respeito. Admito, por exemplo, que parte da doutrina ultrapassará o obstáculo a partir do pressuposto de que os adotados acima de 18 anos não são iguais aos demais filhos.

---

[244] Veja-se a gravidade da questão: se aceitas estas teses contestatórias, a adoção seria sempre negada, o que terminaria, na prática, com as adoções entre maiores.

[245] Eis um exemplo típico do que afirmei anteriormente: a socioafetividade não está no sistema do Código Civil, com o que surgiriam inevitáveis problemas graves.

7.6. A inconstitucionalidade do art. 1.621, § 2º

Errado este dispositivo, quando faculta arrependimento dos pais ou representantes legais até a publicação da sentença constitutiva da adoção.

Onde fica o interesse do adotado, que já pode estar há vários anos sob a guarda dos que querem adotar?! Priorizou-se o interesse dos pais biológicos, em detrimento do interesses dos filhos, contrariando toda a moderna tendência do direito de família. Manifesto o choque com o art. 227 da Constituição Federal. Silmara Juny Chinelato discorda e aceita o arrependimento.[246]

7.7. A adoção por estrangeiro:
a existência de convenção internacional a respeito

A adoção por estrangeiro, segundo o art. 1.629 do Código Civil, é regulada por lei própria.

O Estatuto da Criança e do Adolescente traz regras a respeito: arts. 51 e 52.

Importa, para mim, é chamar a atenção para um aspecto muitas vezes descuidado pelos profissionais do direito no dia-a-dia forense: convenções e tratados internacionais, ratificados pelo Brasil, adquirem força de lei ordinária. Ora, houve uma Convenção Relativa à Proteção das Crianças e Cooperação em Matéria de Adoção Internacional, aprovada em Haia, em maio de 1993, ratificada pelo Congresso Nacional pelo Decreto nº 3.087, de 21.06.99. Sendo lei mais recente do que o ECA, deve prevalecer, em caso de eventual divergência com o mesmo.

7.8. Adoção e investigação de paternidade

Discute-se se o adotado pode pesquisar sua paternidade biológica. A tendência era pela negativa, pois não haveria sentido em buscar um pai quando já existe um estado de filiação legalmente estabelecido pela adoção.

Hoje cresce a idéia de admitir a demanda, concepção que já consta nos cursos de direito civil adotados nas faculdades de direito.[247] Considero correta esta posição, pelos motivos que externei quando

---

[246] Comentários ao Código Civil: parte especial: do direito de família, vol. 18 (arts. 1.591 a 1.710). Coord. Antônio Junqueira de Azevedo. São Paulo: Saraiva, 2004, p. 191 e 192.

[247] a) Sílvio de Salvo Venosa. *Direito civil – Direito de família*. 2ª ed. São Paulo: Editora Atlas S.A., 2002. Coleção direito civil, vol. 6, p. 334. b) Maria Helena Diniz. *Curso de direito civil brasileiro, v. 5: direito de família.* 17ª ed. São Paulo: Saraiva, 2002, p. 427.

entendi que, mesmo confirmada uma paternidade não verdadeira biologicamente, em face da socioafetividade, isto não afastaria a possibilidade de o filho investigar quem é seu pai genético (dicotomia entre estado de filiação e direito de personalidade de conhecer as origens). O TJRS, contudo, tem expressado entendimento diferente.[248]

7.9. O nascituro pode ser adotado?

Equivocadamente, ECA e Código Civil se omitem. A partir daí, alguns pensam ser negativa a resposta. Não concordo. A interpretação deve ser sistemática e de acordo com os princípios constitucionais e os princípios do moderno direito de família.[249]

Argumentos: 1º) o nascituro pode receber doação: art. 542; 2º) o nascituro pode ser reconhecido: art. 1.609, parágrafo único; 3º) o nascituro pode receber herança: art. 1.798; 4º) o nascituro pode ajuizar ação de investigação de paternidade e de alimentos;[250] 5º) a primeira parte do art. 2º do Código Civil não pode ser tomada isoladamente, com desconsideração da segunda parte; de que adiantaria pôr a salvo, desde a concepção, os direitos do nascituro, se, não se permitindo a adoção, pudesse se frustrar o pagamento de alimentos para o mesmo, salvando sua vida, ou, pelo menos, evitando que nascesse com retardamento mental, em face da desnutrição? 6º) não é razoável que a dignidade humana não atinja os nascituros, como se não fossem seres humanos.

Antônio Chaves tem entendimento diferente.[251] Em contrário, dentro da orientação que reputo correta, está Silmara J. A. Chinelato e Almeida.[252]

7.10. Adoção por homossexuais

Rejeitada pela doutrina, foi acatada, em acordão que me parece pioneiro no país, pelo TJRS: apelação cível 70013801592, em que foi Relator o Des. Luiz Felipe Brasil Santos, com julgamento em 05 de abril de 2006.

---

[248] Por maioria, em embargos infringentes, o TJRS negou a possibilidade: RJTJRS 222/125.

[249] Destaco três monografias sobre o nascituro: a) Silmara J. A. Chinelato e Almeida. *Tutela civil do nascituro*. São Paulo: Saraiva, 2000; b) Sérgio Abdalla Semião. *Os direitos do nascituro*. Belo Horizonte: Del Rey, 1998; c) Benedita Inêz Lopes Chaves. *A tutela jurídica do nascituro*. São Paulo: LTr, 2000.

[250] RJTJRS 104/418. *Revista de Direito Civil, 68/181*.

[251] *Adoção*. Belo Horizonte: Del Rey, 1994, p. 164 a 166.

[252] Ob. cit., p. 217 a 225.

com acórdãos gaúchos que admitem, por analogia, a aplicação, ao par homossexual, das normas que regulam a união estável. Psicologicamente (este o grande problema), procurou-se mostrar que a linha dominante atual é pela ausência de prejuízos aos adotados em tais circunstâncias.

A partir da construção do tribunal gaúcho, de conferir, analogicamente, efeitos de união estável à união homossexual, a solução jurídica, encontrada no acórdão citado, é difícil de ser rebatida. Aliás, costumava com ela acenar em minhas aulas e palestras, como sugestão aos advogados que quisessem tentar o pleito em juízo. No entanto, minha maior dificuldade reside aí (depois falarei da parte psiquiátrica), pois, como dissertarei no Capítulo XII, não me parece possível sustentar sequer a aplicação analógica aludida.[253] Impõe-se alteração legislativa para amparar os homossexuais quanto à possibilidade de casamento, de união estável, de adoção, etc., contra o que não tenho qualquer contrariedade.

De qualquer maneira, deixo claro que a grande dúvida é no campo psicológico e psiquiátrico. Mesmo superado o obstáculo constitucional e legal – o que espero que aconteça – permanecerá, ainda por muito tempo, e, talvez, para sempre (aporia), o debate sobre a conveniência ou não, para os menores, da adoção por homossexuais. Muitos psiquiatras e psicólogos ainda se opõem. Neste particular, fico com o estudo feito pelo Des. Luiz Felipe no acórdão citado. Sempre hesitei nesta matéria, e prossigo com reticências, mas me inclino, atualmente, por acatar a orientação psicológica favorável à adoção por homossexuais.

---

[253] Não sou contra até mesmo a implantação do casamento homossexual, se se fizer a devida modificação na Constituição Federal. Minha dificuldade não é de preconceito, mas apenas constitucional e legal.

8. Regimes de Bens

8.1. Introdução

É objetivo deste trabalho examinar algumas questões postas pelo novo Código Civil brasileiro em matéria de regime de bens e que, a meu pensar, oferecem dificuldades e suscitam maiores polêmicas.

Trata-se, portanto, como sempre neste livro, de uma análise seletiva e não um enfoque ao estilo de um curso resumido. Já disse e repito que não é de meu feitio redigir cursos, o que implica em abordar o óbvio e repetir o que outros disseram. Busco assuntos que oferecem oportunidade para a dissensão e envolvem aprofundamento.

Oportuno recordar que o novo direito de família trabalha com uma diretriz básica, que consiste na revalorização do aspecto afetivo. O amor não mais se subordina ao patrimônio, mas sim o contrário. É a denominada despatrimonialização do direito de família.[254] Por isto o Código Civil em vigor, em seu Livro IV, situa como Título I o Direito Pessoal, e só depois, no Título II, vem o Direito Patrimonial. Há aí, a meu ver, uma hierarquização axiológica, com a colocação em primeiro lugar da faceta pessoal, ou seja, a prioridade deve ser para as relações pessoais e não para as patrimoniais. É evidente que estas asserções se constituem em valioso parâmetro interpretativo, capaz de nortear eficazmente o hermeneuta e aplicador da lei. Coerente com esta orientação, o art. 1.511 do Código Civil dá ênfase à comunhão plena de vida no casamento (o mesmo vale para a união estável).

8.2. O art. 1.639, § 2º

8.2.1. Possibilidade da alteração do regime de bens para os casamentos celebrados antes do novo Código Civil

É questão que vem provocando grande interesse e intensa discussão.

---

[254] Despatrimonialização que, lamentavelmente, vem sendo erodida pelos perigosos abusos monetizantes no campo da união estável e dos pedidos de indenização por dano moral.

Sou pela possibilidade de alteração de regime mesmo para os casamentos precedentes.[255] Já fiz pronunciamento a respeito, mas, pela importância do assunto, venho retomá-lo, com acréscimos informativos e argumentativos.

O art. 2.039 do Código Civil não é obstáculo para tal compreensão. Ele apenas impõe que o regime de bens seja regido pela lei da época da celebração do casamento; mas, evidentemente, se não alterado o regime por vontade dos cônjuges. Enquanto não modificado o regime, a lei que regula o regime é a do Código Civil de 1916, quando a união ocorreu sob sua regência. Que esta teria sido a intenção do legislador é possível constatar em obra coordenada por Ricardo Fiúza.[256]

Importante, e, a meu ver, decisiva, a lição de Wilson de Souza Campos Batalha.[257] Concorda ele com Paul Roubier no respeitante a que o regime matrimonial subordina-se à legislação vigente à época do matrimônio, no que apresente de meramente contratual. Porém, diverge do emérito jurista francês no pertinente à mutabilidade do regime. Vale transcrever a lição de Batalha:

> Entendemos, ao contrário, que têm efeito imediato as leis que estabelecem a mutabilidade ou a imutabilidade das convenções matrimoniais. Nenhuma razão sólida existe para diverso entendimento. Na hipótese de a lei nova estabelecer a mutabilidade do regime, não há motivo algum para inaplicar-se aos regimes em curso: se aos interessados era facultada inicialmente a eleição do regime aplicável, não se vê por que se lhes iria tolher a faculdade, que a lei nova, por hipótese, consagra, de, voluntariamente, alterarem o pacto inicial. Se ao contrário, a lei nova estabelece a imutabilidade do regime, não mais poderão ser modificados os regimes estabelecidos na vigência de lei que o permitia, por se deverem generalizar as razões que levaram o legislador a estabelecer a imutabilidade da convenção matrimonial; seria absurdo falar-se em direito adquirido à modificabilidade da convenção matrimonial. Cf. Faggella, op. cit., p. 347; Serpa Lopes, op. cit., v. I, p. 344.

Batalha quis dizer que, se ao tempo do casamento era facultado aos nubentes escolher à vontade o regime de bens, ou seja, não era de interesse ou ordem pública que assim não fosse, não haveria nenhum

---

[255] Em contrário: a) Arnaldo Rizzardo. *Direito de Família*. 2ª ed. Rio de Janeiro: Forense, 2004, p. 630. Lança a afirmação com base no art. 2.039, mas sem maiores ponderações. b) Leônidas Filippone Farruia Junior, em texto sob o título "Do regime de bens entre os cônjuges", publicado em: *O novo código civil:* livro IV do direito de família / Andréa Rodrigues Amin (...) [*et al.*]; coord. Heloisa Maria Daltro Leite. Rio de Janeiro: Freitas Bastos, 2002, p. 315 e 316. Baseia-se no art. 2.039, na defesa do ato jurídico perfeito e na irretroatividade das leis. Com todo o respeito, não vejo conflito com ato jurídico perfeito e com a irretroatividade, pois se trata de questão patrimonial, ou seja, perfeitamente disponível para os interessados e a alteração só se dará com anuência de ambos, com o que ninguém será prejudicado, mais ainda porque os terceiros em nada podem ser atingidos pela modificação. É evidente que a pessoa pode, em se tratando de direito disponível, abrir mão de direitos adquiridos (até por isto a lei exige que o pedido seja feito por ambos os cônjuges). Da mesma forma, é óbvio que o ato jurídico perfeito pode ser revisto e modificado, se a iniciativa envolve todos os que dele participaram (insisto: e que os direitos sejam disponíveis), sempre respeitados os direitos de terceiros.

[256] *Novo Código Civil Comentado.* São Paulo: Saraiva, 2002, p. 1838.

[257] *Direito Intertemporal.* Rio de Janeiro: Forense, 1980, p. 261 e 262.

motivo razoável para proibir alteração posterior, se a lei deixa de considerar como de interesse ou ordem pública a imutabilidade.

Acrescento um argumento: é fundamental característica do direito de família atual o aspecto afetivo ou amoroso.[258] As interpretações devem prestigiar e fazer prevalecer esta característica. Ora, se um novo regime é mais consentâneo com a realidade da vida afetiva dos cônjuges, deve ser acatada a mudança do regime precedente. O plano patrimonial não deve se sobrepor ou prejudicar o plano pessoal.[259] Com todo o respeito pela notável obra de Paul Roubier[260] – uma das melhores do mundo sobre direito transitório – parece-me que ele se fixou em conceitos de direito contratual, sem considerar as peculiaridades do direito de família (pelo menos do moderno direito de família), que reclama uma harmonização entre os planos afetivo e patrimonial, com evidente prevalência daquele. Se o regime de bens não mais atende aos anseios do casal, a proibição de sua mudança pode acarretar o não desejável caminho sinuoso da obtenção do divórcio, para posterior novo casamento, desta vez com o regime que os nubentes considerarem conveniente.

Citei posição doutrinária contra a possibilidade de alteração de regime quanto aos casamentos realizados antes do novo Código Civil (conf. nota de rodapé nº 2). Em sentido diverso – na linha do pensamento que defendo –, Silmara Juny Chinelato[261] e José Antonio Encinas Manfré.[262]

Maria Helena Diniz[263] fica em opinião intermediária. Vê, em princípio, o antes citado art. 2.039 como obstáculo à mudança de regime. No entanto, conclui "(...) *nada obsta a que se aplique o art. 1.639, § 2º, do*

---

[258] No novo Código Civil esta tendência está expressa no art. 1.511, quando normatiza que *"o casamento estabelece comunhão plena de vida"*.

[259] Veja-se como o legislador se preocupou, corretamente, em situar o Direito Pessoal no Título I do Livro IV, ao passo que o Direito Patrimonial só aparece no Título II. Isto significa colocar o ângulo pessoal acima do patrimonial, em uma hierarquia axiológica.

[260] A propósito de Roubier, oportuno lembrar que, segundo ele, os efeitos de um contrato se regem pela época em que foi celebrado, o que está em consonância com sua famosa distinção entre leis de regime contratual e leis de regime estatutário. Aliás, a doutrina pátria dominante se orienta no mesmo sentido, como mostra Wilson de Souza Campos Batalha (Ob. cit., p. 342, citando Clóvis Beviláqua, João Luiz Alves, Eduardo Espínola e Espínola Filho, Carlos Maximiliano e Serpa Lopes). Todavia, é muito importante ressaltar que não é este o tratamento dado à matéria pelo novo Código Civil, em seu art. 2.035, "caput", no qual está escrito que os efeitos do contrato, produzidos após a vigência do novo Código Civil, a ele se subordinam! Sei que este aspecto não tem maior influência na modificabilidade dos regimes anteriores ao novo Código Civil, pois esta alcança o regime pactuado desde o início do casamento, mas, de qualquer forma, é tópico a ser assinalado, pela repercussão sobre o direito contratual.

[261] *Comentários ao Código Civil*: parte especial: do direito de família, vol. 18 (arts. 1.591 a 1.710); coord. Antônio Junqueira de Azevedo. São Paulo: Saraiva, 2004, p. 273 a 276.

[262] *Regime matrimonial de bens no novo código civil*. São Paulo: Juarez de Oliveira, 2003, p. 187 a 192.

[263] *Comentários ao Código Civil*. Coordenação de Antônio Junqueira de Azevedo. São Paulo: Saraiva, 2003. Vol. 22, p. 318 e 319.

novo Código, excepcionalmente se o magistrado assim o entender, aplicando o art. 5° da LICC, para sanar lacuna axiológica que, provavelmente, se instauraria por gerar uma situação em que se teria a não correspondência da norma do CC de 1916 com os valores vigentes na sociedade, acarretando injustiça". Discordo em que só por exceção se possa permitir a alteração do regime. E note-se que Maria Helena exatamente se preocupa com a harmonia entre o plano pessoal e o patrimonial.

É importante destacar que o Tribunal de Justiça do Rio Grande do Sul, por sua Sétima Câmara Cível, por unanimidade, entendeu possível a aplicação da regra da mutabilidade aos casamentos anteriores.[264] Tudo indica que este acórdão fará escola, até pela competência reconhecida dos magistrados que participaram do julgamento, todos eles professores (dois lecionam direito de família) e doutrinadores. Mais importante ainda: o STJ vai na mesma direção: RESP 730546.

8.2.2. A alteração do regime de bens pode retroagir até a data do casamento, desde que não haja prejuízo de terceiros

Se o tema da filiação continua sendo globalmente o mais complexo em nosso sistema jurídico de família, a questão da mudança do regime de bens se revela, isoladamente considerada, como problema dos mais sérios, suscitando várias dificuldades, até porque é inovação no Brasil (salvo exceções pouco tratadas que depois enunciarei). Exemplificativamente, discute-se, além do tema consistente em saber se são afetados os casamento anteriores ao Código de 2002, quais os fundamentos admitidos no requerimento dos cônjuges,[265] em que medida a modificação encontra limites nos direitos de terceiros e quais são estes terceiros,[266] quais as regras processuais aplicáveis (licitude da intervenção de terceiros e de recurso de terceiro prejudicado, necessidade de edital, imprescindibilidade ou não de relação de credores e de sua citação, se cabe ou não impor que os requerentes juntem certidões negativas de débitos e assim por diante[267]). Exemplo da desorientação

---

[264] Apelação Cível n° 70006423891, julgada em 13 de agosto de 2003., sendo Relator o Des. Sérgio Fernando de Vasconcellos Chaves. O acórdão conta com valiosa colaboração do Des. Luiz Felipe Brasil Santos, que nele transcreve artigo doutrinário de sua lavra. Na verdade, é um acórdão-doutrina, que, consciente da preocupação geral com a matéria, resolveu fixar posição em pontos essenciais.

[265] Não há muito sentido em tentar enumerar hipóteses em que se acate a alteração de regime, pois se cuida de casuística que varia ao infinito. Tudo está em apresentar motivo consistente (a lei é até redundante na exigência de motivação – pelo que não se pode desprezá-la –, pois cogita da matéria por duas vezes, ao falar primeiro em *"pedido motivado"*, e, depois, em *"apurada a procedência das razões invocadas"*) e aguardar que o exame judicial seja prudente e sábio, mas sem rigorismo excessivo, sob pena de inviabilização do permissivo legal.

[266] Falarei sobre este problema mais adiante.

[267] Como não surgiu lei processual regulando a matéria, há liberdade dos juízes de imprimirem o rumo procedimental que lhes parecer mais adequado, exercendo sua obrigação legal de criar o direito quando a lei é omissa. Só é certo que devem ser seguidas as regras do procedimento

no plano procedimental está no Provimento n° 24/03, da Corregedoria Geral da Justiça do RGS, que, em seu art. 1°, ordena que o juiz promova publicação de edital com prazo de trinta dias, a fim de imprimir a devida publicidade à mudança, visando resguardar direitos de terceiros; ora, cabia recomendação, mas não determinação, pois não pode a Corregedoria se imiscuir em assunto de ordem processual, quando a competência exclusiva é da União; o juiz não precisa obedecer ao Provimento nesta parte, pois se cogita de matéria jurisdicional, em que precisa resguardar sua independência. O Provimento foi bem intencionado, colimando apontar rumos dentro de uma total falta de norte, mas pecou por demasia.

Neste momento abordarei a possibilidade de a alteração retroagir, no que diz respeito aos cônjuges, desde que ambos assim postulem (jamais de ofício), sem qualquer prejuízo para terceiros, matéria tornada mais difícil em decorrência do silêncio legislativo. Aqui também tive oportunidade de me manifestar em texto anterior, mas faço agora a ampliação informativa e argumentativa que me parece cabível, atualizando o tema. A significação teórica e prática da discussão é intensa; ao lado da busca de argumentos de direito que autorizem ou não a retroatividade, inegável a repercussão enorme nos interesses dos cônjuges e terceiros se admitida a retroação, o que pode implicar em modificação de regime instituído há dezenas e dezenas de anos! Evidente que, acatada a retroatividade no que diz com os cônjuges, como penso que é possível, toda a cautela do Poder Judiciário será pouca, para resguardar os interesses dos mesmos e de terceiros.

Antes de ingressar na análise da retroação, gostaria de assinalar que, ao contrário do que alguns imaginam, não é novidade em nosso direito. Já era prevista em casos especiais: a) art. 7°, § 5°, da Lei de Introdução ao Código Civil: "*O estrangeiro casado, que se naturalizar brasileiro, pode, mediante expressa anuência de seu cônjuge, requerer ao juiz, no ato de entrega do decreto de naturalização, se apostile ao mesmo a adoção do regime de comunhão parcial de bens, respeitados os direitos de terceiros e dada esta adoção ao competente registro*"; b) art. 7° da Lei n° 1.110, de 23.05.1950: "*A inscrição produzirá os efeitos jurídicos a contar do momento da celebração do casamento*" (o art. 1.515 do Código Civil atual reproduz esta norma). No entanto, a excepcionalidade das situações não ensejou formação de doutrina e jurisprudência esclarecedoras.

Adiantei que considero admissível a retroatividade no respeitante aos cônjuges, pois em relação a terceiros só se não forem prejudicados.

---

especial de jurisdição voluntária. É conveniente que o quanto antes apareça lei processual regendo o rito da alteração de regime, para diminuir a absoluta incerteza e insegurança jurídicas que imperam no tema, sob pena de se ter de esperar pela consolidação jurisprudencial, sempre, e necessariamente, demorada.

Óbvio – desde logo destaco – que a retroação depende da explícita manifestação de vontade dos cônjuges, pois não se pode presumir a renúncia de direitos, e que não se pode tolerar o prejuízo de terceiros de boa-fé (além de prejuízo ao próprio cônjuge desavisado, coagido ou enganado).

Paulo Luiz Netto Lôbo[268] leciona:

> A regra a ser observada é a seguinte: a mudança de regime de bens apenas valerá para o futuro, não prejudicando os atos jurídicos perfeitos; a mudança poderá alcançar os atos passados se o regime adotado (exemplo: substituição de separação convencional por comunhão parcial ou universal) beneficiar terceiro credor, pela ampliação das garantias patrimoniais.

Como se observa, em um primeiro momento de suas asserções, o ilustre jurista parece repelir a retroatividade, mas logo depois deixa claro que não se trata disto, pois é aceitável a retroação de for para beneficiar terceiros.

José Antonio Encinas Manfré[269] também concorda com a possibilidade de retroação:

> Importa ainda considerar, à falta de óbice da lei, ser possível a retroação dos efeitos dessa sentença à data da celebração do casamento, desde que, conjuntamente, os interessados requeiram nesse sentido ao juiz. Caso contrário, ou seja, inexistindo pedido expresso nessa conformidade, os efeitos contar-se-ão da data da autorização judicial. Em qualquer dessas hipóteses, haverá ressalva de direitos, como impõe o supradito art. 1.639, § 2º

Luiz Felipe Brasil Santos tem a mesma opinião.[270]

Parece-me que o próprio texto legislativo conduz à possibilidade da eficácia retroativa: se assim não fosse, perderia sentido a expressão *"ressalvados os direitos de terceiros"*.[271] Esta ressalva é relevante exatamente porque o efeito da mudança de regime pode ser retroativa; ninguém pensaria em se preocupar com terceiros que, por exemplo, se tornassem credores dos cônjuges depois da alteração de regime devidamente publicada.

---

[268] *Código Civil Comentado:* direito de família, relações de parentesco, direito patrimonial: arts. 1591 a 1.693. Coordenador: Álvaro Villaça Azevedo. São Paulo: Atlas, 2003. Vol. XVI, p. 235.

[269] *Regime matrimonial de bens no novo Código Civil.* São Paulo: Juzrez de Oliveira, 2003, p. 48.

[270] Artigo sob o título "Autonomia da vontade e os regimes matrimoniais de bens", publicado em *Direitos fundamentais do Direito de Família* / Adalgisa Wiedemann Chaves (...) [et al.]; coord. Belmiro Pedro Welter, Rol Hanssen Madaleno. Porto Alegre: Livraria do Advogado, 2004, p. 218.

[271] O problema dos direitos de terceiros exige toda a atenção e, bem aprofundado, apresenta percalços maiores do que se pode pensar em um exame superficial. Várias destas questões, inclusive relacionadas com doações feitas em função de determinado regime de bens no momento do casamento, são expostas com perspicácia por Henri Fenaux (ver nota 9) e Elisabeth Poisson, esta em: Le changement de regime matrimonial. Artigo publicado em *Revue trimestrielle de droit civil.* Paris: Editions Sirey, 1969. Tomo 67, p. 469 a 507. Registre-se que os dois textos trazem subsídios valiosos em outros pontos de discussão, incluídas matérias processuais e procedimentais.

Como lembra José Antonio,[272] em outras palavras, o que não é proibido é permitido.[273] Dentro desta linha de raciocínio, Francisco José Cahali disserta pela retroatividade de contrato de união estável, de molde a operar efeitos desde o início desta.[274] A argumentação de Cahali pode ser perfeitamente transposta para o caso de alteração de regime de bens no casamento. Salienta Cahali que *"As partes são livres para dispor sobre o seu patrimônio atual, passado ou futuro"*. Aponta ele que esta é a opinião de Rainer Czajkowski.

Importa é que *"Le nouveau regime matrimonial, que modifie la composition des masses ou les pouvoirs des époux relativement à tel bien, est vis-à-vis des tiers, res inter alios acta jusquà ce quils le connnaissent"*.[275]

Vale o argumento que lembrei quanto ao problema de a alteração de regime poder atingir casamentos anteriores ao novo Código Civil: não há falar em prejuízo a direito adquirido e ato jurídico perfeito, pois a modificação do regime, com efeito retroativo, é decidida por ambos os cônjuges, pessoas maiores e capazes que podem resolver sobre direitos puramente patrimoniais, e, portanto, disponíveis (mesmo, é evidente, que isto implique em abrir mão de parte de um patrimônio).

Importante acórdão do Tribunal de Justiça do Rio Grande do Sul (primeiro que tomei conhecimento sobre o tema) definiu rumos no assunto e de forma correta. Tratou-se de verdadeiro acórdão-doutrina, fixando orientação em alguns dos principais problemas que envolvem a alteração do regime de bens. Pela relevância enorme do julgado, vale repeti-lo. Foi a apelação cível n° 70006423891, julgada pela Sétima Câmara Cível em 13 de agosto de 2003, sendo Relator o Des. Sérgio Fernando de Vasconcellos Chaves (integraram a Câmara os desembargadores Luiz Felipe Brasil Santos e José Carlos Teixeira Giorgis). O Des. Brasil Santos transcreveu artigo doutrinário que publicou sobre a mudança do regime de bens. O Tribunal gaúcho, por unanimidade, entendeu que a alteração pode ter efeito "ex tunc". O des. Brasil Santos assim argumentou em torno do aspecto que interessa ao presente artigo:

O Código não explicita se os efeitos da alteração serão "ex tunc" ou "ex nunc" entre os cônjuges (porque com relação a terceiros que já sejam portadores de direitos perante o casal, é certo que serão sempre "ex nunc", uma vez que se encontram ressalvados os direitos destes). No particular, considero que se houver opção por qualquer dos regimes que o código regula, a

---

[272] Ver nota 269.

[273] Evidente que a proibição não decorre apenas de textos explícitos de leis infraconstitucionais, mas também pode resultar da violação de princípios e normas constitucionais. Porém, tenho como certo que a possibilidade de retroação da mudança de regime de bens não está em conflito com nossa Constituição Federal.

[274] *Contrato de convivência na união estável*. São Paulo: Saraiva, 2002, p. 76 a 80.

[275] Henri Fenaux. Le changement de regime matrimonial et les droits des tiers. Artigo publicado em *Revue trimestrielle de droit civil*. Paris: Editions Sirey, janeiro-março de 1967, tomo 65, p. 545 a 580. Trecho cit. está na p. 574.

retroatividade é decorrência lógica, pois, p. ex., se o novo regime for o da comunhão universal, ele só será UNIVERSAL se implicar comunicação de todos os bens. Impossível seria pensar em comunhão universal que implicasse comunicação apenas dos bens adquiridos a partir da modificação. Do mesmo modo, se o novo regime for o se separação absoluta, necessariamente será retroativa a mudança, ou a separação não será absoluta! E mais: se o escolhido agora for o da separação absoluta, imperiosa será partilha dos bens adquiridos até então, a ser realizada de forma concomitante à mudança de regime (repito: sem eficácia essa partilha com relação a terceiros).

Minha conclusão, sob censura dos doutos, é a de que a alteração de regime de bens, contemplada no art. 1.639, § 2º, do Código Civil, pode ter eficácia retroativa pelo menos em relação aos cônjuges, se assim o estipularem, sempre ressalvados os direitos de terceiros, de maneira que estes só poderão ser atingidos se a mudança lhes for favorável.

8.2.3. A alteração do regime de bens quando se tratar de separação obrigatória

Em princípio, não pode haver a alteração se o regime é de separação obrigatória.[276] O motivo é claríssimo: seria fácil burlar o regime obrigatório, bastando, algum tempo depois do casamento, solicitar alteração para qualquer regime que fosse desejado pelos cônjuges.

Luiz Felipe Brasil Santos, em seu trabalho citado, alude a hipótese na qual se deve abrir exceção, com o que concordo integralmente, por elementar questão de razoabilidade[277] e justiça: desaparecimento da causa suspensiva durante o casamento e ausência de qualquer prejuízo ao cônjuge ou a terceiro. Por que não autorizar a alteração de regime se a partilha de bens vem a ser efetivada (exigência de partilhar bens para novo casamento de divorciado, sob pena de incidência do regime de separação: arts. 1.523, III, e 1.641, I, ambos do Código Civil) e se constata ausência de qualquer prejuízo (art. 1.523, parágrafo único, do Código Civil). Não há solução é para casos como o previsto no art. 1.641, II, do Código Civil, pois o obstáculo dos sessenta anos de idade é irreversível.[278] Já no caso dos que dependem de suprimento judicial para casar (art. 1.641, III), pode ser acatada a tese de Luiz Felipe, quando cessada a causa que exigiu aquele suprimento; é o exemplo dos que precisaram de suprimento porque não tinham ainda idade para casar.

---

[276] a) Paulo Luiz Netto Lobo. Ob. e vol. cit., p. 235. b) Luiz Felipe Brasil Santos. Ob. e vol. cit., p. 217 e 218.

[277] Estou me referindo à lógica do razoável, tão bem exposta por Luis Recasens Siches: *Tratado general de filosofia del derecho*. 7ª ed. Mexico: Editorial Porrua, 1981, p. 660 a 664.

[278] A não ser que – mas já é outro problema – se adote a orientação que sustenta a inconstitucionalidade do art. 1.641, II, do Código Civil. Segundo os que assim pensam, estaria sendo violado o princípio constitucional de preservação da dignidade humana, ao serem tratados os maiores de sessenta anos como se fossem incapazes mentalmente.

8.2.4. Os efeitos da modificação do regime de bens em relação a terceiros: algumas observações

Este assunto, tiradas algumas constatações óbvias, revela-se complexo e vai provocar, sem dúvida, discussões grandes em juízo, muitas delas sequer previsíveis (salvo se a previsibilidade for ampliada com consulta ao direito estrangeiro). As obviedades estão em que: a) para a alteração do regime a vigorar exclusivamente no tocante ao futuro, a eficácia perante terceiros só opera depois que a mudança foi posta no registro de imóveis; b) se a alteração tiver eficácia retroativa, é evidente – o que asseverei mais de uma vez e com ênfase – que os terceiros (caso típico dos credores dos cônjuges) nada tem a ver com ela, salvo se lhes for benéfica. Agravam-se a dificuldades porque a doutrina nacional ainda não se deteve na matéria e os tribunais estão por enfrentá-la.

A preocupação com os terceiros levou o TJRS a prolatar importante acórdão, no qual resolveu que sempre que o novo regime determinar comunicação mais restritiva dos bens, é imperiosa a divisão do ativo e do passivo, uma vez que cessa a responsabilidade de cada cônjuge em relação aos credores do outro; e mais: os bens devem ser avaliados, e, havendo excesso de meação, deve ser tributado.[279]

Por outro lado, estou com Débora Vanessa Caús Brandão[280] quando esta ensina que *"O simples fato de existirem dívidas não é suficiente para respaldar o indeferimento do pedido, porque o direito de terceiros não será lesado., uma vez que o regime anterior será liquidado e eventuais dívidas remanescentes deverão ser suportadas pelos cônjuges na exata dimensão de responsabilidade que o antigo regime lhes impunha, sob pena de não se observar o ato jurídico perfeito"*. Esta conclusão permite afirmar que, a rigor, não há necessidade de os requerentes trazerem rol de credores na inicial, e, muito menos, citá-los. Estes credores estão sempre protegidos, pois a alteração para eles não tem qualquer eficácia senão após deferida pelo Judiciário e levada ao registro de imóveis.

A partir daí, começam os problemas. Pretendo fazer apenas algumas observações exemplificativas sobre a questão, que exigiria um texto específico. Serão consideradas duas situações concretas.

Primeira: suponha-se que um cidadão, ao casar seu filho, faça uma doação aos nubentes, mas condicionada a que seja adotado um determinado regime de bens. Se depois os cônjuges resolverem alterar o regime, poderia o doador tentar desfazer a doação? Não é de ser afastada a hipótese de invalidação, mais ainda quando se tratar de doação com encargo (que possa ser prejudicado pela alteração do

---

[279] *RJTJRS 249/206.*

[280] Ob. cit., p. 117.

regime) ou de existência de cláusula de reversão de bens doados ao doador (idem). Muito influi a mensuração das peculiaridades do caso concreto, que pode envolver, inclusive, erro (art. 138 do Código Civil), dolo (art. 145 do Código Civil) ou ilicitude de objeto ou de motivos (art. 166, incisos II e III, do Código Civil). Parâmetro importante na solução judicial deve ser o aspecto atinente aos interesses do grupamento familiar como um todo, sem que se fixe o julgador apenas em eventual interesse egoístico do doador. Interessantes considerações a respeito do tema foram desenvolvidas por Henri Fenaux.[281]

Segunda: os requerentes estão alterando o regime de bens e surge a suspeita de que o fazem porque o cônjuge varão quer prejudicar os eventuais e futuros direitos de alguém que lhe está promovendo ação de investigação de paternidade. A divergência é forte sobre o assunto, bastando ver que, por exemplo, na França existe divergência: os tribunais de Lille fazem prevalecer o interesse dos cônjuges, ao passo que em Paris raramente se homologam acordos prejudiciais aos filhos menores e se exige concordância dos filhos maiores. Ocorre que, no caso concreto, trata-se de alegado filho. Em princípio, não vejo como possa se impedir a alteração, pois estaríamos agindo com base em perspectivas de herança de pessoa viva. Afinal, alguém pode vender todos os seus bens e gastar como quiser, ficando sem nada, mesmo que assim esteja prejudicando muito os possíveis herdeiros. Até tenho certeza de que não se pode impedir a mudança, mesmo em prejuízo de filhos já reconhecidos como tais, desde que no atinente ao futuro, ou seja, modificação de regime de bens que só valha para o futuro; eventuais direitos sucessórios de futuros herdeiros não pode atingir o direito de o casal dispor sobre sua vida econômico-financeira. Diferente seria quando o casal quer fazer retroagir a modificação (desde o início do casamento), implicando isto em praticamente uma doação ao outro de alguns ou todos os bens. Aí penso que operaria a regra de que ninguém, tendo herdeiros necessários, pode doar ao outro mais da metade do que tem. Acresce notar o problema de que não se trata ainda de filho reconhecido como tal, mas de suposto filho; nesta hipótese, havendo a retroação, como se fosse uma doação, poderia o alegado filho fazer uso de cautelar para garantir bens, visando futura demanda com base no mencionado argumento de indevida doação de mais da metade dos bens? Mesmo aí a resposta parece ser negativa, pelo menos diante da orientação prevalente na jurisprudência brasileira de que a ação só pode ser proposta depois do falecimento do autor da herança.

---

[281] Le changement de régime matrimonial et les droits des tiers. Artigo publicado em *Revue Trimestrielle de Droit Civil*, Paris, Editions Sirey, jan-março de 1967, tomo 65, p. 550 a 571.

8.3. O art. 1.647 do Código Civil

8.3.1. A exceção trazida pelo regime de separação absoluta e a separação obrigatória

Este artigo merece exame em destaque, por sua importância e pelas várias dificuldades que oferece, todas elas com repercussão teórica e prática.

O art. 1.647, "caput", situa como única exceção, para que um cônjuge possa praticar os atos elencados no dispositivo sem autorização do outro, a hipótese de regime de separação absoluta. Desde logo assinalo que o assunto não é tão simples como parece, pois, traiçoeiramente, os arts. 978 e 1.665 do Código Civil são indicativos de outras duas exceções (no primeiro, parece certo, mas, no segundo, há divergência); estes dois temas serão estudados mais adiante.

Importa agora é saber se a exceção pertinente ao regime de separação absoluta abrange ou não o regime da separação obrigatória.

Penso que não. E atinjo esta conclusão por dois fundamentos:

1º) A separação só é realmente absoluta quando convencional e desde que assim seja estipulado pelos interessados. A separação obrigatória, em face da súmula 377 do Supremo Tribunal Federal, não impede a comunicação dos aqüestos (em outro tópico examinarei a sobrevivência desta súmula em face do novo Código Civil, mas adianto que sou favorável à sua permanência, com o que me é permitido utilizar este argumento). Reconheço que este argumento não é dos mais fortes, pois baseado em uma interpretação muito literal, mas pode ser empregado, pelo menos como reforço do segundo, este bastante sólido e convincente.

2º) É razoável e justo que se preveja a exceção para caso em que os cônjuges livremente escolhem o regime, como sucede na separação convencional, pois o fazem sabendo das seqüelas, inclusive a de poder qualquer deles praticar os atos relevantes enunciados nos quatro incisos do art. 1.647. Bem diferente é para a separação obrigatória, pois aí os cônjuges nada podem fazer para evitá-la. O cônjuge assistirá o outro dilapidar patrimônio familiar sem nada poder fazer para impedir e sem que nunca tenha desejado um regime que permite conduta tão grave. É preciso recordar que no Código Civil (que aqui acompanha a modernidade no direito de família), os aspectos patrimoniais devem estar subordinados aos aspectos afetivos. Em princípio, à harmonia amorosa – que é presumível se o casal permanece junto – deve corresponder, o mais possível, uma adequação patrimonial, de tal maneira que devem as exegeses privilegiar os resultados que ampliam a comunhão e que dificultam atos capazes de comprometer o patrimônio da família (leva-se em conta o interesse patrimonial do conjunto familiar, entendido no mínimo como constituído pelos pais e pelos filhos). Eventuais exceções maléficas ao patrimônio familiar devem ser interpretadas restritivamente.

8.3.2. O problema provocado pelo art. 1.665 do Código Civil

Ao passo que a leitura do art. 1.647, em seu inciso I, parece produzir uma única exceção à indispensabilidade de anuência de um cônjuge para a alienação de imóveis (regime da separação absoluta), o art. 1.665 – heterotópica, estranhamente e em má técnica legislativa – parece criar mais uma exceção, ou seja, é permitido também alienar imóveis, sem consentimento do cônjuge, no regime da comunhão parcial, quando particulares os bens.

Adjetivei severamente o art. 1.665 porque, admitido que se trata de mais uma exceção, é evidente que deveria estar contida no art. 1.647, e, se não for outra exceção, de qualquer maneira a redação terá sido extremamente infeliz, pois, pelo menos no plano literal, permite admitir a hipótese como nova exceção.

A pouca doutrina sobre a matéria se divide.

Paulo Luiz Netto Lôbo[282] não vê nova exceção no art. 1.665 e considera que deve ser harmonizado com o art. 1.647, de forma que *"o cônjuge proprietário pode dispor de seus bens imóveis particulares, havendo autorização do outro ou suprimento judicial"*.

Débora Vanessa Caús Brandão[283] opina no mesmo sentido.

Leônidas Filippone Farrula Junior,[284] ao contrário, sustenta que pode sim haver a alienação dos imóveis sem consentimento do cônjuge, tratando-se de nova exceção ao art. 1.647.

Lia Palazzo Rodrigues[285] se aprofundou no problema, em texto de leitura obrigatória, independentemente da concordância ou não com seus fundamentos e conclusões. Aliás, justiça se faça, a ilustre Professora foi a primeira pessoa que conheci que se deu conta da gravidade do art. 1.665, o que notei em diálogo mantido durante evento cultural (não havia ainda me apercebido da dificuldade do problema). Em seu trabalho, registra a infelicidade técnica do texto normativo, que parece criar uma nova exceção à regra de indispensabilidade de autorização conjugal para a alienação de imóveis; segundo ela, com razão, se de exceção se cogita, deveria constar também no art. 1.647. Passando para a análise do conteúdo da norma, correspondente ao art. 1.665, pronun-

---

[282] Ob. e vol. cit., p. 305.

[283] *Regime de bens no novo Código Civil*. São Paulo: Saraiva, 2007, p. 216.

[284] Ob. cit., p. 346.

[285] Artigo sob o título "Algumas considerações sobre o Direito de Família no novo Código Civil e seus reflexos no regime supletivo de bens", publicado em obra antes citada com o título *Direitos Fundamentais do direito de família*, p. 189 a 210.

cia-se a jurista por sua inconstitucionalidade, pois compromete o patrimônio familiar, na medida em que o patrimônio é indispensável para a família atender às necessidades básicas do ser humano, relacionadas com a preservação do valor fundamental constituído pela dignidade humana. Além disto, parte ela da distinção, feita por Pontes de Miranda, entre consentimento e assentimento, com a finalidade de afirmar que, para os bens comuns, o consentimento é exigido, e, para os bens particulares, o assentimento.

Apesar do brilhantismo da argumentação da Eminente Professora, não estou convencido, com toda a vênia.

Quanto à inconstitucionalidade, não a vejo configurada. Sei perfeitamente que as leis infraconstitucionais devem ser sempre interpretadas e aplicadas levando em conta a Constituição Federal (aliás, foi marcante o fenômeno da constitucionalização do direito de família, com a Constituição Federal de 1988). Porém, tenho dito e escrito que é preciso cautela nas construções pela inconstitucionalidade, pois a linguagem aberta e amplíssima da Constituição enseja uma infinita possibilidade de asserções daquele tipo, dependendo da tendência exegético-axiológica de cada um. Tornou-se comum usar a inconstitucionalidade como primeiro argumento para derrubar leis com as quais discordemos, mesmo que se revele artificial e forçada a linha de raciocínio. Na verdade, há uma verdadeira "moda de inconstitucionalidades" (evidentemente, aí não se enquadra a argumentação do artigo sob exame), o que acarreta o risco da desvalorização das argüições correspondentes, pois se tudo é inconstitucional, nada é inconstitucional. No caso concreto, não vejo como a lei civil não possa sequer prever a possibilidade de bens particulares serem alienados sem autorização de um dos cônjuges, sob pena de completo engessamento dos regimes de bens a partir de normas constitucionais mais amplas e gerais. Não há nenhum conflito manifesto com a Constituição Federal, até porque descabe trabalhar com a presunção de que qualquer alienação de bens particulares vá produzir destruição patrimonial da família. Além disto, o argumento da inconstitucionalidade prova demais: seria inconstitucional também o art. 1.647, quando permite alienação de imóveis na separação absoluta sem autorização do cônjuge. E mais: não seria lícito sequer fazer pacto antenupcial para escolha de regime que não fosse o da comunhão universal, ou, em outras palavras, o Código Civil não poderia conter outro regime que não fosse a comunhão universal. Isto terminaria igualmente atingindo direitos fundamentais da Constituição Federal, pois impediria que pessoas maiores e capazes pudessem resolver sobre matéria disponível, qual seja a patrimonial, o que implica em ferir o direito de liberdade negocial e de propriedade; a exacerbação de tais vedações, por sua vez, pode afetar a dignidade humana, pois esta também embute a possibilidade de razoável exercício da vontade no plano patrimonial. Afinal, ninguém é obrigado a casar sob determinado regime de bens, salvo nos casos do art. 1.641 do Código Civil.

No tocante à distinção entre consentimento e assentimento, mesmo que admitida no plano teórico e abstrato, importa é que não induz realmente uma diferenciação no campo prático, pois em qualquer dos casos, interessa é que a autorização do cônjuge, segundo a posição da Ilustre Jurista, estaria sendo reclamada, o que permitiria atacar o ato de alienação.

Assim, não entendo que o problema emergente do art. 1.665 possa e/ou deva ser resolvido por argumento de inconstitucionalidade ou pela distinção entre consentimento e assentimento. Mas a dúvida permanece: afinal, abre ele ou não uma nova exceção, além daquela prevista no art. 1.647 (e também da prevista no art. 978)?

Com o risco de estar entre os primeiros a opinarem sobre o difícil tema e admitindo a respeitabilidade da corrente contrária, minha posição é não aceitar que o art. 1.665 esteja abrindo uma nova exceção ao art. 1.647 do Código Civil. Apenas que não o faço pelo rumo da inconstitucionalidade. Uso sim, como o faz a Eminente Jurista Lia Palazzo Rodrigues, o argumento de que se deve prestigiar a proteção da família, mas não a ponto de vislumbrar norma inconstitucional. Faço a interpretação fora deste parâmetro maior.

A parte principal de minha argumentação, além do que foi arrazoado por Lia Palazzo Rodrigues (arrazoado que integro aos meus argumentos, com exceção da assertiva de inconstitucionalidade), se fundamenta, mais uma vez, nos princípios que norteiam o moderno direito de família e que inspiraram a elaboração do Código Civil de 2002. Repito que o amor, a solidariedade, a convivência, a ajuda recíproca, o carinho, são valores básicos ao direito de família moderno. A própria estrutura do Código Civil brasileiro de 2002 prioriza os aspectos pessoais (onde estão os afetivos) em detrimento do patrimônio, ao reger por primeiro o direito pessoal. O art. 1.511 do Código Civil diz que o casamento estabelece comunhão plena de vida. A comunhão de vida é mais plena, em princípio, quando à comunhão amorosa corresponde uma comunhão de bens e uma prevalência das exegeses que não facilitem o desaparecimento ou dilapidação do patrimônio familiar. O princípio deve ser o de que, em caso de dúvida interpretativa, prestigiar a comunhão dos bens e prestigiar a interpretação que mais protege o patrimônio familiar. Pois bem, no caso do art. 1.665, elementos outros de hermenêutica mostram que se trata de redação infeliz e provável equívoco legislativo. O legislador foi além do que desejava expressar quando usou a palavra *"disposição"*. Vejamos estes outros elementos de interpretação.

A) O art. 1.647 é taxativo, claríssimo e categórico ao abrir uma única exceção para a disposição sobre os imóveis: o regime da separação de bens. Não se diga que o art. 978 também assim o faz, porque aí se trata de parte totalmente distinta do Código, na qual prevalece o direito empresarial. Os artigos 1.647 e 1.665 devem ser vistos na perspectiva do direito de família, no qual se localizam.

B) A idéia de que imóveis não devem ser alienados sem autorização conjugal é tão forte que prevalece até no regime de participação final nos aqüestos, como se vê pelo artigo 1.673, parágrafo único, parte final, do Código Civil (só será diferente se assim previsto em pacto antenupcial: art. 1.656). Ora, se assim é em tal regime, com mais razão na comunhão parcial. Afinal, na participação final nos aqüestos existe, durante a constância do casamento, uma independência de patrimônio que não existe na comunhão parcial.

C) O art. 1.665 cogitou, estranhamente, de "disposição" sobre bens, apesar de situado em artigos que versam sobre administração do patrimônio e sobre responsabilidade por dívidas (arts. 1.663 a 1.666), o que põe a expressão como heterotópica, deslocada, indicando que algo não está bem.

D) O art. 1.642, inciso I, do Código Civil, reitera, de maneira genérica (norma para qualquer regime) que a disposição de bens sempre encontra o limite previsto no art. 1.647, em seu inciso I (não alude ao art. 1.665).

8.3.3. O art. 978 do Código Civil

Como antecipei, o art. 978 abre uma nova exceção ao art. 1.647 do Código Civil, no que diz com a possibilidade de alienação de imóveis sem autorização do cônjuge.

É mais uma pauta normativa de colocação duvidosa, pois, tendo tudo a ver com regime de bens, não há sinal de seu conteúdo na parte correspondente ao regime de bens no direito de família, o que pode causar sério equívoco. É imprescindível apontá-la até como um alerta para os cônjuges e visando a que fiquem mais atentos aos negócios um do outro.

Trata-se de uma exceção grave, pois, ao cogitar de empresário, não faz distinção, o que inclui o empresário pessoa física ou a firma individual.[286]

Detecta-se contradição no sistema de valores do legislador, pois, se com o polêmico art. 1.647, inciso III, do Código Civil, optou pela proteção da família em detrimento do direito comercial, e mais,

---

[286] E foi esta a intenção do legislador: *Novo Código Civil comentado*/coordenador Ricardo Fiúza. São Paulo: Saraiva, 2002, p. 884.

especificamente, do direito cambiário, na norma agora enfocada priorizou o interesse empresarial em prejuízo da família.

A regra é perigosa para o patrimônio familiar, visto que enseja a burla ao regime mediante a alegação de que o imóvel integra o patrimônio da empresa, mesmo pessoa física, o que facilita o desvio malicioso de bens. Este risco é bem apontado por Marilene Silveira Guimarães.[287] Todavia, forçoso reconhecer que, na prática, as disputas judiciais não se alterarão muito, pois não é novidade o enfrentamento do problema de um cônjuge desviar bens do patrimônio comum pelo ardil de colocá-lo em nome de outras pessoas ou ocultá-lo em outros Estados ou no estrangeiro. Daí a aplicação crescente da desconsideração da personalidade jurídica às relações patrimoniais de família, constante preocupação, por exemplo, de Rolf Madaleno.[288]

A regra está posta e as indagações são fático-probatórias (em termos técnico-jurídicos existe clareza), cabendo aos cônjuges estarem vigilantes e ao Poder Judiciário o exercício da prudência e sabedoria na solução dos litígios.

8.3.4. A exigência de autorização conjugal para a prestação de aval

O art. 1.647, inciso III, do Código Civil, trouxe modificação importante e altamente polêmica no direito brasileiro, ao exigir autorização conjugal para que aval seja prestado. Antes a lei civil somente determinava aquela autorização para o caso de fiança.

A polêmica reside em que se viu prejudicado o direito cambiário, com manifesto comprometimento da autonomia e literalidade dos títulos de crédito. O legislador optou pela proteção da família, em detrimento do direito cambiário. É forte a reação dos cambiaristas, visando a alterar o novo Código Civil, com eliminação da exigência no respeitante ao aval.

De qualquer forma, se e enquanto não for alterado o dispositivo legal, cumpre enfrentá-lo, verificando as conseqüências da falta de autorização conjugal. Não tenho nenhuma dúvida de que a ausência de autorização conjugal acarreta anulabilidade (não a nulidade) do aval. Não só em decorrência do art. 1.649, "caput", mas também porque é explícito a respeito o art. 1.642, inciso IV, quando fala em *"invalidação do aval"*. A lei é tão evidente e imperativa que, a rigor, nem vejo motivo para discussão. O problema surge porque alguns pretenderam que o

---

[287] Afeto, Ética, Família e o novo Código Civil (anais do IV Congresso Brasileiro de Direito de Família, realizado em Belo Horizonte de 24 a 27 de setembro de 2003). Coordenador: Rodrigo da Cunha Pereira. Belo Horizonte: Del Rey, 2004, p. 449 a 464, em artigo sob o título Família e empresa – questões controvertidas (Regime de bens e os reflexos nos arts. 977, 978 e 979 no direito de família).

[288] *Direito de Família:* aspectos polêmicos. Porto Alegre: Livraria do Advogado, 1998, p. 20 a 33.

aval não fosse inválido, mas apenas ineficaz em relação a quem não o assinou.[289] Com toda a vênia, é insustentável a tese, pelos argumentos que passarei a expor. a) Em primeiro lugar, porque o art. 1.642, inciso IV, do Código Civil é por demais categórico (ou seja, não opera apenas o art. 1.649 do Código Civil). b) Em segundo lugar, porque o Código Civil em vigor não repete norma como a do art. 263, inciso X, do Código Civil de 1916 (aplicável também à comunhão parcial, diante do art. 269, inciso IV, do Código de 1916), a qual permitia relativizar os arts. 239 e 252 do mesmo Código de 1916. Prevaleceu nos tribunais o pensamento de que, se a lei determinava a não comunicação da fiança prestada sem autorização do cônjuge, é porque não desejava invalidá-la, cabendo ao cônjuge prejudicado somente afastar da penhora sua meação. Ocorre que no atual Código Civil não existe norma que dê a entender que a fiança e o aval somente não se comunicam a quem não os autorizou. O que há é regra expressa de invalidação!

8.4. O art. 3º da lei nº 4.121/62 e os arts. 1663, § 1º, 1.664 e 1.666 do Código Civil

Todos sabem da enorme significação prática do art. 3º da Lei nº 4.121/62, que enseja grande quantidade de ações nos pretórios. Teria este artigo sobrevivido com o atual Código Civil, na medida em que não é repetido?

Minha resposta é afirmativa, pois aquele dispositivo legal está em perfeita harmonia com o sistema do novo Código. No mínimo, mesmo para os que o considerem revogado, pelo menos a conclusão deve ser a de que o atual Código dá proteção patrimonial igual ao grupamento familiar.

Assim penso diante do texto dos artigos antes enumerados do novo Código.

O artigo mais importante em minha tese é o de número 1.664. Deixa ele claro que os bens da comunhão *não* respondem pelas obrigações contraídas por um só dos cônjuges quando o débito *não* se destina atender aos encargos da família, quando *não* visa atender a despesas de administração e quando *não* teve em vista atender às despesas decorrentes de imposição legal. Ora, encargos da família, despesas de administração (da família) e despesas advindas de imposição legal (por exemplo: IPTU), manifestamente estão voltados ao benefício do grupamento

---

[289] Enunciado nº 114 da Jornada de Direito Civil, promovida pelo Centro de Estudos Judiciários do Conselho da Justiça Federal, realizada no período de 11 a 13 de setembro de 2002, que diz: "*o aval não pode ser anulado por falta de vênia conjugal, de modo que o inc. III do art. 1.647 apenas caracteriza a inoponibilidade do título ao cônjuge que não assentiu*". Estes enunciados podem ser encontrados em *www.cjf.gov.br*.

DIREITO DE FAMÍLIA

familiar. Portanto, se os débitos não se destinam ao benefício familiar, não podem responder os bens da comunhão. Era exatamente o que fazia o Estatuto da Mulher Casada, em seu art. 3º, mais ainda em função da interpretação que lhe deram os tribunais!

Com efeito, é preciso recordar, em apoio à idéia que reputo correta, que os tribunais enxertaram no art. 3º da Lei nº 4.121 requisito nele não constante explicitamente: *só se aplicava se o débito não fosse em benefício da família.*[290]

O art. 1.663, § 1º reforça minha tese, pois reafirma que dívidas contraídas no exercício da administração obrigam os bens comuns e até os bens particulares, se houver proveito do cônjuge administrador.

Por fim, o art. 1.666 igualmente ajuda em minha posição, na proporção em que ordena não fiquem obrigados os bens comuns quando as dívidas são contraídas pelo cônjuge na administração de seus bens particulares, ou seja, não em benefício da família como um todo.

Portanto, o art. 3º da Lei nº 4.121/62 foi prestigiado pelo novo Código Civil e sustento que continua em vigor, por incidência do art. 2º, § 2º, da Lei de Introdução ao Código Civil.

8.5. A Súmula 377 do Supremo Tribunal Federal e o novo Código Civil

A súmula 377 do STF teve alicerce no art. 259 do Código Civil de 1916. Este dispunha que prevaleciam os princípios da comunhão de bens quanto aos bens adquiridos na constância do casamento, mesmo que não fosse o regime de casamento, salvo, é óbvio, que o pacto antenupcial dispusesse em contrário. Como o Código Civil em vigor não tem artigo com igual redação, há quem sustente que não mais pode ser aplicada a súmula em tela.[291]

Tenho que continua sim em vigor a súmula 377. Seu texto, a meu pensar, se fundamenta nos princípios que norteiam o moderno direito de família e que inspiraram a elaboração do Código Civil de 2002.

---

[290] Daí surgiram discussões sobre de quem seria o ônus da prova: o credor é que deveria provar que o débito beneficiou a família ou o cônjuge prejudicado e embargante (para livrar, por exemplo, sua meação da penhora) é que deveria comprovar que a dívida não foi em benefício da família. Prevaleceu nos tribunais a orientação de que o ônus da prova seria do cônjuge, o que acho certo, pois seria pedir demais do credor; afinal, o cônjuge tem muito mais condições do que o credor para saber o que se passa no interior da família. A inversão do ônus probatória se dava em situações como a de aval, pois se presume dado de favor; exceção da exceção era constituída pelo aval dado pelo marido à empresa da qual fosse diretor, visto que aí se presumia o interesse da família, que tira sua manutenção da referida empresa.

[291] É o pensamento de Francisco José Cahali, exposto ao atualizar o *Direito Civil* de Silvio Rodrigues: *Direito civil: direito de família*, vol. 6. São Paulo: Saraiva, 2004, p. 148.

Repito e enfatizo que o amor, a solidariedade, a convivência, a ajuda recíproca, o carinho, são valores básicos ao direito de família moderno. A própria estrutura do Código Civil brasileiro de 2002 prioriza os aspectos pessoais (onde estão os afetivos) em detrimento do patrimônio, ao reger por primeiro o direito pessoal. O art. 1.511 do Código Civil diz que o casamento estabelece comunhão plena de vida. A comunhão de vida é mais plena, em princípio, quando à comunhão amorosa corresponde uma comunhão de bens. Natural, portanto, que se continue entendendo que, no silêncio do pacto antenupcial, devam se comunicar pelo menos os bens adquiridos *durante* a convivência do casal. É intuitiva a presunção de que os bens sejam adquiridos com o esforço comum e é presunção razoável a de que, se o casal continua junto, é porque existem condições de afeto para tal.

A permanência da compreensão embutida na súmula 377 permite, por exemplo, abrandar o rigorismo do art. 1.641, inciso II, do Código Civil, regra por demais severa e até, como vimos antes, considerada inconstitucional por alguns julgamentos de tribunais. Pelo menos, já que não se comunicam os bens anteriores ao casamento, em face da separação obrigatória, existirá a comunicação dos bens havidos presumidamente pelo esforço comum durante a convivência.

8.6. O art. 39 da Lei n° 9.610/98:
incomunicabilidade de direitos patrimoniais do autor

Apenas de se trata de chamar a atenção para regra sobre regime de bens inserta em lei que trata de direitos autorais, pelo que pode passar desapercebida: não se comunicam direitos patrimoniais do autor, excetuados os rendimentos resultantes de sua exploração, salvo pacto antenupcial em contrário.

8.7. O art. 1.642, V:
exigência de separação de fato por mais de cinco anos

É por demais sabido que, felizmente, os tribunais se orientaram no sentido de que a separação de fato é capaz de romper o regime de bens, qualquer que seja este.[292] Disse "felizmente" porque resolver o contrário seria fazer preponderar o aspecto patrimonial sobre o afetivo.

O novo Código Civil quis inovar, mas retrocedeu. O problema foi o longo tempo de maturação no Congresso Nacional. A concessão de

---

[292] A) *Boletim ADV/COAD 8/94*, p. 124, item 64617 (SP); b) RESP 60.820-RJ; c) *RT 716/148* (SP); d) *RT 749/251* (STJ); e) *LEX – Jurisprudência do STJ e TRF*, 126/132 e 138/151.

que, após cinco anos de separação de fato, era esta levada em conta para romper o regime de bens, era um avanço quando o Projeto ingressou no Congresso; hoje, é atraso. Os tribunais, ao admitirem a separação de fato como capaz de romper o regime, não estabelecem prazo para tal separação e nem deveriam fazê-lo; importa é que, no caso concreto, se verifique prova de estar consolidada a separação de fato. Com o novo Código, só depois de cinco anos haveria esta consolidação! É errado. A exegese mais sábia consiste em ter o prazo de cinco anos apenas como um parâmetro básico, a operar em princípio, quando a prova não revele já estar consolidada a separação de fato com menos tempo.

8.8. O art. 1.659, VI:
a incomunicabilidade dos proventos. FGTS e indenização trabalhista

Regra aparentemente singela, mas muito perigosa. Reproduz, com redação diversa, o art. 269, inciso IV, combinado com o art. 263, inciso XIII, ambos do Código Civil de 1916.

Perigosa porque, se houver aplicação literal, chegaremos ao absurdo de, por exemplo, se a mulher não trabalhar, não poderá pegar uma moeda de um centavo da remuneração percebida pelo marido, o que se agrava se todo o ganho do casal advier daquela remuneração! Esta exegese gramatical feriria profundamente todo o significado do regime da comunhão parcial e da comunhão universal (aplica-se à comunhão universal diante do art. 1.668, inciso V). A comunhão afetiva estaria muito abalada.

Evidentemente, tal dispositivo vem merecendo interpretação, em geral, restritiva. Assim, boa doutrina vem ensinando que se comunicam os bens adquiridos com o valor dos proventos; é o que fazem José Lamartine e Ferreira Muniz, assim como Caio Mário e Silvio Rodrigues.[293] Débora Vanessa Caús Brandão[294] vai além, dissertando que não se comunica apenas o direito aos proventos, mas, uma vez recebidos pelo cônjuge, irão se comunicar. Participo desta compreensão de máxima restrição ao infeliz dispositivo.

A jurisprudência também reage. A 7ª Câmara Cível do TJRS[295] resolveu pela comunicação de valores depositados em poupança pelo

---

[293] Débora Vanessa Caús Brandão. *Regime de bens no novo Código Civil*. São Paulo: Saraiva, 2007, p. 210.

[294] Ob. cit., p. 210.

[295] Agravo de Instrumento nº 70011114568, julgado em 04.05.2005, sendo Relator o Des. Luiz Felipe Brasil Santos.. Também: Apelação Cível nº 70014182501, da 7ª Câmara Cível do TJRS, julgada em 03.05.2006, sendo Relator o Des. Luiz Felipe Brasil Santos. Acórdãos resultantes de pesquisa para trabalho forense realizada pelo Dr. Fernando Malheiros Filho.

cônjuge varão, pois que *"no momento em que esta fração de seus ganhos passa a integrar a economia familiar fica descaracterizada a natureza de proventos do trabalho pessoal do cônjuge varão"*. O casamento era pelo regime de comunhão parcial.

No entanto, já se resolveu, com base na norma em tela, que não se comunica FGTS[296] (o mesmo vale para indenização trabalhista, PDV, créditos trabalhistas em geral[297]), mas que se comunica o bem com ele adquirido, sob pena de se criar espécie de bem reservado não previsto em lei.[298] Como se vê, o último acórdão excluiu o FGTS da comunicação, mas, pelo menos, não foi ao ponto de, aplicando sub-rogação, incluir o bem adquirido na incomunicabilidade. Há posição pretoriana contrária, sob a égide do Código Civil de 1916, decidindo que o bem adquirido com o produto do trabalho não se comunica tambem.[299]

O STJ, porém, decidiu que indenização trabalhista integra a partilha.[300] Exceção é quando as verbas indenizatórias emerjam de direito trabalhista nascido ou que tenha sido pleiteado após a separação do casal.[301] Aliás, o STJ vem resolvendo pela comunicação até mesmo de verbas resultantes de reclamatória trabalhista, mas os acórdãos que conheço são concernentes a fatos ocorridos antes do novo Código Civil. Não se sabe como aquela Corte resolverá em face do art. 1.659, VI. É que, no direito anterior, havia a contradição gritante entre os arts. 269, IV, e 271, VI; operando sobre esta contradição, o STJ vem resolvendo pela prevalência do segundo dispositivo. Ora, acontece que no Código atual não há qualquer incoerência e, ao contrário, é claríssimo o art. 1.659, VI.

8.9. Erro do legislador no art. 1.668, V

Grave omissão cometeu o legislador no artigo 1.668, V. Deixou de fora o inciso IV do art. 1.659. Não há qualquer argumento razoável para

---

[296] Apelação Cível n° 70012333985, julgada pela 7ª Câmara Cível do TJRS, em 09.11.2005, sendo Relator o Des. Sérgio Fernando de Vasconcellos Chaves. Acórdão resultante de pesquisa para trabalho forense realizada pelo Dr. Fernando Malheiros Filho.

[297] Apelação Cível n° 70012938833, julgada pela 8ª Câmara Cível do TJRS, em 27.10.2005, sendo Relator o Des. José Ataídes Siqueira Trindade. Fonte: também pesquisa do Dr. Fernando Malheiros Filho.

[298] *RJTJRS 209/355*. Também: Embargos Infringentes n° 70012506382, julgado pelo 4° Grupo de Câmaras Cíveis do TJRS, em 14.10.2005, sendo Relator o Des. Sérgio Fernando de Vasconcellos Chaves.

[299] *RT 851/204* (SP). É acórdão sobre união estável, mas que argumenta com o problema no âmbito do casamento. Houve voto vencido.

[300] RESP 758.548.

[301] RESP n° 646529/SP, da 3ª Turma, sendo Relatora a Ministra Nancy Andrighi, com julgamento em 21.06.2005. DJ 22.08.2005, p. 266. Acórdão resultante de pesquisa para trabalho forense realizada pelo Dr. Fernando Malheiros Filho.

tratar diferentemente a comunhão universal no tocante à comunhão parcial, no que diz com a incomunicabilidade das obrigações provenientes de atos ilícitos.

A doutrina, acertadamente, vem admitindo o equívoco e defendendo a tese de que também na comunhão universal não se comunicam aquelas obrigações.[302] Trata-se de manter a coerência axiológica do sistema jurídico, aspecto sempre fundamental na interpretação.

Todavia, doutrinadores há que são favoráveis à aplicação literal do texto de lei, como noticia Carlos Roberto Gonçalves.[303] Sustentam foi proposital a omissão, em face da impossibilidade de, na comunhão universal, haver separação de patrimônios, o que prejudicaria o credor da indenização, que teria de aguardar por futura e incerta partilha de bens (separação judicial, divórcio, morte). De maneira acertada, Carlos Roberto Gonçalves pondera que a dificuldade inexiste, pois se deve sim admitir a quebra da comunhão universal a fim de indenizar o credor da indenização por ato ilícito, atingindo a meação do responsável por aquele ato; lembra como assim já se faz ao permitir, com base no art. 1.046 do Código de Processo Civil, que sejam interpostos embargos de terceiro para resguardo de meação (caso típico é o da aplicação do art. 3º da Lei nº 4.121/62).

8.10. O regime de participação final nos aqüestos

Extinto que foi, em boa hora, o regime dotal de bens (não utilizado pelo povo brasileiro), o legislador, em compensação, colocou regime de difícil operacionalidade, que, segundo muitos, não terá melhor sorte. Desvantagem deste regime, além de sua complexidade, consiste na necessidade de permanente cuidado contábil dos cônjuges, para não serem enganados ou prejudicados quando da dissolução da sociedade conjugal; não me parece que esta atitude de constante cautela se harmonize com o afeto que se presume existente no casamento.

Dentro do espírito de minhas aulas, palestras e conferências trazido para este livro, até poderia não ser examinado este assunto, por sua nula repercussão prática e a forte resistência que encontra. Porém, regime de bens é tema de grande relevância e não posso deixar, mesmo para o presente regime, de apresentá-lo aos alunos e expor suas características básicas.

Este regime é usado em alguns países europeus e sua finalidade, ao combinar separação com comunhão parcial, seria facilitar a vida

---

[302] A) Débora V. C. Brandão, ob. cit., p. 225; b) Carlos Roberto Gonçalves. *Direito civil brasileiro, vol. VI: direito de família*. São Paulo: Saraiva, 2005, p. 425 a 427.

[303] Ob. e p. cit. Menciona os nomes de Alexandre Alcoforado Assunção e Regina Beatriz Tavares da Silva.

empresarial independente dos cônjuges, mas, concomitantemente, prestigiar a comunicabilidade de patrimônio, que ocorre quando da dissolução da sociedade conjugal. Com efeito, durante a constância da sociedade conjugal, funciona o regime como se fosse separação de bens, ainda que mitigada (não é permitida a venda dos imóveis: art. 1.673, parágrafo único), e, quando da dissolução daquela, como se fosse comunhão parcial (retroativa, por sinal).

Durante a sociedade conjugal, cada cônjuge mantém patrimônio próprio (art. 1.673, *caput*), em condições de administração exclusiva (art. 1.673, parágrafo único), tudo como se se tratasse de separação de bens. No entanto, esta ressalva é importante e nela insisto, não pode haver alienação dos imóveis próprios, no que o sistema difere da separação de bens (art. 1.687). Quando extinta a sociedade conjugal, considera-se como se o regime houvesse sido de comunhão parcial desde o início do casamento, isto é, cada cônjuge tem direito à metade do que foi adquirido onerosamente na constância do casamento (art. 1.672). Portanto, do patrimônio próprio, referido no art. 1.673, *caput*, haverá, quando da dissolução da sociedade conjugal, comunicação dos adquiridos, onerosamente, na constância do casamento.

O art. 1.674 deve ser destacado, pois é importante para a compreensão de como funciona o regime. Nele bem se vê a atuação, no fim da sociedade conjugal, das regras da comunhão parcial: os aqüestos são apurados excluindo-se os bens anteriores ao casamento (e os em seu lugar sub-rogados), o que os cônjuges obtiveram por sucessão ou liberalidade e as dívidas relativas a estes bens.

Não se tem notícia de pessoas que estejam adotando tal regime por enquanto. Não é de estranhar. É perigoso ao advogado aconselhá-lo, quando, mesmo em questões mais básicas, não se tem a mínima idéia de qual será a orientação doutrinária e jurisprudencial. Dou um exemplo. O art. 1.687 diz que, no regime de separação, os imóveis podem ser livremente alienados ou gravados de ônus reais. No art. 1.673, parágrafo único, consta que, no regime de participação final nos aqüestos os imóveis podem ser livremente alienados; não se alude ao ato de gravar de ônus real. Seria ou não proposital a omissão do art. 1.673? Uns dirão que não e sim falhou o legislador, pois, em última análise, gravar de ônus real pode implicar em alienação do imóvel (por não pagamento da dívida); portanto, deve ser também proibido gravar de ônus reais. Outros concluirão que foi proposital a omissão da referência aos ônus reais, sob pena de fracassar o regime em finalidade essencial; com efeito, suponha-se que um empresário precise de capital de giro e vá ao banco para obtê-lo; o banco pede hipoteca, mas a esposa não concorda com a oneração com ônus real; resultado: o empresário não consegue o empréstimo e vai à falência! A divergência de interpre-

---

DIREITO DE FAMÍLIA

145

tação pode produzir conseqüência nefasta. Diante disto – discussão em pontos os mais fundamentais do novo regime – como correr o risco de adotá-lo? Não fui atrás de exemplos rebuscados e raros, mas de algo rotineiro. Como saber qual será a interpretação prevalente nos tribunais?

8.11. Alguns aspectos da partilha de bens quando ambos ou um dos cônjuges é sócio em pessoa jurídica

Problema complexo diz com a partilha de bens em caso de um ou ambos os cônjuges serem sócios em pessoa jurídica. A dificuldade se amplia porque a matéria é pouco tratada pela doutrina, como assinala João Batista Arruda Giordano.[304]

Desde logo se fixe que, constituída a sociedade por quotas ou adquiridas as ações durante o casamento, a participação, se tomarmos como exemplo o regime de comunhão parcial (evidente que será outra a solução na separação de bens), será pelo valor correspondente à metade do valor das quotas ou metade do valor das ações, o que se mostra, até aqui, simples. Tão simples que produz perplexidade se forme litígio a respeito, precisando a Justiça proclamar a obviedade: sob o regime da comunhão parcial, são partilháveis as quotas adquiridas durante o casamento, embora constem em nome exclusive do varão.[305] Sim, são partilháveis as quotas, mas isto não quer dizer que possam sê-lo a qualquer momento – e aqui emerge a primeira questão importante, e muito importante – sob pena de esta partilha poder causar sérios percalços econômico-financeiros a uma pessoa jurídica da qual talvez dependa o sustento de inúmeros empregados e suas famílias. Com efeito, se, em sociedade por quotas de responsabilidade limitada, tivesse o sócio, que se separou judicialmente ou se divorciou, de desde logo pagar ao cônjuge o valor de metade das quotas, se não tivesse recursos para tal seria obrigado a quem sabe entrar em insolvência, o que, pelo menos por via indireta, acabaria prejudicando a empresa que integra. E há outro problema: se se admitisse o ingresso de terceiro estranho à pessoa jurídica, estaria quebrada a *affectio societatis*.[306] Assim, havia antiga discussão sobre o instante em que o cônjuge poderia reclamar sua meação nas quotas. O impasse foi resolvido sabiamente pelo Código Civil de 2002, em seu art. 1.027: "*Os*

---

[304] O direito patrimonial de família e as sociedades comerciais, artigo publicado em *Revista AJURIS*, dezembro de 2001, n° 84, tomo I, p. 138 a 144.

[305] Agravo de Instrumento n° 68.973-4, julgado pelo TJSP, em 25.11.97, sendo Relator o Des. Maurício Vidigal. Fonte: José Atnonio Encinas Manfré. *Regime matrimonial de bens no novo código civil*. São Paulo: Juzrez de Oliveira, 2003, p. 69.

[306] *Novo Código Civil comentado*. Coordenador Ricardo Fiúza. São Paulo: Saraiva, 2002, p. 927.

herdeiros do cônjuge de sócio, ou o cônjuge do que se separou judicialmente, não podem exigir desde logo a parte que lhe couber na quota social, mas concorrer à divisão periódica dos lucros, até que se liquide a sociedade". Em relação aos herdeiros, vinha mesmo se resolvendo que não passam a integrar a sociedade por quotas em face do falecimento do sócio.[307]

E há mais: a participação do cônjuge será exata e unicamente no valor das ações e das quotas, sem ingresso nos bens da pessoa jurídica.[308] Neste diapasão, o TJRS deixou claro que, na sociedade por quotas, só estas podem ser divididas, sem serem atingidos os bens da empresa e as quotas dos outros sócios.[309]

Idêntica preocupação com a sobrevivência da pessoa jurídica, pelo motivo já antecipado de não se destruir pessoa jurídica – que talvez empregue milhares de pessoas – no interesse de apenas uma pessoa, ou seja, um dos cônjuges, era revelada de há muito pela doutrina e pelos tribunais. Por isto, o STJ resolveu que a ação de apuração de haveres cabe somente ao sócio, na sociedade por quotas de responsabilidade limitada, e não a quem adquire quotas de sócio, ainda que por partilha em dissolução de casamento por regime de comunhão de bens.[310]

Portanto, a meu ver, o cônjuge de sócio de sociedade por quotas de responsabilidade limitada, mesmo sendo meeiro nas quotas, não pode, quando da separação judicial ou divórcio, exigir nem a apuração de haveres e nem o valor da metade das quotas. Terá de esperar pela liquidação da empresa. Antes só tem direito à divisão periódica dos lucros. Esta linha de raciocínio é antiga na doutrina. Cristiano Graeff Júnior[311] ensina: *"Verifica-se, por conseguinte, que nos autos do inventário dos bens do casal, no caso de morte do meeiro do sócio, nos autos da separação ou divórcio do casal ou de anulação do casamento, a quota do cônjuge sócio de sociedade, "que não seja anônima", figura apenas no inventário, na relação de bens", com o valor constante do contrato ou última alteração social. Quem desempenhar o encargo de inventariante, que lhe incumbe relacionar os bens para eventual partilha e, entre eles, a quota da sociedade, mencionando-lhe o valor atualizado e a data da conferência dos bens comuns do casal. O valor da quota, embora conste do inventário dos bens, não é partilhável. Esse valor, todavia, representa unicamente a inversão de capital e não os haveres do sócio, que não poderão ser imediatamente objeto de partilha porque ilíquidos,*

---

[307] João Batista Arruda Giordano, artigo cit., p. 142.

[308] Óbvio que estou pressupondo não tenha havido desvio fraudulento de bens para dentro da pessoa jurídica, quando o equacionamento e a solução serão outros, com aplicação da teoria da desconsideração da personalidade jurídica.

[309] Apelação Cível nº 595201708, julgada pela 8ª Câmara Cível em 29.08.1996, sendo Relator o Des. João Adalberto Medeiros Fernandes.

[310] RESP nº 29897-RJ, julgado pela Terceira Turma em 14.12.1992, sendo Relator o Ministro Dias Trindade.

[311] *Compêndio elementar das sociedades comerciais.* Porto Alegre: Livraria do Advogado, 1997, p. 307.

dependentes de apuração a ser feita na dissociação. Não obstante a lei disponha que o bem ilíquido deve ficar "sob a guarda e adminstração do mesmo, ou diverso inventariante, a aprazimento da maioria dos herdeiros", é evidente que a quota social continuará em nome de seu titular. A despeito da descrição realizada nos autos do inventário respectivo, a sociedade permanece alheia ao acontecimento familiar, que não lhe afeta. Cabe, entretanto, ao titular da quota, durante a existência da sociedade e em cada distribuição de lucros, oferecer o valor que lhe couber para ser sobrepartilhado, não obstante o valor correspondente à quota social, porque ilíquido, deva ser objeto de sobrepartilha somente na dissociação". Cristiano Graeff, mais adiante,[312] informa que não vê meio jurídico que permita ao meeiro compelir o cônjuge sócio a partilhar seus haveres na sociedade por quotas, desde que o referido cônjuge cumpra seus deveres de distribuição de lucros. Conclui que o meeiro dispõe apenas de meios assecuratórios e forma de prevenir responsabilidades.

Hernani Estrela fora pelo mesmo caminho. Dissertou que a apuração de haveres é feita em caso de afastamento de sócio com a sobrevivência da sociedade, mas não em hipóteses de desquite (era a expressão da época) ou anulação de casamento[313] (o divórcio não existia quando da primeira edição da obra). Mais adiante, preleciona o jurista: *"É que em nenhum destes casos (morte da mulher de sócio, desquite ou anulação de casamento) há ruptura d vínculo social, pelo que toca ao sócio cônjuge, de maneira que vem a faltar o pressuposto lógico-jurídico que explica e informa a instituição. Essa diversidade substancial induz também solução radicalmente diversa. Com efeito, em razão da disciplina jurídica do contrato de sociedade, as hipóteses agora lembradas não têm maior repercussão, no que respeita à posição do sócio. Conseqüentemente e segundo a melhor doutrina, não haveria lugar para o levantamento de seus cabedais, que continuariam integrados no fundo social e, pois, normalmente indisponíveis. Nessas condições a apuração de seus haveres terá um limitado alcance – mera verificação de valor –, sem produzir um crédito exigível contra a sociedade ou os outros sócios. E assim é, porque, enquanto perdura o vínculo societário, não é lícito a nenhum sócio pretender a separação de seu quinhão no fundo comum. Esse, formado pela contribuição de todos, constitui garantia dda generalidade dos credores sociais, que seria ao contrário desfalcada, na hipótese inversa".* Em seu apoio, Estrela cita Augusto Teixeira de Freitas e José Xavier Carvalho de Mendonça (em outro trecho de sua obra, o comercialista acrescenta o nome de Waldemar Ferreira[314]) e a jurisprudência dominante. Em contrário, refere Jorge Lafayette Pinto Guimarães. Mais adiante, Hernani Estrela retorna ao assunto, para melhor detalhá-lo,

---

[312] Ob. cit., p. 309.

[313] *Apuração dos haveres de sócio.* 2ª ed. Rio de Janeiro: Forense, 1992, p. 168 e 169.

[314] Ob. cit., p. 362.

em face da aparente choque entre as regras do direito de família e do direito sucessório e as regras do direito societário.[315] Alonga-se nos diferentes argumentos em conflito, inclusive expondo os de Jorge Lafayette. No entanto, ressalva que, sem dúvida, os lucros e vantagens devem ser desde logo entregues ao outro cônjuge.[316] Também deixa claro que seu entendimento apenas tem a ver com as sociedades de pessoas ou individualistas, mas não com as sociedades por ações.[317]

Ao comentar o art. 1.027 do Código Civil, Arnoldo Wald[318] admite que esta norma legal não admite a liquidação das quotas pertencentes a um sócio somente porque houve separação judicial ou divórcio deste. Esta liquidação se dará quando a sociedade for desfeita por alguns dos motivos previstos no sistema jurídico.

Arnaldo Rizzardo[319] segue na mesma linha e ensina que *"o cônjuge do sócio do qual se separou judicialmente também está impedido de procurar a dissolução. A todos resta a participação nos lucros, e assim continua até que venha a sociedade a se dissolver pelas formas normais"*. No entanto, admito que Rizzardo faz uma ressalva, pois entende que deve haver apuração de haveres se não suceder nenhum lucro produzido pela quota. Na verdade, o jurista reconhece que o art. 1.027 traz dificuldades em sua interpretação.

Minha opinião é a de que o art. 1.027 do Código Civil veio consagrar a doutrina que não admite a apuração de haveres por ocorrência de separação judicial ou divórcio. É que, se o art. 1.027 está situado no Capítulo da Sociedade Simples, o art. 1.053 do Código Civil ordena que a sociedade limitada seja regida, nas omissões do Capítulo IV, pelas normas da sociedade simples. O art. 1.031, por sua vez, a meu pensar, é respeitante ao afastamento do sócio, mas não aos casos de morte de cônjuge de sócio, ou separação judicial e divórcio deste sócio. Apesar de familiarista, considero que neste particular a empresa deve se sobrepor aos interesses individuais de uma só pessoa, ou seja, o cônjuge, e mesmo dos interesses particulares de vários herdeiros (no atinente a herdeiros, não me parece que, em uma hierarquização axiológica, se deva fazer prevalecer o interesse daqueles – quem quer patrimônio que vá trabalhar e não fique torcendo pela morte de alguém – sobre os de funcionamento de uma empresa). Uma empresa pode gerar emprego para milhares de pessoas. Defender estes empregos, e a função social da empresa (inclusive como geradora de tributos e de

---

[315] Ob. cit., p. 360 a 369.

[316] Ob. cit., p. 366.

[317] Idem, p. 369.

[318] *Comentários ao novo Código Civil, vol. XIV, livro II*: do direito de empresa. Coordenador: Sálvio de Figueiredo Teixeira. Rio de Janeiro: Forense, 2005, p. 221.

[319] *Direito de empresa: Lei n° 10.406, de 10.01.2002.* Rio de Janeiro: Forense, 2007, p. 150 e 151.

produtos relevantes à coletividade), tem a ver com a dignidade humana (art. 1°, inciso III, da Constituição Federal), com o valor social do trabalho (CF, art. 1°, IV), com a construção de sociedade justa e solidária (CF, art. 3°, I), com a garantia do desenvolvimento nacional (CF, art. 3°, II) e com a erradicação da pobreza e a marginalização e a redução das desigualdades sociais (CF, art. 3°, III).

Mas outra grave dúvida se põe: teria o cônjuge direito a valores oriundos de ações ou de quotas durante o casamento, se estas não se comunicaram pelo matrimônio? Agora se trata não de ações ou quotas adquiridas durante o casamento, e que se comunicam (por exemplo, na comunhão universal, na comunhão parcial), mas sim de ações e quotas anteriores a um casamento em que elas não se comunicam, como na hipótese de comunhão parcial. Aqueles valores, oriundos das ações e das quotas, seriam frutos, de tal modo que tivesse aplicação o art. 1.660, V, do Código Civil? É a denominada participação do cônjuge na evolução patrimonial das quotas ou das ações. Penso que a resposta é negativa.

Vejamos para o caso de ações. É preciso lembrar os quatro fenômenos relacionados com a ampliação do número de ações de determinado acionista e com os ganhos que este pode auferir a partir das ações: subscrição, bonificação, dividendos e direito preferencial à subscrição. Apenas os dividendos são frutos. Quanto à subscrição de novas ações, é claro que, se feita durante o casamento sem separação absoluta de bens, existe a comunicação das ações adquiridas. A bonificação tem a ver com ações distribuídas em decorrência da capitalização de lucros ou reservas. Capitalização de reservas não é fruto, mas sim produto, ou seja, não há comunicação. Por isto, acórdão do TJRS decidiu pela comunicação dos dividendos, mas não das bonificações.[320] Eduardo Vaz Ferreira[321] ensina com muita clareza na matéria e versando plenamente a hipótese ora em debate:

> Puede ocurrir que, al decidirse aumentar el capital de una sociedad anónima (p. ej., para ampliación de sus instalaciones, etc.) se emitam (capitalizando parte de las reservas) nuevas acciones que se entreguen a los accionistas sin que éstos tengan que pagar nada por ellas, o mediante el pago de una cantidad determinada por los accionistas, pero atribuyendo a éstos um derecho de suscripción preferencial. (...) Empezando por el estudio de un ejemplo de la primera hipótesis (entrega gratuita de las acciones), supongamos que una sociedad anónima tiene un capital de 100.000 representado por mil acciones de 100 y un fondo de reserva de 300.000. El llamado valor intrínseco o el financiero de cada una de estas acciones es de 400. Este valor intrínseco se obtiene dividiendo el activo neto de la sociedad por el número de acciones y corresponde a la cuota parte del activo social (compreendidos el capital y las reservas) que

---

[320] Agravo de Instrumento n° 70014665061, julgado pela 7ª Câmara Cível em 17.05.2006, sendo Relator o Des. Ricardo Raupp Ruschel. Acórdão resultante de pesquisa para trabalho forense, feita pelo Dr. Fernando Malheiros Filho.

[321] *Tratado de la Sociedad Conyugal*. 3ª ed. Buenos Aires, Editorial Astrea de Alfredo y Ricardo Depalma, 1979. Tomo 1, § 133, p. 266 e 267.

recibería el propietario de una acción en caso de liquidación. Se decide aumentar el capital a 200.000, a expensas del fondo de reserva, que se rebaja a 200.000. Se emitem nuevas acciones por valor de 100.000, y a cada poseedor de una acción de 100 se le entrega gratuitamente outra de igual valor. Si un accionista casado poseía una acción de 100 cuyo valor intrínseco era de 400, tendrá después de esse aumento de capital dos acciones de 100, pero cuyo valor intrínseco será ahora de 200 cada una y no ya de 400. Creemos evidente que hay que admitir, com la doctrina francesa, que la nueva acción es propia, no porque sea donada (como podría pensarse), sino porque en realidad la situación del antiguo accionista no ha variado, y la única diferencia es que su parte social y sus derechos sobre al activo están ahora representados por dos acciones y no ya por una sola; los derechos del accionista no ha variado y por lo tanto tienen que seguir siendo propios.

É o mesmo tipo de correto raciocínio que Arnoldo Wald empregou para a sociedade por ações, ao ensinar que, no regime da comunhão parcial, não se comunica a propriedade das ações recebidas em bonificação e durante a vigência da sociedade conjugal, assim como não se comunica a valorização das ditas ações.[322]

Nosso Tribunal de Justiça resolveu acertadamente sobre a questão, ao decidir a apelação cível n° 700027675485, julgada pela Egrégia 8ª Câmara Cível em 23 de agosto de 2001. Ali foi deliberado que "não se comunicam entre os cônjuges casados sob o regime da comunhão parcial de bens, a participação do varão em sociedades comerciais constituídas em período anterior ao casamento, descabendo a partilha inclusive sobre a evolução patrimonial, se não demonstrada sociedade de fato nas empresas. Partilha-se tão-somente o valor das cotas da empresa constituída pelo réu na constância do casamento (...)". O venerando acórdão explana que teria aplicação a tese da "disregard" se não se tratasse de empresa anterior ao casamento. O Eminente Relator argumenta que tem aplicação o art. 269, inciso I, do Código Civil então em vigor, aduzindo que

se as duas empresas em questão foram constituídas em período anterior ao casamento, celebrado sob o regime da comunhão parcial de bens, evidentemente que ficam excluídas da meação o valor das cotas pertencentes ao réu, que é o principal, não se podendo falar, também, em direito à meação na evolução patrimonial de tais empresas, que nada mais é do que uma conseqüência lógica da própria atividade empresarial, ou seja, um acessório do principal – constituição da empresa e integralização das cotas". Mais adiante, o Eminente Desembargador Relator, José Trindade, expõe que a denominada evolução patrimonial "não pode ser considerada fruto dos bens particulares do cônjuge varão, quando então entraria na comunhão por força do que dispõe o art. 271, V, do Código Civil, porque os frutos das empresas não podem se confundir com os frutos dos bens particulares de cada cônjuge, ao menos no caso concreto. Isso porque, na situação retratada nos autos, os frutos das empresas se reverteram nelas próprias sem qualquer participação ou auxílio da autora, (...)
Alerta o Desembargador Relator que "em nenhuma hipótese pode ser confundida a sociedade conjugal com a sociedade comercial, absolutamente distintas nos seus objetivos e formação".

O Desembargador José Trindade, citando Yussef Said Cahali, lembra que o cônjuge tem direito somente à meação do valor das quotas.

---

[322] *Curso de Direito Civil Brasileiro – Direito de Família*. 11ª ed. São Paulo: Revista dos Tribunais, 1998, p. 528 a 539.

DIREITO DE FAMÍLIA

Na mesma linha de raciocínio, Eduardo Vaz Ferreira, em sua excelente obra sobre a sociedade conjugal,[323] leciona que, sendo o cônjuge já integrante de sociedade comercial antes do casamento, bens que vierem a ser adquiridos por tal sociedade, em substituição de outros, não se comunicam ao cônjuge:

> por el contrario, si la sociedad que integra el marido es una sociedad comercial con personalid jurídica, dicha sociedad comercial es la propietaria del bien, ella es la que lo adquirió y no los sócios, y, apesar del cambio de um elemento del activo, el derecho del sócio,la parte social del marido, sigue siendo el mismo bien que tenia antes del matrimonio e integra, por lo tanto, el capital marital.

O Desembargador Rui Portanova foi voto vencido no julgamento em análise.[324] No entanto, com toda a vênia, equivocou-se ao argumentar com a incidência do art. 271, inciso VI, do Código Civil. Em primeiro lugar, e mais importante, manifestamente não estava mais em vigor o art. 271, VI. Com efeito, a comunicação dos frutos civis do trabalho ou indústria de cada cônjuge passou a ser proibida pelo art. 269, inciso IV, do Código Civil, conjugado com o art. 263, XIII, do mesmo diploma legal. O aparente conflito de leis é resolvido pela prevalência do art. 269, IV, pois que norma jurídica mais recente, insculpida no sistema jurídico brasileiro pela Lei nº 4.121, de 27 de agosto de 1962. O art. 271, VI, corresponde à redação original do Código Civil, ou seja, é de 1916. A lei nova revoga a anterior. Note-se que, com mais razão, agora não opera a comunicação dos frutos do trabalho, pois o art. 1.659, inciso VI, do Código Civil de 2002 não deixa dúvida a respeito, tendo desaparecido a contradição antes existente. Em segundo lugar, valorização de quotas não tem natureza de fruto. É a própria quota em si que está valorizando e não uma figura dela decorrente. O fruto guarda uma acessoriedade com a coisa principal. Ora, no caso da valorização das quotas, é a própria coisa principal que está mudando de valor, isto é, nada tem o assunto a ver com uma entidade acessória.

Preocupou-me outro assunto, relativo desta vez às sociedades anônimas, que diz com a partilha de ações, em caso de separação judicial e divórcio, e o problema que pode ocorrer se esta partilha implicar em alteração do controle da empresa. Suponhamos que um cidadão seja acionista controlador de uma sociedade anônima aberta, pois detém 70% das ações com direito a voto. Sucede que adquiriu as ações quando casado por regime de comunhão parcial de bens, o que

---

[323] *Tratado de la Sociedad Conyugal.* 3ª ed. Buenos Aires: Astrea de Alfredo y Ricardo Depalma, 1979. Tomo I, p. 297.

[324] Registre-se que, em outro acórdão, prevaleceu a tese do Des. Rui Portanova, determinando-se houvesse a comunicação da valorização das quotas sociais de propriedade do separando: Apelação Cível nº 70001350956, julgada pela 8ª Câmara Cível do TJRS em 04.08.2005, sendo Relator o referido Desembargador. Acórdão resultante de pesquisa para trabalho forense realizada pelo Dr. Fernando Malheiros Filho.

significa que 35% das ações são de sua esposa. Em caso de partilha, decorrente de ruptura da sociedade conjugal, a esposa recebe suas ações, o que pode causar alteração no controle da companhia. A dificuldade está em que a Lei das Sociedades Anônimas (Lei nº 6.404, de 15.12.1976), em seus arts. 254-A e seguintes, impõe regras para a alienação de controle da companha aberta. A dúvida é: estas regras poderiam inteferir no exercício do direito da esposa em receber desde logo a meação nas ações? A fragilidade doutrinária na matéria, em nosso país, levou-me a propor o tema para o Dr. Sérgio José Dullac Müller.[325] Esclareceu o jurista que cumpre obedecer às normas da partilha, consoante determinado em juízo, com o que, na espécie, as regras da Lei das SA são postas de lado. Seu fundamento é o de que a partilha judicial constitui um *factum principis*, capaz de se sobrepor àquelas regras.

Por fim, parece-me oportuno apontar acórdão do TJRS a respeito da partilha de lucros de empresa,[326] ocasião em que se decidiu que *"devem ser excluídos da partilha os lucros percebidos pelo casal na constância do casamento, pois se presume que foram aproveitados pelo par, sob pena de enriquecimento indevido de um consorte em detrimento do outro"*.

8.12. Um acórdão que merece destaque:
negada ao ex-marido a possibilidade de alienação de bem comum

Há acórdãos dignos de uma referência destacada, por seu pioneirismo ou raridade, quando expõem orientação justa e razoável, que merece ser seguida.

É sabido de todos que, feita a partilha dos bens, após separação judicial ou divórcio, se um dos imóveis tocar para ambos os cônjuges, ficam eles em condomínio (não mais mancomunhão). Presente este condomínio, sua extinção é lícita a qualquer momento, por pedido de qualquer dos ex-cônjuges. Se o bem é divisível, cabe ação de divisão e demarcação. Se é indivisível, ou pela divisão se torna impróprio ao seu destino, se efetua a alienação judicial; o Código de Processo Civil regula explicitamente este procedimento: art. 1.112, inciso IV, combinado com o art. 1.117, inciso II.

Baseado em tais pressupostos, um cidadão requereu alienação judicial de imóvel que, por partilha, ficou em condomínio entre ele e a ex-esposa. Acontece que a mulher e os filhos residiam no imóvel. O Superior Tribunal de Justiça negou a postulação, afirmando que consti-

---

[325] Desembargador aposentado no TJRS, professor de Direito Comercial e Mestre em Direito.

[326] Apelação Cível nº 70017324708, julgada pela 7ª Câmara Cível em 06.12.2006, sendo Relatora a Desª Maria Berenice Dias.

tuída abuso de direito, tendo invocado o art. 187 do novo Código Civil.[327] Não é de meu conhecimento outro julgado da mesma natureza. É surpreendente, pois negou-se ao ex-cônjuge direito que é tido como indiscutível. De minha parte, concordo com a decisão, que, como disse, foi justa e razoável, sabendo interpretar o direito sistematicamente, visando manter sua coerência axiológica. Reporto-me ao que dissertei sobre *Interpretação jurídica e aplicação do direito: um exórdio necessário ao estudo do direito de família.*[328] Resumo recordando a asserção de Claus-Wilhelm Canaris: "deve-se definir o sistema jurídico como ordem axiológica ou teleológica de princípios jurídicos gerais".[329]

8.13. Algum subsídio de direito intertemporal

Sobre direito transitório, já tratei do tema de maior repercussão, que é o da aplicação do art. 1.639, § 2º, aos casamentos celebrados antes do novo Código Civil.

Porém, farei mais algumas observações que permitam abordar outras dificuldades, tais como saber se quem casou antes do novo Código Civil precisa ou não de outorga conjugal para alienar imóveis no regime de separação ou para prestar aval.

Parto do que me parece o melhor tratamento da matéria, conferido por Francisco José Cahali.[330] Preleciona o jurista, em resumo, que o princípio de aplicação imediata da lei vale para as relações continuativas, para as normas de ordem pública e para aquelas relacionadas ao estado da pessoa. Os novos efeitos são regidos pela nova lei, sempre respeitando o direito adquirido, o ato jurídico perfeito e a coisa julgada. Assim, normas que definem o estado da pessoa e seus efeitos aplicam-se de imediato a todos os que acharem na mesma condição. Esta opinião de Francisco José é confortada, a meu ver, pelo fato de que o art. 2.039, para manter os regimes como eram regidos pelo Código de 1916, precisou dizê-lo expressamente; no entanto, o art. 2.039 não prejudica em nada, no geral, a tese de Cahali, pois se refere apenas aos regimes-tipo e não às disposições gerais dos arts. 1.639 a 1.652. Desta forma, a exigência de outorga conjugal no aval se aplica mesmo para casamento celebrado antes do novo Código Civil; a exigência é efeito

---

[327] *Lex-jurisprudência do STJ e TRF, 177/98.*

[328] *Estudos de direito de família.* Porto Alegre: Livraria do Advogado, 2004, p. 11 a 33.

[329] *Pensamento sistemático e conceito de sistema na ciência do direito.* Lisboa: Fundação Calouste Gulbenkian, 1989, p. 280.

[330] *Afeto, Ética, Família e o novo Código Civil*/coordenador: Rodrigo da Cunha Pereira. Belo Horizonte: Del Rey, 2004, p. 199 a 215. O artigo de Francisco José denomina-se Direito intertemporal no livro de família (regime de bens e alimentos) e sucessões. O livro corresponde aos anais do IV Congresso Brasileiro de Direito de Família, promovido pelo IBDFAM.

jurídico do casamento, o que implica na imediata aplicação; evidente, no entanto, que a exigência não abrangerá aval prestado antes do novo Código Civil. Igual tratamento vale para a dispensa de outorga conjugal na venda de imóveis no regime de separação de bens: quem casou antes do Código de 2002 não mais precisa daquela outorga.

Débora Vanessa Caús Brandão,[331] no respeitante à alienação de imóveis no regime de separação, discorda de Francisco José, afirmando que, quem se casou antes do novo Código Civil, necessita do consentimento conjugal para alienar imóveis se o regime for de separação. Esta autora também aceita que o art. 2.039 só se refere aos regimes tipo e não às disposições gerais. Por que, então, a divergência? É que Débora pondera que a autorização conjugal era exigida, no Código anterior, não nas disposições gerais, mas na disciplina do regime-tipo de separação convencional.

8.14. Conclusão

Não se trata de concluir resumindo proposições sobre os vários temas abordados, pois estas foram lançadas durante o desenrolar do texto. Resta insistir na diretriz geral que orientou minhas exegeses: prevalece o aspecto afetivo sobre o patrimonial. A valorização ou revalorização da afetividade é característica fundamental do moderno direito de família. Não pode ser afastada quando a análise versa sobre regime de bens, como se o ingresso nesta área pudesse bloqueá-la. É estranho como, às vezes, no estudo desta matéria se age como se aqui não prevalecessem os princípios diretores do atual direito de família. Mais do que em outras áreas, quando a afetividade atua com naturalidade, o intérprete precisa estar atento para não incidir naquele equívoco. Se este texto servir a este propósito, poderá ser de alguma utilidade.

---

[331] Ob. cit., p. 260 e 261.

9. Alimentos

9.1. Introdução:
características da obrigação alimentar

Dividirei o estudo dos alimentos em três partes. Na primeira, verificarei as diretrizes fundamentais do novo sistema, em conformidade com o Código Civil de 2002. Na segunda, serão expostos dois temas de grande relevância, mas que são corolários dos parâmetros básicos postos na primeira parte. Na terceira, serão comentados artigos do Código Civil que trouxeram mudanças na matéria e na ordem em que aparecem no mesmo.

Dentro do espírito com que realizo este trabalho – destaque para os temas mais polêmicos e novos – não era minha idéia original abordar temas como as características da obrigação alimentar. No entanto, a grande importância da matéria alimentar torna recomendável alguns enfoques mais elementares antes do ingresso nos ângulos complexos.

Consideradas naturais, mas poucas, divergências doutrinárias, é possível dizer que os alimentos são personalíssimos, transmissíveis, incessíveis, irrenunciáveis (em certas hipóteses, como veremos), imprescritíveis, impenhoráveis, incompensáveis, intransacionáveis, mutáveis, recíprocos, irrestituíveis, periódicos, divisíveis, irretroativos e não solidários (o Estatuto do Idoso instituiu a solidariedade em favor dos idosos, como analisarei adiante). Passarei a tecer comentários sobre estas características, com exceção da transmissibilidade, da irrenunciabilidade e da não solidariedade e correspondente divisibilidade, temas que merecerão espaços especiais mais adiante (o problema da solidariedade/divisibilidade é tratado ao se comentar o art. 1.698, segunda parte).

Os alimentos são personalíssimos, e, portanto, incessíveis. Estas duas características podem ser examinadas conjuntamente, pois, a rigor, a segunda deriva da primeira. Porque são personalíssimos, ou seja, destinados especificamente à manutenção da vida – e da vida com dignidade – de determinada pessoa, não podem ser cedidos a outrem, por nenhum fato jurídico (negocial ou não negocial). O art. 1.707 do Código Civil impõe a incedibilidade dos alimentos. Importante, porém, assinalar que esta incedibilidade diz com os alimentos futuros ou vincendos; os alimentos vencidos não se diferenciam de um crédito comum e podem ser objeto de uma cessão de crédito. Outra observação interessante (pouco lembrada pela doutrina e que me foi sugerida, em contato verbal, pela Dra. Maria Araci Menezes Costa, juíza aposentada, professora e mestre em direito) é no sentido de que, bem a rigor, esta característica foi abalada pela transmissão dos alimentos aos herdeiros do devedor, assunto a ser depois estudado.

A imprescritibilidade é outra das características da obrigação alimentar. O que é imprescritível é o direito aos alimentos e não cada prestação alimentar isoladamente.[332] A simplicidade da matéria dispensa maiores divagações.

A impenhorabilidade dos alimentos está expressamente prevista no art. 1.707 do Código Civil. Yussef Said Cahali,[333] com base em Orlando Gomes, faz oportunas observações:

> Conforme assinala Orlando Gomes, *pretendem alguns que a proteção legal não se estenda à totalidade do crédito, no pressuposto de que, prestados os alimentos civis, há sempre uma parte que não corresponde ao necessarium vitae. Admite-se, outrossim, que os alimentos são impenhoráveis no estado de crédito; a impenhorabilidade não acompanharia os bens que foram convertidos. Sustenta-se, afinal, com fundamentos razoáveis, que a penhroa pode recair sobre a soma de alimentos provenientes do recebimento de prestações atrasadas. Não há regras que disciplinem especificamente tais situações. O juiz deve orientar-se pelo princípio de que a impenhorabilidade é uma garantia instituída em função da finalidade do instituto.*

A incompensabilidade aparece também no art. 1.707 do Código Civil. Aliás, igualmente surge no art. 373, inciso II. É, contudo, característica que vem sendo atenuada, por atuação de princípios maiores de justiça. A propósito, repetidamente afirmo que o direito não pode trabalhar com teses definitivas e inquestionáveis. É verdade que, em questão alimentar, as interpretações devem sempre ter em vista o prestígio da verba alimentar, pois diz com a própria existência da pessoa e com sua vida com dignidade; mas, em algumas hipóteses, vetor mais elevado de justiça pode operar, como o de se evitar o enriquecimento ilícito do credor de alimentos. É ônus do intérprete e aplicador da lei ponderar a relevância dos valores envolvidos (daí o encanto e a complexidade do direito). Nesta linha de pensamento, Sílvio de Salvo Venosa,[334] seguindo Cahali, acata, por exemplo, a compensação de alimentos pagos a mais, tanto para os provisórios como para os definitivos. O STJ já aceitou compensação com o que foi

---

[332] A prestação alimentar, como direi mais tarde, prescreve, pelo novo Código Civil, não mais em cinco anos, mas sim em dois anos: art. 206, § 2º

[333] *Dos Alimentos*. 4ª ed. São Paulo: Revista dos Tribunais, 2003, p. 102.

[334] *Direito Civil:* direito de família. 2ª ed. São Paulo: Atlas, 2002. Vol. 6, p. 366.

pago a mais antes do julgamento final;[335] tratou-se de hipótese em que os alimentos provisórios foram de 30%, mas o Tribunal os reduziu para 20%; o STJ entendeu que os alimentos definitivos são devidos a partir da citação, mas o devedor poderia compensar os 10% que pagara a mais. O TJRS, sendo Relator o Des. Luiz Felipe Brasil Santos, decidiu que não são irrepetíveis os alimentos se pagos a quem deles não é titular; no caso concreto, continuaram a ser pagos para a genitora, mesmo quando ela não mais detinha a guarda dos filhos, que eram os verdadeiros titulares da verba; a restituição se impunha, sob pena de enriquecimento sem causa.[336]

Outra nota característica dos alimentos é a intransacionabilidade. Significa que o *direito* de obter alimentos não pode ser transacionado. Contudo, não tem havido discussão quanto à plena possibilidade de transação atinente a alimentos que deveriam ter sido pagos e não o foram, ou seja, transação em torno de um crédito resultante de alimentos em atraso. Da mesma forma, não há qualquer dúvida de que pode suceder transação no respeitante ao valor dos alimentos, forma e época de pagamento e temas correlatos. Divergência existe é quanto à legitimidade de transação sobre alimentos futuros; exemplo: Pontes de Miranda e Borges Carneiro não a aceitam, ao contrário de Sérgio Gilberto Porto;[337] tenho como mais correta a opinião de Sérgio Gilberto Porto, que argumenta com o que seria uma *"ingerência espúria do Estado na vida privada do indivíduo"*; contudo, todo cuidado é pouco para quem paga os alimentos, pois já existe acórdão resolvendo que entrega de uma quantia de uma só vez, com quitação para o futuro, é transação inadmissível.[338]

A mutabilidade dos alimentos é elemento por demais conhecido. Encontra-se expressa no art. 1.699 do Código Civil. É dado singelo e que não exige considerações especiais.

A reciprocidade está no art. 1.696 do Código Civil. Aqui são interessantes certas precisões. Quanto aos alimentos entre os parentes, não há problema, salvo uma peculiaridade na relação entre pais e filhos, o que será depois enfocado. É diferente nos alimentos entre cônjuges, tanto que deles não trata o art. 1.696; neste caso, as regras são as dos arts. 1.702 e 1.704. Retornando aos alimentos entre pais e filhos, os juristas ensinam que não há reciprocidade entre eles durante o período de vigência do poder familiar, pois o pai deve sustentar o filho enquanto menor (e, segundo os tribunais, enquanto o filho estiver estudando em nível compatível com sua faixa etária); no

---

[335] *RT 793/194.*

[336] Agravo de Instrumento n° 70004070587, julgado em 29.05.2002 (7ª Câmara Cível).

[337] Yussef Said Cahali. Ob. cit., p. 108 e 109.

[338] *RT 402/151* (TJSP), conforme Cahali, em Ob. cit., p. 108, nota de rodapé 180.

entanto, tenho que esta asserção deve ser tomada em termos, sob pena de alguém pretender que um pai incapacitado de trabalhar não possa pedir alimentos para um filho menor que trabalhe e tenha boa remuneração, o que seria um absurdo; e mais: imagine-se um filho pequeno enriquecido por recebimento de uma doação ou de uma herança![339]

A irrestituibilidade ou irrepetibilidade dos alimentos é característica bastante divulgada, mesmo entre leigos, que, por sinal, muito a temem quando são pagadores de alimentos (...) Cumpre, contudo, que outra vez não se absolutize a característica. Circunstâncias especialíssimas podem levar a um resultado diverso, sob pena de clamorosa injustiça e falta de razoabilidade,[340] como, por exemplo, gritante enriquecimento indevido. Venosa refere casos como pagamento com evidente erro quanto à pessoa de credor ou de desconto errado, por excessivo, em folha de pagamento.[341] Yussef Said Cahali acata a restituição quando a mulher oculta dolosamente seu novo casamento, continuando a receber alimentos do ex-esposo.[342] Rolf Madaleno também reage contra o dogma da irrepetibilidade.[343]

A periodicidade não oferece maiores dificuldades e se constitui em característica de conhecimento quase intuitivo, mesmo por parte dos que não lidam com o direito. Talvez mereça alusão, como exemplo, a hipótese de um tratamento médico ou de uma cirurgia de urgência, quando um valor maior deverá ser pago pelo alimentante de uma só vez.

A irretroatividade significa que não podem ser exigidos alimentos correspondentes a período anterior à propositura da ação de conhecimento (ação de alimentos). Seria um despropósito, se, exemplificativamente, um cidadão com 50 anos de idade, que nunca solicitou alimentos judicialmente para o irmão, quisesse, ao demandar neste sentido, que o dito irmão pagasse alimentos desde que o autor da ação tinha 20 anos! Alimentos se destinam – como tantas vezes afirmado aqui – a assegurar a vida e a vida com dignidade, mas não obter pagamentos referentes a um passado em que não foram reclamados, presumidamente porque não necessários.

---

[339] Nesta situação não tenho dúvida de que até um bebê terá de sustentar pai, mãe e irmãos menores, bastando que estes sejam pobres e passem necessidades, assim como, com maior razão ainda, quando pai e mãe são impossibilitados de prover a própria subsistência, por enfermidade.

[340] Volto a dizer que me refiro à lógica do razoável, de Luis Racasens Siches.

[341] Ob. cit., p. 365. Quanto à restituição do que foi pago por desconto errado em folha de pagamento, cita acórdão do TJSP.

[342] Ob. cit., p. 126.

[343] *Direito de família:* aspectos polêmicos. Porto Alegre: Livraria do Advogado, 1998, p. 47 a 61.

9.2. Parâmetros fundamentais do sistema implantado pelo Código Civil de 2002

9.2.1. A unificação do tratamento da matéria alimentar no direito de família

Antes os alimentos para os parentes, os cônjuges e os companheiros eram regulados em diferentes diplomas legais. Pelo novo Código Civil, houve unificação de todos os alimentos de direito de família no Livro IV, Título II, Subtítulo III. O art. 1.694, *caput*, deixa isto muito claro. As seqüelas desta unitariedade são grandes e serão apontadas na segunda parte de nosso estudo (análise dos arts. 1.700 e 1.707).

Disse que a unificação atingiu os alimentos de direito de família. Realmente, há quatro espécies de alimentos, mas as outras são de natureza diversa e não tem a ver com nossas análises de direito de família. São os alimentos resultantes de contrato, os alimentos decorrentes de indenização por ato ilícito e os alimentos emergentes de testamento.

9.2.2. A responsabilidade alimentar na separação judicial litigiosa, remédio e o divórcio direto

É outro assunto de grande repercussão prática. Trata-se de saber quem é o responsável pelos alimentos na separação judicial litigiosa remédio e no divórcio direto.

Parece ser tema que não oferece maior dificuldade, mas não custa deixá-lo claro, pois o novo Código Civil não foi feliz no regramento. Não é fácil perceber onde está resolvida a questão nos arts. 1.694 a 1.710. Sem falar que, no pertinente ao divórcio, a lei é mesmo omissa.

Como todos sabem, enorme polêmica cercava a matéria e a orientação dominante no Brasil (não no Rio Grande do Sul) era a de sustentar que, na separação judicial litigiosa remédio (assim como no divórcio direto) a responsabilidade alimentar em tese, em abstrato, resultava do fato de ter requerido a separação em juízo. O autor da separação judicial ficava, apenas porque autor, com a responsabilidade alimentar, e pagaria ou não dependendo da necessidade do réu (obviamente também dos recursos do autor). Argumentos técnicos vários e sólidos não faltavam para apoiar a interpretação majoritária no país, apesar das injustiças que poderiam surgir em casos concretos.

Não mais é assim. Pelo art. 1.704, importa exclusivamente observar o critério de necessidade (esta era a orientação gaúcha). O problema para mim residiu em perceber que a responsabilidade alimentar na separação judicial litigiosa remédio estava prevista no art. 1.704, pois sua redação não é explícita a respeito. Tanto é que hesitei na análise e convenci-me da real vontade da lei ao ler a obra coordenada por

Ricardo Fiúza,[344] quando é afirmado, com todas as letras, que o art. 1.704 quis evitar a falha grave, provocada pelo art. 19 da Lei n° 6.515/77, o qual *"apenava com a perda do direito a alimentos o cônjuge que tomava a iniciativa da ação de separação "ruptura", independentemente da apuração da culpa"*.

Desta forma, pelo novo Código Civil o cônjuge que solicita a separação judicial litigiosa remédio não fica mais responsável pelos alimentos e poderá até obtê-los se estiver necessitado. Sem dúvida é posição muito mais justa, pois impede que autores pobres e doentes (impossibilitados de trabalhar para o sustento), por exemplo, não possam solicitar alimentos para demandados ricos; o exemplo poderia ser piorado se imaginarmos que o acionante era a pessoa tida, pela moral média, como de boa conduta, sendo o réu de péssimo comportamento.[345]

Quanto ao divórcio direto, por elementar analogia, a solução é a mesma, na omissão da lei, segundo penso, ou seja, não mais importará quem requereu o divórcio, mas sim verificar quem necessita dos alimentos. Esta solução era a propugnada por Yussef Said Cahali para o sistema anterior e foi majoritária na doutrina; é que a Lei 6.515/77 também era omissa no tocante à responsabilidade alimentar no divórcio. Seguindo o mesmo critério de Yussef, digo que hoje se faça analogia com a solução posta para a separação judicial litigiosa remédio pelo atual sistema legal. Aqui, no entanto, a dificuldade é bem maior, pois há divergência. E divergência séria, pois em tema de grande relevância. De minha parte, não vejo como terminantemente excluir alimentos para o divorciado, só porque não os obteve antes da decretação do divórcio. Os que pensam diferentemente alegam que, findo o casamento, não há mais título para postular os alimentos.[346] Esta tendência tende a prevalecer no TJRS.[347]

Para mim a razão está com Yussef Said Cahali,[348] quando afirma que a dissolução do vínculo matrimonial, pelo divórcio, não opera a

---

[344] Ob. cit., p. 1513.

[345] É verdade que vem sendo combatida a idéia de culpa, cada vez mais repelida pelo Tribunal de Justiça do R. G. do Sul, mas, de qualquer forma, o exemplo ainda pode ser utilizado didaticamente, até porque no restante do território nacional prosseguem prevalecendo as decisões fundadas na culpa, que contam também com o apoio de grande parte da doutrina.

[346] Assim pensa Francisco José Cahali: Alimentos no código civil. Obra coletiva coordenada pelo mesmo e por Rodrigo da Cunha Pereira. São Paulo: Saraiva, 2005, p. 270. Da mesma forma, a lição de Luiz Felipe Brasil Santos: *apud* Carlos Roberto Gonçalves, em Ob. cit., p. 466.

[347] Apelação Cível n° 70016710220, julgada pela 7ª Câmara Cível em 29.11.2006; unânime. Apelação cível n° 70016413122, julgada pela mesma Câmara em 06.09.2006; por maioria. Apelação Cível n° 70015978885, julgada pela 7ª Câmara Cível em 23.08.2006; unânime. Foi Relator, nos três julgamentos anteriores, o Des. Luiz Felipe Brasil Santos. Agravo de Instrumento n° 70015885650, julgado pela 7ª Câmara Cível em 18.08.2006; por maioria; Relator: Des. Sérgio Fernando de Vasconcellos Chaves.

[348] *Dos alimentos.* 4ª ed. São Paulo: Revista dos Tribunais, 2002, p. 466 e 467. Como se vê, divergem pai e filho.

extinção de pleno direito do dever de mútua assistência; diz ele que o novo Código Civil é expresso ao enumerar as causas que fazem cessar o dever de alimentar, como se vê no art. 1.708; ora, entre elas não está o divórcio. Anoto que Arnaldo Rizzardo pensa da mesma forma.[349] Acrescento que o término do casamento, por si só, não pode extinguir o dever alimentar de forma absoluta (ainda que os pedidos devem ser examinados com rigorismo), pois que, afinal, ele existiu, talvez por muitos e muitos anos, criando situação de solidariedade familiar que não pode ser desprezada por seu término. O só fato da extinção de uma relação jurídica não elimina a possibilidade de exigência de direitos que dela decorreram ou decorrem; é o que sucede na extinção de qualquer contrato de direito obrigacional; não há porque ser diverso em assunto de muito maior importância humana e social, como é o caso dos alimentos. Trinta, quarenta, cinqüenta anos de casamento não podem ser reduzidos à eficácia zero apenas porque foi decretado um divórcio.

Acho sério equívoco absolutizar a asserção de que, após decretado o divórcio, não mais é lícito pedir alimentos. Vou exemplificar. Mulher com setenta anos de idade, que nunca trabalhou e nem o marido permitiu que trabalhasse (educação antiga), é por ele abandonada, e, passados dois anos, ingressa o marido com ação de divórcio direto. O advogado da mulher esquece de pedir alimentos para a sua cliente antes da decretação do divórcio. Irá esta mulher mendigar?! Deve haver é rigorismo na apreciação de tais pedidos, ainda mais que é imprescritível o direito a alimentos, mas não partir para a solução de pura e simplesmente considerar, aprioristicamente, a mulher parte ilegítima, decidindo pela carência de ação.

9.2.3. A influência da culpa nos alimentos

Pelo sistema em vigor, a culpa não mais produz o desaparecimento dos alimentos no momento da separação judicial, como acontecia no direito anterior. Ela apenas influi no quantitativo dos alimentos.

O art. 1.704, parágrafo único, do Código Civil situa o cônjuge culpado como podendo pleitear alimentos, só que restringindo-os ao "indispensável à sobrevivência", expressão que traduzo como alimentos indispensáveis a uma vida com dignidade. Note-se que o mesmo parágrafo único impõe outras condições para o recebimento dos alimentos: ausência de parentes em condições de prestá-los (assunto a ser depois estudado) e falta de aptidão para o trabalho.

Causa perplexidade saber como discutir a culpa, para fins alimentares, se existe forte movimento jurisprudencial, como já se viu, no

---

[349] *Direito de família:* Lei n° 10.406, de 10.01.2002. Rio de Janeiro: Forense, 2004, p. 783.

sentido de afastar a discussão da mesma. A mesma dúvida para a repercussão da culpa sobre os apelidos (art. 1.578). Por último, para a terceira conseqüência da culpa, que é a questão da indenização por dano moral.[350] Sob pena de absoluta marginalização do Código Civil, os que se opõem à culpa podem ser forçados a admitir debate a respeito, pelos menos para aqueles fins. Por isto, Carlos Roberto Gonçalves[351] assinala que *"os juízes, no entanto, por economia processual, têm admitido a discussão sobre a culpa nas ações de divórcio direto, mas para os efeitos de perda do direito a alimentos[352] ou da conservação do sobrenome do ex-cônjuge, e não para a decretação do divórcio".* O mesmo tratamento é de ser conferido à separação judicial sanção na qual a Justiça afaste a questão da culpa. Melhor esta solução, pelo menos, do que, proibida a discussão da culpa em sede de separação judicial, se venha, estranhamente, a permiti-la em ação de alimentos, demanda para a qual o juiz remetesse o debate em torno da culpa. Censurável é que vários acórdãos se prolonguem em afirmar que não mais se deve discutir a culpa, mas não revelem tecnicidade ao enfrentar o problema de saber como equacionar as seqüelas da culpa, ou seja, alimentos, uso de sobrenome e indenização por dano moral. Afinal, o Código Civil é expresso a respeito e não pode ser simplesmente ignorado, sem uma fundamentação profunda. Mais ainda quando prevaleceu a compreensão de que o Código Civil não é inconstitucional quando trabalha com a culpa.[353] A trilha correta é manter sim a possibilidade de auferir a culpa quando se discutam temas como alimentos e uso de patronímico, como bem apontou o Des. Luiz Felipe Brasil Santos,[354] mesmo que

---

[350] A) De minha parte, sou contra esta espécie de discussão de dano moral no campo da família, para temas essencialmente familiares (não é a posição dominante na doutrina, bem ao contrário; no entanto, os tribunais tendem a repelir aquela indenização, sendo de reconhecer, contudo, que o STJ já a aceitou; abordo estes informes em meu artigo doutrinário, a seguir noticiado). Remeto aos fundamentos que expendi em livro de minha autoria: *Estudos de direito de família*. Porto Alegre: Livraria do Advogado, 2004, p. 79 a 92. Por sinal, os que são a favor da indenização por dano moral, mas rejeitam a discussão da culpa, vêem-se em posição difícil de incoerência. B) No Capítulo IV, ao tratar da culpa na separação judicial, referi outros artigos do Código Civil que operam com a idéia de culpa, mas fora da separação judicial, ainda que no campo da família e sucessões.

[351] *Direito civil brasileiro, vol. VI*: direito de família. São Paulo: Saraiva, 2005, p. 192.

[352] Parece indispensável, com toda a vênia, uma retificação sobre este trecho da manifestação do ilustre jurista: a culpa, agora, não produz a perda dos alimentos, mas sim influi sobre seu quantitativo. Feita esta correção, vale o prnunciamento de Gonçalves, só que para a apuração do valor dos alimentos. Não há confundir este tema com a perda dos alimentos por indignidade (art. 1.708, parágrafo único): a perda de alimentos (aí sim uma perda total) por indignidade do credor não deixa de envolver uma modalidade de conduta culposa, mas em momento posterior ao início do recebimento dos alimentos, ou seja, depois de dissolvida a sociedade conjugal ou depois da separação de fato. O debate sobre a culpa, que agora se faz, diz com a culpa configurada durante a constância do casamento.

[353] A propósito, tratei do assunto da culpa no Capítulo IV.

[354] Agravo de Instrumento nº 70011020021, julgado pela 7ª Câmara Cível do TJRS em 04.05.2005.

exclusivamente para tais fins e não como base para decretar a separação judicial.

9.2.4. A distinção "legal" entre alimentos civis e naturais

Esta distinção era feita pela doutrina e pela prática judiciária, mas não constava no Código Civil de 1916.

Hoje é explicitada no Código Civil. Os alimentos civis (destinados a atender todas as necessidades da pessoa, incluindo educação, lazer, ou seja, como diz Guilherme Calmon Nogueira da Gama,[355] necessidades de ordem intelectual, psíquica e social) estão no art. 1.694, *caput*; os alimentos naturais ou necessários (o estritamente necessário à manutenção da existência do credor, ou seja, alimentação, saúde, moradia e vestuário) estão no art. 1.694, § 2º, e 1.704, parágrafo único, quando falam em valor indispensável à subsistência ou à sobrevivência.

Não tenho dúvida de que valor indispensável à sobrevivência ou subsistência não haverá de ser o salário mínimo, vergonhoso e irreal que é, salvo, é óbvio, se o alimentante for pobre. Deve ser quantia que corresponda à vida digna (dignidade humana, um dos maiores valores resguardados pela Constituição Federal).

Note-se que há, por parte de muitos, justa preocupação com alguns dos vocábulos empregados no art. 1.694, *caput*, para aludir aos alimentos civis: *"modo compatível com a sua condição social"*. Isto pode significar a exigência de manutenção do padrão de vida, o que é um excesso, pelo menos entre cônjuges, e constitui tese que vinha sendo superada. A própria separação, em geral, prejudica o padrão de vida. Além disto, não é razoável que cônjuge acostumado, por exemplo, a desfrutar de vários automóveis, de aviões particulares, de iates, de constantes viagens ao exterior, enfim, de imensos luxos, tenha de manter tais vantagens após a separação. Tem-se resolvido pela permanência do padrão de vida, sem maiores discussões, é para os filhos.

9.3. Os arts. 1.700 e 1.707 do Código Civil

9.3.1. O art. 1.700:
transmissão dos alimentos aos herdeiros do devedor

A transmissão dos alimentos aos herdeiros do devedor é questão complexa, que exige exame me maior extensão.

É fácil avaliar a importância da matéria alimentar, respeitante aos mais fundamentais dos direitos humanos: o de viver e de viver com

---

[355] *Comentários ao Código Civil brasileiro, v. XV*: do direito de família – direito patrimonial. Fredie Didier Júnior e outros; coordenadores Arruda Alvim e Thereza Alvim. Rio de Janeiro: Forense, 2005, p. 315 a 317.

dignidade. Este enfoque é indispensável a uma abordagem correta do assunto, a uma elaboração melhor do instituto, a uma análise justa dos dispositivos pertinentes. Não se está diante de interesses meramente patrimoniais, de conveniências econômico-financeiras plenamente disponíveis, regidas pelo direito das obrigações. A seriedade do tema o situa em plano elevado, de extremo relevo. As relações versadas são de direito de família, onde predominam interesses públicos, sociais, ligados à estrutura básica da coletividade. Os alimentos possibilitam a vida e a vida em condições de dignidade, permitindo ao indivíduo a evolução de seu potencial humano, em prol de si próprio e da comunidade. Não há lugar para egoísmos, para o individualismo exacerbado. Proveitos patrimoniais em absoluto podem sobrepujar a obrigação alimentar; eis um axioma basilar no equacionamento do problema da transmissibilidade daquela obrigação, em caso de falecimento do devedor, no que tange aos herdeiros deste.

O art. 402 do Código Civil de 1916 previa a intransmissibilidade da obrigação alimentar. Sempre defendi que foi totalmente revogado pelo art. 23 da Lei nº 6.515, de 26 de dezembro de 1977. Agora temos o art. 1.700 do Código Civil de 2002, que insiste no conteúdo do art. 23.

Nunca se pôs em dúvida a transmissão do débito correspondente às prestações alimentares em atraso no instante do falecimento do devedor. Sempre foi assim para quaisquer débitos do falecido; quanto mais para o débito alimentar, importantíssimo que é! Aí já se percebe o sério equívoco dos que interpretaram o art. 23 como se tratasse de mero comando no sentido da transmissão apenas dos alimentos vencidos. É exegese inadmissível, pois nada acrescentaria ao sistema em vigor e imputaria ao legislador uma assombrosa inutilidade, uma perfeita superfetação, uma risível obviedade. Doutrinadores e tribunais nunca se atreveram a pretender, no Brasil e nos outros países, que débito alimentar vencido do *de cujus* não se transmitisse aos seus herdeiros, dentro das forças da herança. Não seria em 1977 que uma lei federal viria declarar tal redundância. Não poderia ser tão mesquinho e pequeno o legislador.

Até a lei nº 6.515/77, o direito brasileiro repousava, tranqüilo e imperturbável, sobre o dogma da intransmissibilidade. O art. 402 contava com simpatia geral, produto de arraigados preconceitos dominiais e sucessórios, campos perigosos e delicados. Não se apreendia o que há de justo e simples na assertiva de não se poder sobrepor o direito sucessório ao sagrado direito alimentar. As situações iníquas daí resultantes não eram sequer ponderadas.

Mas os fatos sociais pressionavam o legislador. Quis este coibir quadros de flagrante injustiça. Exemplo: "A" vem pensionando "B", sendo B pessoa idosa e inválida e que, para sua sobrevivência, depende da pensão de A. Este falece e deixa fabulosa herança. B não herda de A.

DIREITO DE FAMÍLIA

resultado: B fica na absoluta miséria, em que pese a monumental quantidade de bens distribuídos entre os herdeiros de A, que talvez deles nem necessitem. Dir-se-ia: mas e o parentesco de B com os herdeiros de A não possibilitaria viesse a exigir alimentos destes? A resposta pode ser negativa, bastando fossem A e B irmãos; nesta hipótese, os filhos de A seriam sobrinhos de B, ou seja, parentes colaterais em terceiro grau de B, grau de parentesco que não faculta a postulação alimentícia. Como um sistema jurídico, que se tem por bem elaborado, não traria remédio para tal crueldade? Estou em que a solução veio com o art. 23 da Lei do Divórcio – hoje confirmado pelo art. 1.700 do Código Civil de 2002 –, que permite a B receber alimentos vincendos dentro das forças da herança.

A regra passou a ser a transmissibilidade. Houve reações qualificáveis como quase passionais contra a inovação, talvez porque o art. 23, ao permitir a transmissão dos alimentos vincendos, se atreveu a colocá-los como mais importantes do que a herança. Se considerarmos que a herança é mero corolário do direito de propriedade, minha tese implica em dizer que alimentos são mais importantes do que propriedade, ou seja, que uma vida com dignidade pode ser mais relevante do que o direito de propriedade. Fácil perceber as implicações desta linha de pensamento e como é capaz de assustar alguns.

Com razão está Luiz Murillo Fábregas,[356] referindo-se ao art. 23:

> Talvez tenha sido o dispositivo mais combatido e, na maior parte das vezes, em razão de pouca informação sobre a matéria ou da pouca meditação a respeito dela. Tudo está em perceber que a transmissão opera exclusivamente no respeitante ao patrimônio deixado pelo *de cujus*, isto é, não vai além deste, não supera as forças da herança. A obrigação não se transmite, pura e simples, aos herdeiros, mas somente se transfere incidindo sobre o patrimônio do falecido, na proporção deste. Inexistentes bens, desaparecerá a obrigação. Se insuficientes os bens para gerarem o valor integral da pensão, ver-se-á esta reduzida proporcionalmente. Por isto o art. 23 da Lei do Divórcio aludia ao art. 1.796 do Código Civil anterior.[357]

Três correntes básicas de opinião se constituíram, diante do art. 23 da Lei nº 6.515/77: 1) o art. 23 só se referia ao débito alimentar vencido e não pago, existente no instante do falecimento do devedor; 2) o art. 23 se estendia às prestações vincendas e a quaisquer alimentos de direito de família[358] (posição que defendi sempre, desde o surgimento do art.

---

[356] *O divórcio*. Editora Rio, 1978, p. 94.

[357] Alguns se preocupam porque o art. 1.700 do Código Civil de 2002 se reporta ao art. 1.694 e não menciona dispositivo legal pertinente à herança. Ora, isto em nada altera o fato de que a transmissão só ocorre dentro das forças da herança. Importa é que o artigo 1.700 é claro ao falar em transmissão aos herdeiros; isto significa que cabe aplicar as normas de direito hereditário e nestas é absolutamente pacífico que os débitos do falecido estão limitados pelas forças da herança.

[358] Evidente que, das quatro espécies de alimentos, somente me refiro aos alimentos de direito de família. É preciso lembrar que há outras três modalidades de alimentos: duas de direito obrigacional – alimentos resultantes de contrato e alimentos advindos de indenização por ato ilícito – e uma de direito sucessório (alimentos previstos em testamento).

23). A operacionalidade do novo sistema se daria pela constituição de um capital com os valores deixados pelo de *cujus*, cuja renda assegure o pagamento da prestação alimentar (sugestão que tomei a liberdade de dar quando da edição da Lei do Divórcio);[359] 3) a obrigação alimentar que se transmitiria aos herdeiros seria unicamente aquela devida por um cônjuge ao outro ou, no máximo, devida pelos pais aos filhos, pois que o art. 23 aparece em uma lei que trata sobre separação judicial e divórcio, e, portanto, só se aplicaria aos alimentos que aparecem em separações e divórcios.

A primeira posição é, a meu pensar, muito fraca e já a critiquei neste texto.

A verdade reside na segunda orientação, como estou tentando demonstrar neste trabalho.

A terceira corrente foi a majoritária no Brasil, a partir do Tribunal de Justiça de São Paulo e dos ensinamentos de Yussef Said Cahali e Silvio Rodrigues.[360] Este último invocou argumento histórico, afirmando que o art. 23 se inspirou na legislação francesa e esta só prevê a transmissão dos alimentos devidos por um cônjuge ao outro (na França tais alimentos têm caráter indenizatório ou compensatório). Não vejo porque imitar o pensamento francês, principalmente se nossa lei não contém indicação de que só se transmitam os alimentos pela forma restritiva apontada. Por que não poderia o Brasil imprimir outra direção à matéria? Por que forçosamente precisaria ficar jungido pelo direito estrangeiro? Não encontro necessidade do apelo à teoria dos alimentos como compensação ou indenização. Importa é perceber a incomensurável significação do débito alimentar, relacionado diretamente com a sobrevivência do ser humano, e, por isto mesmo, devendo prevalecer sobr os interesses meramente patrimoniais dos herdeiros.

Na época insisti pela segunda corrente e continuo a fazê-lo, agora com o apoio do novo Código Civil, como depois mostrarei. Com efeito, os bens do acervo hereditário devem primeiro responder pelo pagamento dos alimentos; depois serão atendidos os herdeiros. Se o capital a ser constituído, para render o valor da pensão, absorver toda a herança, não vejo nisto problema algum. A regra é sobrar aos herdeiros o que não foi consumido pelos débitos do falecido. O normal é ninguém esperar uma herança para sobreviver. A herança é aleatória, é como inesperado presente, doação imprevisível, questão de sorte até. Os alimentos são de características notavelmente distintas. Por que

---

[359] De maneirar alguma serão vendidos bens para pagar os alimentos, sob pena de não sobrarem nem bens e nem alimentos. O que se faz é colocar os bens a produzir rendimentos: aluguéis de imóveis, dividendos de ações, juros de cadernetas de poupança ou outras aplicações financeiras.

[360] Quanto a Yussef: *Dos alimentos*. 3ª ed. São Paulo: Editora Revista dos Tribunais, 1998, p. 57 a 104. Sílvio Rodrigues: *O divórcio e a lei que o regulamenta*. São Paulo: Saraiva, 1978, p. 141 a 143. Acórdãos: *RT 616/177, 629/110, 574/68; Revista do STJ 135/359.*

DIREITO DE FAMÍLIA

idolatrar os direitos sucessórios, ainda mais em detrimento de um valor maior? Os alimentos estão relacionados ao máximo de moralidade, pois dizem com a manutenção da vida e com nível digno de vida. A herança, diversamente, muitas vezes se reveste de duvidosa moralidade, dado que importa em torcer pela morte de outrem, além do que o herdeiro não fez por merecê-la: quem quiser dinheiro que trabalhe para obtê-lo.

O dogma da intransmissibilidade nem era tão intocável como imaginam alguns. Baudry-Lacantinerie e Houques-Fourcade[361] (atenção: opiniões que emitiram em 1900!) reconhecem nada há de herético na transmissão aos herdeiros do devedor, apenas não considerando este evento como normal. Dissertam: *"On a voulu, à la vérité, découvrir dans lês arts. 762 à 764 la preuve quils nont pas 'vu, dans la nature de la dette alimentaire, um obstacle absolu à sa transmissibilité aux héritiers'. Aussi ne prétendons-nous pas quil faille violenter la nature des choses pour imposer cette charge aux successeurs universels du débiteur. Nous disons seulement quil nest pas normal que cette charge leur passe, quoiquil puísse être parfois très opportun de la leur faire supporter".*[362] Mencionam ilustres vultos do direito francês com orientação favorável à transmissão:[363] Aubry et Rau, Demante, Duranton, Proudhon, Delvincourt, Marcadé, Allemand. Também admitem a existência de exceções marcantes ao princípio da intransmissibilidade: *"Le Code Civil avait lui-même reconnu aux enfants adultérins ou incestueux un droit aux aliments opposable à la succession de leurs père et mère (art. 762 s.). La loi du 9 mars 1891 est venune depuis en reconnaître un semblable au conjoint survivant vis-à-vis de la succession de lépoux prédécédé, et enlever ainsi à cette question une forte partie de son intérêt pratique".*

Colin e Capitant,[364] ainda que contrários à trarnsmissão, percebem como *"la intransmisibilidad de la obligación alimentícia, considerada desde el punto de vista pasivo, ha sido más discutida. En el caso em que las necesidades del acreedor hibieran nacido antes del fallecimiento del deudor, se há sostenido que, como la obligación alimentícia grava virtualmente el patrimonio del difunto, se transmite a los herederos de este de la misma manera que el resto del pasivo sucesorio".* Além disto, reconhecem três exceções à regra da intransmissibilidade:

> a) los hijos incestuosos o adulterinos pueden reclamar alimentos no sólo a su progenitor, sino a la sucesión del mismo (art. 762); b) el cónyuge superviviente tiene, em caso de necessidad, derecho a reclamar alimentos a la sucesión del cóyuge premuerto (art. 205, § 1º, 2ª parte,

---

[361] *Traité théorique et pratique de droit civil.* 2ª ed. Paris: Librairie de la Société du Recueil Gal des Lois et des Arrêts, 1900. Des personnes, tomo 2º

[362] Ob. cit., p. 592.

[363] Idem, p. 591.

[364] *Curso elemental de derecho civil.* 3ª ed. Madrid: Instituto Editorial Reus, 1952. Tomo 1º, p. 779 e 780.

adicionada por la ley de 9 de marzo de 1891)"; c) "finalmente, cuando la deuda alimentícia no resulta de uma cualidad personal del difunto – esto deriva, naturalmente, de lo que precede – se transmite contra sus herederos. Así sucede, según hemos visto cuando se trata de uma pensión debida después del divorcio por el cónyuge contra el cual el divorcio se ha concedido. El fundamiento de la obligación es, aqui, el delito cometido por el esposo cuya conducta ha provocado el divorcio, (...)

Henri, Léon e Jean Mazeaud trazem as mesma três exceções narradas por Colin e Capitant.[365]

Louis Josserand[366] fala das exceções correspondentes aos casos do cônjuge sobrevivente e dos filhos incestuosos e adulterinos. Admite também, ainda que criticando, a ocorrência de julgamentos fixando uma terceira derrogação da regra da intransmissibilidade: para a pensão de alimentos estabelecida como conseqüência de uma separação de corpos. As duas primeiras exceções são objeto de alusão por Planiol e Ripert.[367] Quanto aos filhos adulterinos, incestuosos e naturais simples, Roberto de Ruggiero indica como em relação a estes a obrigação alimentar não se extingue com a morte do devedor.[368]

Na tradução espanhola da obra de Ennecerus, Kipp e Wolff,[369] Blas Pérez Gonzáles e José Castán Tobeñas, em suas notas de comparação e adaptação ao sistema de seu país, mostram que com o falecimento do devedor não termina a obrigação alimentar no concernente aos filhos ilegítimos não naturais. Aduzem:

En Aragon, según el art. 30, ap. 2º, del Apéndice foral, puede también transmitirse en algún caso a los herederos la deuda alimenticia relativa a los hijos legítimos del causante, pues el heredero forzoso que por la distribución Del caudal hecha por el testador resulte necesitado de alimentos, podrá ejercitar la acción, arregladamente al artículo 142, del Código general, contra los sucesores del ascendiente, em proporción com las respectivas participaciones em la herencia forzosa.

Qual o fundamento para as exceções observadas no direito comparado? Roberto de Ruggiero[370] situa o problema face ao fato de serem os filhos adulterinos, incestuosos e naturais simples excluídos da sucessão. Planiol e Ripert[371] igualmente destacam a ausência de vocação hereditária daquela categoria de filhos. Quanto ao cônjuge supérstite, busca-se a compensação por insuficiência de seus direito perante a sucessão do cônjuge falecido: Henri, Leon e Jean Mazeaud.[372] Estes juristas, ao abordarem a hipótese do cônjuge divorciado, trazem a teoria do caráter indenizatório da pensão alimentar.

---

[365] *Leçons de droit civil.* Paris: Éditions Montchrestien, 1955. Tomo 1º, p. 1.188 e 1.190.

[366] *Derecho civil.* Buenos Aires: Ediciones Jurídicas Europa-América, Bosch y Cia., 1952. Tomo I, II, p. 330 e 331.

[367] *Tratado practico de derecho civil francés.* Cuba: Cultural, 1946. Tomo 2º, p. 42.

[368] *Instituições de direito civil.* 3ª ed. São Paulo: Saraiva, 1972. Vol. II, p. 41 e 42.

[369] *Tratado de derecho civil.* 2ª ed. Barcelona: Bosch, Casa Editorial. Tomo IV, 2º, p. 251.

[370] Ob. e vol. cit., p. 41.

[371] Ob. e tomo cit., p. 42.

[372] Obr., tomo e loc. cit.

Aramy Dornelles da Luz[373] ensina: *"O que responde pelo cumprimento da obrigação são os bens do devedor. Assim sendo, lícito não é transmitir seu patrimônio a outrem, fraudando os credores. Não há de ser a morte que operará a extinção da dívida se patrimônio lhe sobrevive. A obrigação grva então os bens. Eles é que respondem. Como, com a sucessão causa mortis, estes bens gravados ingressam no patrimônio de terceiros, a obrigação não se transmite, já que é pessoal, mas os herdeiros se sub-rogam no dever de cumprir a prestação, pois, em caso contrário, teriam de oferecer estes bens em pagamento ou em garantia".* Portanto, compreendido que a transmissão não vai vincular os herdeiros, senão que em proporção ao que receberam na herança, ver-se-á o equívoco dos que se preocupam com situações como as que seguem: a) "A" casa com "B" e eles não têm filhos; divorciam-se, sendo que "A" fica pagando alimentos para "B"; "A" volta a casar-se, desta vez com "C", surgindo filhos; falece "A", com o que seus filhos com "C" ficam obrigados a suporta a pensão para com "B" (sempre, repito e enfatizo, dentro das forças da herança); b) na mesma hipótese, se "A" não deixa descendentes ou ascendentes ao morrer, "C" terá que prestar alimentos para "B" (a segunda esposa sustentando a primeira); c) "A" casa com "B"; divorciam-se, ficando "A" alimentando "B"; "A" morre sem deixar herdeiros, a não ser um primo-irmão; eis que este primo teria de sustentar "B".

A doutrina nacional, apesar da forte resistência ao art. 23 da Lei do Divórcio, acabou por se inclinar pela inevitabilidade da transmissão, mesmo os que a combatem veementemente. Quando muito, buscou-se restringir o alcance da norma, pela antes aludida tese de que só se aplicaria para alimentos entre cônjuges e dos pais para com os filhos.

Editado o novo Código Civil, importantíssima modificação houve na matéria. Como *todos* os alimentos de direito de família estão regulados em um mesmo local (Livro IV, Título II, Subtítulo III; veja-se que o art. 1.694 cogita de parentes, cônjuges e companheiros), segue que não mais se sustenta a tese antes majoritária que limitava a transmissão aos alimentos surgidos no interior de uma separação judicial ou de um divórcio. Hoje quaisquer alimentos de direito de família se transmitem aos herdeiros do devedor, dentro das forças da herança. Com satisfação, vejo prevalecer a tese que sempre me pareceu a mais correta.

Yussef Said Cahali[374] aceita que, face ao atual Código Civil, outra não pode ser a solução. Belmiro Pedro Welter,[375] Sílvio de Salvo Venosa,[376] Maria Helena Diniz,[377] têm igual compreensão. Forçoso,

---

[373] *O divórcio no Brasil.* São Paulo: Saraiva, 1978, p. 101 e 102.

[374] *Dos alimentos.* 4ª ed. São Paulo: Revista dos Tribunais, 2002, p. 94.

[375] *Alimentos no Código Civil.* Porto Alegre: Síntese, 2003, p. 41.

[376] *Direito Civil – Direito de família.* 2ª ed. São Paulo: Atlas, 2002. Vol. 6, p. 378.

[377] *Curso de direito civil brasileiro.* 17ª ed. São Paulo: Saraiva, 2002. Vol. 5º, p. 463 e 464.

contudo, admitir que a resistência continua existindo: a) a) Regina Beatriz Tavares da Silva[378] diz que a transmissão deve ser restrita ao companheiro e ao cônjuge, dependendo, quanto ao último, de seu direito à herança; b) Zeno Veloso[379] quer que a doutrina e os tribunais restrinjam a exegese do art. 1.700 e tem por inadmissível que filhos do falecido sejam obrigados a pensionar um tio;[380] c) Nelcy Pereira Lessa[381] informa que o IBDFAM quer nova redação para o art. 1.700, a fim de que só abranja alimentos decorrentes do casamento ou da união estável.; d) Washington Epaminondas Medeiros Barra[382] defende uma interpretação o mais restritiva possível ao art. 1.700, pois vê nele violação de elementares princípios gerais do direito, estando maculado pela eiva de inconstitucionalidade.[383] No Judiciário continuam aparecendo acórdãos que afirmam só se transmitirem os alimentos que o *de cujus* devia quando faleceu (vencidos).[384]

Lamento, porém, que tenha surgido outra fórmula restritiva ao magnífico sentido do art. 23, hoje 1.700: a transmissão operaria somente até a partilha dos bens do *de cujus*. Mais perigosa esta interpretação porque seus argumentos valem para o art. 1700 do Código Civil de 2002. Neste teor foi deliberação do 4º Grupo Cível do Tribunal de Justiça do Rio Grande do Sul.[385] Mais preocupante é que o Superior Tribunal de Justiça resolveu por igual forma.[386] Mais uma vez se revela a, com toda a vênia, injustificada resistência aos arts. 23-1700. Não tenho dúvida de que a transmissão continua mesmo feita a partilha. Esta exegese restritiva não pode ser acatada porque destrói a razão de ser da transmissibilidade e os elevados objetivos sociais e humanos que ditaram sua aceitação pelo direito brasileiro. Outra vez se põe a

---

[378] *Novo código civil comentado.* Coord. Ricardo Fiúza, São Paulo: Saraiva, 2002, p. 1.509.

[379] *Código civil comentado:* direito de família, alimentos, bem de família, união estável, tutela e curatela: arts. 1.694 a 1.783. São Paulo: Atlas, 2003. Coordenador: Álvaro Villaça Azevedo. Vol. XVII, p. 39 e 40.

[380] Como expus antes, tenho que, bem ao contrário da idéia de Zeno Veloso, a hipótese de sobrinhos responderem para com um tio, dentro das forças da herança que receberam, é caso paradigmático das vantagens de uma interpretação ampla do art. 1.700.

[381] *O novo código civil:* livro IV do direito de família. Coordenação geral: Heloisa Maria Daltro Leite. Rio de Janeiro: Freitas Bastos, 2002, p. 398.

[382] *O novo Código Civil:* Estudos em homenagem ao professor Miguel Reale. Coordenadores: Ives Gandra da Silva Martins Filho, Gilmar Ferreira Mendes e Domingos Franciulli Netto. São Paulo: LTr, 2003, p. 1.258 e 1.259.

[383] Com todo o respeito, não atino com tais defeitos e não vejo em que a preservação da vida, e da vida com dignidade, em detrimento da herança, afete qualquer princípio geral de direito. A verdade é bem outra, pois a interpretação que sustento está em conformidade com o art. 1º, inciso III, da Constituição Federal. A dignidade humana aparece na nossa Constituição antes do direito de propriedade e de sua seqüela, que é o direito à herança.

[384] AI nº 004.04.900011-2, do TJES, julgado em 20.05.2006. Fonte: Boletim IBDFAM nº 39, julho-agosto 2006, p. 11.

[385] *RJTJRGS 213/189.*

[386] *Lex Jurisprudência do Superior Tribunal de Justiça e dos Tribunais Regionais Federais, 140/82.*

herança acima dos alimentos e os arts. 23-1.700 ficam praticamente letra morta. Não importa, inclusive, que o alimentado reúna a condição de herdeiro; ainda que seja óbvio que se deva fazer uma compensação, para que o alimentado não receba duas vezes, seria injusto que desaparecessem os alimentos com a partilha, pois pode simplesmente acontecer que o quinhão hereditário seja totalmente insuficiente para a manutenção do alimentado! Neste caso penso devem os quinhões dos demais herdeiros serem atingidos pelos alimentos.

Aceitar a transmissão dos alimentos em quaisquer casos de direito de família, sem que haja limitação trazida pela partilha de bens do *de cujus* (não canso se insistir: transmissão dentro das forças da herança), traz grandes dificuldades jurídicas. Chego a imaginar que alguns preferem repelir a solução com receio de tais problemas (...).

Pretendo agora arrolar algumas das dificuldades que aparecerão quando operacionalizada a transmissão:

A) O fato de o alimentado ser legitimado também para acionar, pedindo alimentos diretamente a herdeiros do devedor, pois existente vínculo parental que torne isto possível, não elide seja transmitida a obrigação alimentar, que é condicionada ao patrimônio do *de cujus*. É uma garantia a mais para o credor dos alimentos. Se insuficientes os bens do espólio, restará ao credor a via de complementar a pensão, voltando-se contra os herdeiros pessoalmente obrigados.

B) E se o alimentado for herdeiro? Penso que não se trata de excluir a transmissão, como querem alguns, mas apenas de fazer as devidas compensações patrimoniais para que o alimentado-herdeiro não receba duplamente.

C) Conseqüência lógica das premissas de meus raciocínios (aplicam-se as regras cabíveis de direito sucessório) é a de que herdeiro que renuncie à herança não é onerado com a obrigação alimentar transmitida, pois simplesmente não recebe o patrimônio do falecido.

D) Como a obrigação permanece e se dimensiona em torno dos bens do acervo hereditário, desaparece a perplexidade oriunda dos casos em que o município receba a herança.

E) Se os herdeiros já receberam os seus quinhões, contribuirão, para a formação do capital produtor da pensão alimentar na proporção das quotas hereditárias auferidas e sempre dentro de seus limites. A ação de alimentos será orientada contra todos os herdeiros, em litisconsórcio passivo.

F) Pelo significado vital da prestação alimentar, não vejo como não se lhe emprestar preferência sobre outros débitos do morto. Quando muito, devem ser antes pagas as despesas do processo de inventário e partilha (imposto de transmissão *causa mortis*, taxa judiciária, custas).

G) Cessadas as necessidades do alimentado, não há porque continuar a se beneficiar com os alimentos. O capital, cuja aplicação rende a pensão alimentícia, será liberado para ser plenamente usufruído entre os herdeiros.

É óbvio não terá influência a melhoria da situação econômico-financeira dos herdeiros, pois se trata de circunstância a eles pessoal e peculiar, desligada do patrimônio do de *cujus*.

Se aumentarem as privações do alimentado, nada haverá a fazer, posto que seria um erro grave pretender estivessem os herdeiros sujeitos, a qualquer momento, à ameaça de deverem fornecer verba para reforço do capital constituído. Não há outro percurso a não ser mensurar o valor da pensão alimentar, para apuração do citado capital, em conformidade com o que recebia o alimentado quando do falecimento do alimentante. Os alimentos serão apenas atualizados monetariamente. O cálculo do capital será entregue a peritos em matéria de moeda, inflação, finanças, estatística, ciência atuarial e matemática.

H) Outro tema complexo será resolver se o credor terá o direito de reclamar a pensão alimentar se já não a estivesse recebendo no instante da abertura da sucessão. É das questões mais difíceis e polêmicas.

Aqui prefiro ficar com a interpretação menos ampla. Afinal, já estou conferindo ao art. 1.700 uma forte amplitude, da qual muitos discordam. Pelo menos me cabe considerar o texto legal, que fala em ser transmitida a *"obrigação de prestar alimentos"*. O que se transmite é a *obrigação* e não o dever jurídico.[387] Assim, deve existir obrigação devidamente preconstituída, mediante sentença, condenatória ou homologatória de acordo, ou, pelo menos, mediante acordo extrajudicial, admitido até que este acordo não seja escrito, mas resultante de costumeiro e regular pagamento de alimentos. Não concordo é que a ação de alimentos seja proposta contra a sucessão ou contra os herdeiros se os alimentos não vinham sendo pagos antes da morte do alimentante; aí me parece uma demasia, um excesso não confortado pelo sistema legal.

Muitas outras dúvidas surgirão, que a habilidade dos intérpretes saberá solucionar.

Importa, afinal e antes de tudo, é que não se queira destruir o art. 1.700, com interpretações menores totalmente divorciadas das finalidades notáveis que o ditaram. É preciso ter a grandeza de perceber que está envolvido o conflito entre dignidade humana e solidariedade de um lado, e, do outro, o direito hereditário; ora, a primeira e a segunda são prestigiadas nos princípios fundamentais da Constituição Federal (art. 1°, inciso III, e art. 3°, inciso I), parte mais importante da Carta Magna; o direito à herança vem bem *depois* (art. 5°, inciso XXX). Os alimentos são tão importantes que figuram mais de uma vez na

---

[387] Baseio-me no trinômio (tão bem explanado por Pontes de Miranda) dever jurídico – obrigação – exceção, ao qual se contrapõem direito subjetivo – pretensão – ação.

Constituição Federal: art. 5°, inciso LXVII, art. 100, *caput* e § 1°-A, art. 227, *caput*, art. 229.

9.3.2. O art. 1.707:
irrenunciabilidade plena ou restrita do direito a alimentos

É sabido que a doutrina sempre foi, por sua grande maioria, pela renunciabilidade dos alimentos entre cônjuges. Não faltavam argumentos lógicos, tais como a necessidade de cumprir o contratado e a circunstância de que o Código Civil de 1916, ao falar da irrenunciabilidade (art. 404), o fazia em parte destinada aos alimentos entre parentes, mas não entre cônjuges.

No entanto, a maioria da jurisprudência se inclinava pela irrenunciabilidade, o que culminou com a súmula 379 do STF. Os tribunais se preocupavam com a proteção da mulher e com o fato de que, em geral, por trás da renúncia estavam ameaças de morte, espancamentos ou vigarices.

A partir da Constituição Federal de 1988, a tendência jurisprudencial se alterou, em face da igualdade entre homem e mulher (Jamil Andraus Hanna Bannura bem externou esta nova visão em artigo de sua autoria[388]), passando a maioria dos julgamentos a resolver pela renunciabilidade, inclusive no STJ. Tudo indicava a prevalência definitiva da renunciabilidade, mesmo porque os assuntos de família dificilmente têm chegado ao STF. Passou a ser ignorada a súmula 379.

Surpreendente reviravolta deu-se com o art. 1.707 do novo Código Civil. Este impôs a irrenunciabilidade, sem distinguir entre parentes, cônjuges ou companheiros. Aliás, o tratamento unificado de todos os alimentos de família torna inevitável que o art. 1.707 também se aplique aos cônjuges e companheiros.

Todavia, parece-me possível abrir uma exceção para o caso de divórcio e de ruptura de união estável. Reputo uma demasia a irrenunciabilidade quando foi dissolvido o vínculo matrimonial ou rompida a união estável. Exegese razoável e sábia da lei deve conduzir a este resultado, não se tomando o art. 1.707 em sua literalidade. A interpretação sistemática indica que, havendo completa ruptura do vínculo conjugal e da convivência estável, não há razoabilidade em, mesmo aí, não admitir a renúncia. Esta opinião é defendida, entre outros, por Luiz Felipe Brasil Santos, Francisco José Cahali e Carlos Roberto Gonçalves,[389] assim como Maria Aracy Menezes Costa.[390] O TJRS já deliberou

---

[388] Pela extinção dos alimentos entre cônjuges, artigo publicado em: *Direitos Fundamentais do Direito de Família*/Adalgisa Wiedemann Chaves (...) [*et al.*]; coordenador Belmiro Pedro Welter, Rolf Hanssen Madaleno. Porto Alegre: Livraria do Advogado Editora, 2004, p. 121 a 138.

[389] Carlos Roberto Gonçalves, ob. cit., p. 463 a 467.

[390] A renúncia a alimentos no novo Código Civil: casamento e união estável, artigo publicado em: *Grandes temas da atualidade*, v.5: alimentos no novo Código Civil: aspectos polêmicos/coorde-

desta maneira, preconizando interpretação restritiva para o art. 1.707.[391]

Bem mais difícil é reintroduzir a renunciabilidade na separação judicial e, até agora, não me convenci que seja possível. Porém, Antônio Carlos Mathias Coltro vê base constitucional e legal para defender a possibilidade de renúncia mesmo em tal hipótese.[392]

9.4. Outras modificações trazidas pelo Código Civil de 2002, seguindo a ordem dos artigos

9.4.1. O art. 1.694, § 2º

É novidade no direito brasileiro. Agora a culpa passa a influir em quaisquer alimentos e não apenas entre cônjuges.

É artigo bastante problemático e perigoso. O que será culpa entre irmãos, por exemplo? O texto legal pode permitir interpretações cruéis, tais como alegação, pelo demandado, de que o postulante dos alimentos deles necessita porque se tornou aidético em decorrência de conduta imoral!

Penso que a solução reside em aplicar princípio hermenêutico importante em matéria alimentar: como os alimentos dizem com a própria vida ou, pelo menos, com a vida com dignidade, as exegeses devem buscar favorecê-los e não prejudicá-los. Nesta linha de raciocínio, inadmissível e imoral alegação como a antes exemplificada. A interpretação do dispositivo deve ser restritiva. Sugiro se limite sua aplicação a hipóteses excepcionais, como naquelas em que o postulante dos alimentos diladipou, indevidamente, seu patrimônio.[393] A casuística haverá de criar outros destes casos excepcionais, mas o importante é que sejam situações realmente muito graves; tão graves que superem a relevância dos alimentos, que decorre da dignidade humana do alimentado. Silmara Juny Chinelato[394] cita outros exemplos: pessoa que não tem, por inércia, desinteresse ou outro motivo, formação técnico-profissional; pessoa que não prestou concurso público no tempo oportuno, e, por isto, já passou da idade.

---

nador Eduardo de Oliveira Leite; Adriana Kruchin (...) [et al.]. Rio de Janeiro: Forense, 2006, p. 143 a 156.

[391] Apelação Cível nº 70015015852, sendo Relator o Des. Luiz Ari Azambuja Ramos.

[392] *Afeto, Ética, Família e o novo Código Civil* (anais do IV Congresso Brasileiro de Direito de Família, relizado em setembro de 2003); coordenador: Rodrigo da Cunha Pereira. Belo Horizonte: Del Rey, 2004, p. 61 a 73 em artigo sob o título A separação judicial e a renúncia a alimentos.

[393] Já seria diferente, porém, se a dilapidação foi motivada por doença mental.

[394] *Comentários ao Código Civil*: parte especial: do direito de família, vol. 18 (arts. 1.591 a 1.710); coord. Antônio Junqueira de Azevedo. São Paulo: Saraiva, 2004, p. 447.

9.4.2. O art. 1.698, segunda parte.
A obrigação alimentar é solidária? O art. 12 do Estatuto do Idoso.
A obrigação alimentar dos avós

Outro aspecto inovador do Código de 2002: intentada a ação de alimentos contra um dos obrigados aos alimentos, este poderá chamar para integrar a lide os demais coobrigados (segunda parte do art. 1.698).

Assim, por exemplo, acionado um dos avós, este pode chamar os demais avós do alimentando para o processo.

Critica-se esta norma por provocar grande demora na tramitação da ação alimentar, na medida em que pode enchê-la de réus. Porém, o prejuízo ao autor não é tão intenso, pois óbvio que os alimentos provisórios continuarão sendo fixados de imediato; só ao contestar é que o réu pedirá o chamamento dos demais obrigados para integrar a lide.

A obrigação alimentar sempre foi tida como não sendo solidária.[395] A ação de alimentos pode ser intentada contra um ou contra todos os coobrigados, em litisconsórcio passivo facultativo (o litisconsórcio não era e continua não sendo necessário[396]). É caso típico de obrigação divisível (não solidária).

Os doutrinadores têm identificado, no chamamento para integrar a lide do art. 1.698, uma modalidade de intervenção de terceiros, ainda não prevista no sistema brasileiro, que enseja formação posterior de litisconsórcio passivo.[397] Registre-se surgiu posição no sentido de que a inovação seria em benefício do autor e este é que poderia, depois da contestação, requerer a formação do litisconsórcio.[398]

Grandes discussões e tumultos surgirão em face do art. 12 do Estatuto do Idoso (Lei nº 10.741, de 1º10.03), que, em favor dos idosos, impôs que a obrigação alimentar é solidária. Esta solidariedade contraria

---

[395] A regra, conhecidíssima, é a de que a solidariedade não se presume: resulta da lei ou da vontade das partes (art. 265 do Código Civil). Ora, não havia lei que afirmasse o caráter solidário da obrigação alimentar. Disse "não havia", pois hoje, absurdamente, O Estatuto do Idoso (Lei nº 10.741, de 1º10.2003), em seu art. 12, põe como solidária a obrigação alimentar!! Inovação inútil, pois de nada adianta a solidariedade se a pessoa escolhida para prestar os alimentos não tiver condições financeiras de arcar com a totalidade do que necessita o alimentado! A esdrúxula mudança mereceu severa crítica do TJRGS: RJTJRGS 228/336 (foi dito que se trata de norma totalmente equivocada e à parte do sistema jurídico nacional).

[396] Acórdão do STJ, que me parece totalmente equivocado, entendeu que o art. 1.698 estabelece litisconsórcio obrigatório simples: RESP 50.153-RJ. Caminho correto, neste particular, ainda que não em outro, conforme depois falarei, foi seguido pelo mesmo Tribunal no RESP 775.565-SP.

[397] a) *O novo código civil: livro IV do direito de família* / Andréa Rodrigues Amin (...) [*et al.*]; coord. Maria Daltro Leite. Rio de Janeiro: Freitas Bastos, 2002. Artigo de autoria de Nelcy Pereira Lessa, sob o título Dos alimentos, p. 394 a 396. b) Zeno Veloso. *Código Civil comentado*: direito de família, alimentos, bem de família, união estável, tutela e curatela: arts. 1.694 a 1.783, vol. XVII. Coordenador Álvaro Villaça Azevedo. São Paulo: Atlas, 2003, p. 31 e 32.

[398] *Temas atuais de direito e processo de família – primeira série*. Vários autores, sob organização de Cristiano Chaves de Farias. Rio de Janeiro: Editora Lumen Júris, 2004. Artigo de Fredie Didier Jr., sob o título A nova intervenção de terceiros na ação de alimentos (art. 1.698 do CC-2002), p. 437 a 442.

tudo o que até hoje se entendeu, ou seja, que a obrigação alimentar não é solidária.[399] Penso que não há necessidade desta solidariedade, pois o tradicional binômio recursos-necessidade tudo resolve: mesmo sem solidariedade, sempre se decidiu que, acionado alguém que tivesse os recursos suficientes, pagaria *tudo* que necessitasse o autor da ação de alimentos! O STJ (RESP 775.565-SP) encontrou um sentido positivo para o artigo 12 referido: afastaria, quando idosos pedissem alimentos, o chamamento para integrar a lide, previsto no art. 1.698, segunda parte; assim, por exemplo, se o pai aciona um filho, este não poderia trazer os demais filhos do autor para o processo, o que facilitaria o andamento da ação alimentar. Porém, o erro gravíssimo do STJ foi de interpretação sistemática: não poderia aplicar a solidariedade apenas em favor dos idosos. Desde quando os idosos precisam mais de alimentos do que uma criança ou do que um homem de trinta anos completamente incapacitado para o trabalho? É uma contradição valorativa insuportável para o sistema jurídico. Digo mais: se aceita a solidariedade da obrigação alimentar, terá de sê-lo para todos quantos necessitarem de alimentos; se não se chegar a tanto, que, pelo menos, repito e insisto, se a aplique para todos os casos de grave necessidade.

Quanto ao problema da responsabilidade alimentar dos avós, interessante firmar que a primeira parte do art. 1.698 deixa claro que a obrigação alimentar deles é sucessiva e complementar, operando quando demonstrada a insuficiência de recursos de *ambos* os genitores. Assim foi resolvido, corretamente, pelo STJ: RESP nº 804.150-DF, Relator Ministro Jorge Scartezzini, DJ 22.05.2006 (Fonte: Boletim IBDFAM nº 39, de julho/agosto 2006, p. 11). Por outro lado, os avós não são obrigados a dar ao neto o padrão de vida deles avós. O meu enfoque se deve a que alguns, com toda a vênia de forma equivocada, querem transformar a obrigação dos avós em obrigação do mesmo nível daquela dos pais, na medida em que sustentam que basta, por exemplo, o pai não poder pagar para que se desloque a obrigação para os avós, mesmo que a mãe tenha condições de pagar alimentos; esta a posição de Maria Berenice Dias: *Manual de direito das famílias*. 3ª ed. São Paulo: Editora Revista dos Tribunais, 2006, p. 423 e 424. Também almejam que os avós garantam aos netos seu próprio padrão de vida (deles avós). O TJRS, por suas duas câmaras de Família, vem resolvendo pela forma que reputo mais certa: a) Apelação Cível nº 70017624149, julgada em 07.12.2006, sendo Relator o Des. Luiz Ari Azambuja Ramos; b) Apelação Cível nº 70016947947, julgada em 29.11.2006, sendo Relator o Des. Sérgio Fernando de Vasconcellos Chaves; c) Apelação Cível nº 70016492225, julgada em 29.11.2006, sendo Relator o Des. Luiz Felipe Brasil

---

[399] Reafirmando o caráter não soldário da obrigação alimentar: RESP 658.139-ES, julgado em 11.10.2005, pela 4ª Turma, sendo Relator o Ministro Fernando Gonçalves.

Santos (neste acórdão se resolveu também que os netos não tem o direito de desfrutar o padrão de vida dos avós).

9.4.3. O art. 1.704, parágrafo único, quando exige que o cônjuge culpado não tenha parentes em condições de prestar os alimentos

Esta modificação no sistema jurídico vai acarretar grandes discussões práticas. A dificuldade não é de ordem teórica. O problema está na criação de um requisito que, dependendo da interpretação, pode, por exemplo, inviabilizar a obtenção de alimentos provisórios. Imagine-se uma mulher separada judicialmente, sem aptidão para o trabalho e necessitada de alimentos, mas que tenha pai e mãe vivos, assim como dez irmãos; temos nada mais nada menos do que doze pessoas que poderiam ter condições de prestar alimentos! Precisará a mulher, para conseguir alimentos provisórios, desde logo comprovar que as doze pessoas não têm condições de prestá-los?! Afinal, o ônus da prova é de quem alega.

Invocando o princípio interpretativo de que as exegeses, em tema alimentar, não devem tender a prejudicar os alimentos, concluo que não deva se reclamar tal prova para fins simplesmente de alimentos provisórios. Ninguém gosta de abrir sua vida econômico-financeira, com o que a mulher referida encontrará dificuldade enorme para a prova preliminar. Que pelo menos a exigência probatória seja deslocada para a instrução do processo, o que é interpretação razoável.

Não duvido até – o que considero correto – que juízes passem o ônus probatório para o réu: 1º) por aplicação analógica da norma do Código do Consumidor que prevê não seja do autor aquele ônus, quando é hipossuficiente (interpretação sistemática, para manter a coerência axiológica do sistema jurídico); 2º) por considerarem o fato da existência de parentes em condições de prestar os alimentos como impeditivo (art. 333. inciso II, do Código de Processo Civil).

9.4.4. O art. 1.708, parágrafo único, quando acena para o procedimento indigno do credor de alimentos

O que é procedimento indigno? Dificilmente se pode recorrer a conceitos relativos à vida erótica e sexual, pois se evoluiu para entendimento de que o alimentante não é fiscal da vida amorosa do alimentado.

Outra vez é norma preocupante e que pode levar a interpretações perniciosas aos alimentos, com verdadeiras crises moralistas[400] e puritanas de pura conveniência. Partindo novamente da idéia de que as interpretações, em assuntos alimentares, devem favorecer os alimentos

---

[400] Artigo sob o título "Os alimentos no novo Código Civil", publicado em *Revista AJURIS, vol. 89, p. 229.*

e não lhes serem nocivas, adoto solução sugerida pelo Des. Luiz Felipe Brasil Santos, que preconiza só se adjetive como indigno o procedimento enquadrável no art. 1.814 do Código Civil (acrescento que se poderia ponderar também o art. 1.962 do mesmo Código).

9.4.5. O art. 1.710

Este artigo causa perplexidade, pois dá a entender que sequer o magistrado pode ordenar critério diferente de atualização, como é o caso da utilização consagrada do salário mínimo, por exemplo. Poderia haver dúvida até sobre o emprego de percentual sobre o ganho do alimentante. O art. 22 da Lei nº 6.515/77 ressalvava critério diverso determinado pelo Poder Judiciário.

É preciso evitar o que seria verdadeiro absurdo interpretativo, não se fixando na letra da lei. A doutrina já principiou a reação contra a interpretação meramente literal: São exemplos Yussef Said Cahali,[401] Nelcy Pereira Lessa[402] (aceita percentual e salário mínimo), Zeno Veloso[403] (a lei não contém norma cogente ou impositiva, mas dispositiva ou supletiva, podendo os interessados fixar outro critério), Luiz Felipe Brasil Santos[404] (a lei não se refere às prestações vincendas, mas às vencidas). Além disto, é de se ressaltar que o artigo fala em índice regularmente estabelecido, o que pode permitir a interpretação de que depende de lei regulamentadora. Há quem diga, ademais, que o índice pode ser o IGP-M da FGV, pois oficializado pelo Poder Judiciário em termos consuetudinários. Como se vê, não faltam idéias para escapar de uma errônea e funesta interpretação literal.

A propósito, interessante apontar que o Tribunal de Justiça do R. G. do Sul, alterando tradicional compreensão sobre a matéria, vem agora decidindo que não mais se pode usar o salário mínimo como fator de atualização das pensões alimentícias. É o que se lê na apelação cível nº 70015627979, julgada em 02 de agosto de 2006, sendo Relator o Des. Luiz Felipe Brasil Santos; a Câmara adotou o IGP-M como fator de atualização, o que, curiosamente, acaba por cair no critério do art. 1.710. A propósito do afastamento do salário mínimo, o advogado Fernando Malheiros Filho redigiu substancioso trabalho em que procurou mostrar a ilegalidade de seu uso;[405] este texto, por sinal, foi citado no acórdão do TJRS.

---

[401] *Dos alimentos.* 4ª ed. São Paulo: Revista dos Tribunais, 2002, p. 901.

[402] Ob. cit., p. 412.

[403] Ob. cit., p. 71.

[404] Artigo cit., p. 230.

[405] Revista Brasileira de Direito de Família. Porto Alegre: Síntese, IBDFAM, out-nov 2006, v. 38, p. 139.

9.5. A prescrição da prestação alimentar

A obsevação é rapidíssima, visando somente lembrar que o prazo foi reduzido de cinco para dois anos: art. 206, § 2º, do Código Civil. Veja-se que escrevi "prescrição da *prestação* alimentar", pois evidente que o direito a alimentos continua imprescritível.

9.6. Um acórdão supreendente:
genitor que não cumpriu com os deveres inerentes ao poder familiar não pode pedir alimentos

Ao que sei, é acórdão pioneiro no país (Apelação Cível nº 70013502331, julgada pela 7ª Câmara Cível do TJRS) e contraria as regras até hoje vigentes. Mesmo quem não foi um bom pai, nem por isto perdia a possibilidade de solicitar alimentos aos filhos, quando velho e incapacitado para o trabalho, se não tiver renda.

O acórdão entendeu que, se o pai não foi solidário com o filho, não pode depois dele exigir solidariedade.

Discordo frontalmente. Detenho-me no tema, apesar de ainda ser caso isolado, em face da importância do Tribunal e porque considero precedente muito perigoso.

Este entendimento é um retrocesso, pois consagra a pena de talião, o olho por olho. Prestigia a vingança, no caso uma vingança jurídica. E mais: despreza totalmente a idéia de prescrição. O crime de homicídio prescreve, como prescreve o crime de abandono material. Eis que se, por exemplo, o pai necessita dos alimentos quarenta anos depois de ter abandonado o filho, será punido com a negativa de uma quantia que lhe permita sobreviver ou viver com dignidade!

9.7. Alimentos provisórios e provisionais

A matéria não tem nada de nova, mas me permito abordá-la porque constitui pergunta freqüente, nas Escolas Superiores, a diferenciação entre as duas modalidades.

Já tive posição afirmando a identidade, em essência, se bem que sob o ponto de vista pragmático, das duas figuras.[406] Convenci-me da imprescindibilidade de marcar sim a diferença, e eis outro motivo para que analise o tema.

---

[406] *Ação de alimentos*. 3ª ed. Porto Alegre: Fabris, 1983, p. 49.

Meu convencimento adveio da lição de Carlos Alberto Alvaro de Oliveira.[407] Como por demais sabido, os alimentos provisórios estão na Lei nº 5.478/68 (Lei de Alimentos), e, os provisionais, no art. 852 do Código de Processo Civil. Argumenta Alvaro de Oliveira que: a) os alimentos provisórios exibem feição "executiva", ou seja, constituem espécie de tutela jurisdicional executiva diferenciada (tutela executiva *lato sensu*, pois há, por força de lei, adiantamento de execução inserido no processo de conhecimento), ao passo que os provisionais têm a natureza de tutela antecipada do art. 273 do Código de Processo Civil; b) os provisórios são concedidos apenas a quem disponha de prova da relação de parentesco ou da obrigação alimentar e são fixados pelo juiz independentemente de pedido da parte, ao passo que, nos provisionais, o deferimento (o que pressupõe pedido da parte autora) depende de juízo de probabilidade sobre o direito alegado (aparência do direito, o que não se admite na Lei de Alimentos) e o receio de lesão; este o aspecto prático que mais preocupa Alvaro de Oliveira, pois a ausência da devida distinção pode impedir os alimentos provisionais, apenas porque não atendidos os pressupostos específicos da tutela sumária especial da Lei de Alimentos; c) os alimentos provisionais são mantidos até o julgamento dos recursos ordinários (salvo revogação anterior à sentença ou se o acórdão desfavorecer o autor), enquanto os provisórios são devidos até a decisão final, inclusive julgamento de recurso extraordinário[408] (art. 13, § 3º, da Lei nº 5.478/68).

9.8. A Lei nº 11.340, de 7 de agosto de 2006 (Lei Maria da Penha)

A Lei em questão, destinada a criar mecanismos para coibir a violência doméstica, trouxe inovações surpreendentes, pois, pelo menos emergencial e provisoriamente (?), desloca dos juízos de família medidas que são de exclusiva competência destes.

Nas medidas protetivas de urgência, prevê fastamento do lar (art. 22, inciso II, e art. 23, incisos III e IV), restrição ou suspensão de visitas a menores (art. 22, inciso IV), prestação de alimentos provisionais ou provisórios (art. 22, V), a separação de corpos (art. 23, inciso IV), proibição de que o homem se aproxime da família (art. 22, III, letra a),

---

[407] *A tutela de urgência e o direito de família*. 2ª ed. São Paulo: Saraiva, 2000, p. 83 a 88. Também: Carlos Alberto Alvaro de Oliveira e Galeno Lacerda. Comentários ao Código de Processo Civil; Lei nº 5.869, de 11 de janeiro de 1973, volume VIII, tomo II, arts. 813 a 889. 3ª ed. Rio de Janeiro: Forense, 1998, p. 255 a 259.

[408] Alvaro de Oliveira ressalta que se discute na jurisprudência o alcance deste dispositivo legal, em caso de modificação, na sentença ou no acórdão, do quantitativo da pensão, mas prevalece o entendimento de que os provisórios só podem ser cassados depois da decisão final da causa (A tutela de urgência (...) cit., p. 87 e 88).

ordem de retorno da ofendida e dependentes para o lar (art. 23, II). Também há medidas patrimoniais, visando proteção a bens da mulher: art. 24.

Interessa-me agora a parte alimentar, mas as observações que faço têm aplicação para as demais medidas de natureza familiar.

São criados os Juizados de Violência Doméstica e Familiar contra a Mulher, mas, enquanto não estruturados, as varas criminais acumularão competência cível e criminal: art. 33. Há que ter muita cautela na interpretação destas normas, pois quebram uma especialização comprovadamente benéfica, qual seja a dos juizados de família.

De imediato, surgiram dúvidas de porte, como saber se o recurso, nas matérias cíveis, seria para câmara criminal ou câmara cível, ou mesmo se o juiz criminal prosseguiria na direção do processo também quanto às medidas familiares, ou se estas seriam encaminhadas desde logo para os juizados de família.

O Tribunal de Justiça do Rio Grande do Sul, através da Resolução n° 562/2006, do COMAG (Conselho da Magistratura), modificada pelas Resoluções n° 571/2006 e 574/2006, buscou dar uma ordenação à matéria. Foram especificadas as varas criminais, na capital, que têm atribuição para apreciar os casos de violência doméstica (art. 1°, incisos III e IV). O juiz criminal poderá determinar as medidas protetivas constantes da Lei n° 11.340/06, em caráter liminar, podendo fixar prazo para sua vigência, se entender conveniente. Pode ser tentada e homologada, pelo juiz criminal, a conciliação entre as partes, inclusive na matéria de família, sendo o termo remetido para a vara de família, para arquivamento (art. 3°, III); o juízo de homologação fica responsável pela execução do acordo. Não havendo composição, a vítima será orientada a ajuizar as ações de família que entender cabíveis (art. 3°, V). Nos recursos, será observada a competência recursal peculiar a cada um (art. 3°, parágrafo único), o que significa que, em medidas de família, como alimentos provisórios ou provisionais, o recurso será encaminhado para as câmaras de família.

Claro que esta regulação envolve temas jurisdicionais, em que a interpretação dos magistrados pode não coincidir com as determinações do Conselho. Porém, parece-me correta e razoável a Resolução, quando resguarda a especialização das varas e das câmaras de família. A Resolução é clara quando atribui às Câmaras de Família o julgamento dos recursos que versem sobre matérias de família. Por outro lado, não deixa dúvida de que o juiz criminal não deve prosseguir no processo, no que diz com a parte de direito de família, tanto que, como se viu, não havendo acordo as partes serão orientadas a proporem as ações de família cabíveis. Isto quer dizer que o juiz criminal apenas atuará em termos de deferimento ou não de cautelares. As ações principais ou de conhecimento serão ajuizadas perante a vara de família. É equacionamento que, como referi, me parece correto. Tudo isto enquanto não estruturados os juizados especiais para tratar da violência doméstica e familiar, pois, nos termos da Lei 11.340/2006, serão eles, futuramente, responsáveis integrais pela condução da parte cível (incluída a família, é evidente) e criminal (com a desvantagem da já apontada quebra da especialização); voltará, então, a dúvida sobre a competência recursal; minha opinião é a de que, pelo menos no pertinente aos recursos, deverá haver desdobramento de competências, de sorte que as câmaras de família apreciem os recursos respeitantes a esta matéria; veja-se que a Lei não prevê câmaras destinadas a examinar recursos oriundos dos juizados de violência doméstica e familiar, a serem estruturados. Assim, se resguardará o princípio da especialização.

Ainda em torno da Lei nº 11.340/2006, importante assinalar seqüelas que vêm sendo tiradas de seu art. 5º, inciso II, e parágrafo único. Dizem com a possibilidade de reconhecimento da família constituída por pessoas do mesmo sexo, na medida em que aquela diploma legal amplica o conceito de família e explicitamente estabelece que as relações pessoais familiares independem de orientação sexual. Sobre este tema, falarei quando tratar da união estável, mas desde logo adianto que aquela opinião foi expressa pelo Magistrado Roberto Arriada Lorea.[409]

9.9. A execução alimentar em face das alterações no Código de Processo Civil

É cediço que a execução dos alimentos é prevista nos arts. 732 a 735 do Código de Processo Civil e nos arts. 16 a 19 da Lei nº 5.478/68 (Lei de Alimentos). Quando não era possível a execução por desconto em folha ou por desconto em rendas do alimentante ou, até três meses de débitos anteriores ao ajuizamento da execução, mediante pedido de prisão,[410] utilizava-se a execução por quantia certa, com a via da penhora.

Sucede que, com as modificações trazidas pela Lei nº 11.232/05, deixou de existir a execução de título executivo judicial, que ficou reservada para títulos executivos extrajudiciais. Porém, o problema é que não foram alterados os arts. 732 a 735 do Código de Processo Civil. Com isto, alguns pretendem que a execução de alimentos, quando envolve penhora, prossegue sendo feita pela modalidade de execução

---

[409] *Jornal da AJURIS*, dezembro de 2006, nº 242, p. 5, em artigo sob o título *A família legal*.

[410] Súmula 309 do Superior Tribunal de Justiça.

hoje prevista para os títulos executivos extrajudiciais, como informa a Desª Maria Berenice Dias, que, aliás, discorda desta compreensão.[411] Segundo a Desembargadora, pensam daquela forma Humberto Theodoro Júnior, Araken de Assis e Caroline Said Dias; em sentido contrário – com a orientação da jurista –, Leonardo Grecco, Alexandre Freitas Câmara e Newton Teixeira Carvalho. Portanto, para estes últimos, a execução alimentar se rege também pelo art. 475 do Código de Processo Civil, com as alterações feitas pela Lei nº 11.232, de 22 de dezembro de 2005. Em apoio à tese da Desª Maria Berenice, à qual adiro, assinale-se que, em reunião dos juízes das Varas de Família e Sucessões do interior de São Paulo, ocasião em que foram formulados 54 enunciados para nortear suas decisões, resolveu-se (enunciado nº 21) que *"aplicam-se as disposições da Lei nº 11.232/05 às execuções de alimentos que não se processam pelo rito do art. 733 do CPC"*.[412] Coerentemente, deliberaram que *"o art. 732 do CPC foi implicitamente revogado pela Lei nº 11.232/05, em especial pelo artigo 475-I, devendo ser observada a lei nova"*.[413] No entanto, anote-se que os magistrados paulistas resolveram que *"a multa prevista no artigo 475-J não se aplica às execuções de alimentos pelo rito do art. 733 do CPC"*.[414] Por sinal, a Desª Maria Berenice concorda com a não aplicação da multa em tal hipótese, pois haveria dupla sanção.

Adiantei que a razão está com os que preconizam a aplicação do novo sistema à execução alimentar; com efeito, trata-se de manter a mais básica coerência axiológica do sistema jurídico: não é tolerável que se afaste a modalidade mais ágil de execução precisamente para o débito mais importante que existe, relacionado com a manutenção da própria vida e da vida com dignidade.

---

[411] Artigo publicado em *www.mariaberenice.com.br*.

[412] Enunciados publicados em *www.espacovital.com.br*, em 27.11.06. Trata-se de página de responsabilidade do advogado Marco Antônio Birnfeld.

[413] Idem.

[414] Idem.

10. Bem de Família

10.1. Introdução.
O Código Civil e a Lei 8.009/90

O bem de família, no Código de 1916, estava situado na Parte Geral, artigos 70 a 73. No novo Código, passou, acertadamente, para o Direito de Família, nos arts. 1.711 a 1.722.

Houve importantes modificações neste instituto e que o tornam bem mais significativo na prática, como depois mostrarei, o que faz desejar que mereça maior atenção; é sabido que nunca houve interesse pelo bem de família do Código Civil, apesar da proteção que podia oferecer para o grupamento familiar nuclear no plano econômico.

Sempre cabe lembrar que não se deve confundir o bem de família do Código Civil com o bem de família da Lei nº 8.009, de 29 de março de 1990. A confusão, aliás, pode ser fatal, pois o primeiro protege bem mais a família do que o segundo, em termos de impenhorabilidade de bens. A lei 8.009/90 abre várias exceções para a impenhorabilidade, como se vê em seu art. 3º, ao passo que o Código Civil de 1916 só permitia a penhora quando o crédito fosse constituído por impostos relativos ao prédio (art. 70 do Código Civil de 1916); a propósito, o atual Código Civil ampliou um pouco a penhorabilidade, estendendo-a aos créditos oriundos de despesas condominiais (art. 1.715, *caput*).

Segundo o critério deste livro – que não é um manual e está voltado para os temas mais polêmicos, complexos e de interesse prático atual –, não exporei aspectos históricos, de direito comparado, de natureza jurídica, e nem pontos jurídicos elementares, relacionados com a definição e constituição do bem de família, que se presumem ensinados no curso de graduação. Também não me fixarei em antigos debates, postos desde o Código de 1916 e que não tiveram suas premissa legais modificadas pelo novo Código Civil (já existe literatura bastante a respeito). Como é instituto de pouca expressão, ainda são escassas as desavenças doutrinárias e jurisprudenciais.

10.2. A importância do bem de família no novo Código Civil: possibilidade de constituição por terceiro e de natureza alimentar. Comparação com a cláusula de inalienabilidade

Como já foi destacado, o bem de família, infelizmente, não era levado muito a sério no sistema do Código Civil de 1916.

E digo infelizmente porque se constituída meio eficiente de mínima proteção para a família e sua dignidade, resguardando-lhe pelo menos um local para habitação. Contudo, forçoso reconhecer que era instituto desconhecido da população e pouco lembrado pelos bacharéis.

O que interessa agora é que o bem de família adquiriu uma relevância bem maior pelo novo Código Civil, devendo ser mais examinado pelos profissionais do direito e utilizado pela população. Assim é por dois motivos: a) antes apenas marido e mulher podiam constituir bem de família (art. 70 do Código de 1916); agora, terceira pessoa também pode fazê-lo, por testamento ou doação (art. 1.711 do Código em vigor); b) o bem de família pode também abranger valores mobiliários, cuja renda será aplicada na conservação do imóvel *e no sustento da família* (art. 1.712 do novo Código Civil). A expressão "sustento da família" é de grande relevância prática, pois de conteúdo alimentar.

A nova feição do instituto permite que, por exemplo, um pai ou uma mãe, ou ambos, preocupados com o destino de seus filhos e netos, possam constituir bem de família em prol destes, os quais terão assegurado um lar e mais a sua conservação, além de verba com caráter *alimentar*.

Dir-se-ia que o desiderato alimentar seria realizável por um legado de alimentos (art. 1.920 do Código Civil). Mas restaria o problema da moradia. Aqui poderiam alegar que as cláusulas de inalienabilidade, impenhorabilidade e incomunicabilidade tudo resolveriam. Não é bem assim e este é o ponto central da questão.

É certo que aquelas cláusulas foram bastante atenuadas pela exigência de declaração de justa causa, prevista no art. 1.848 do Código Civil. Ocorre que o testador tem a solução de impor aquelas cláusulas sobre um bem não integrante da legítima. O problema é outro: que sempre haverá risco no uso das ditas cláusulas, em face de deliberações judiciais que as vêm afastando por julgá-las inconstitucionais, ou, pelo menos, as relativizam, autorizando o cancelamento.[415] Não é dado

---

[415] O 4º Grupo do Tribunal de Justiça do R. G. do Sul, ao julgar, em 11.04.97, os Embargos Infringentes nº 596245324, por maioria, teve aquelas cláusulas como eliminadas do direito brasileiro, por entrarem em choque com a Constituição Federal. Quanto à relativização e afastamento por peculiaridades do caso concreto: mesmo Tribunal: a) Apelação Cível nº 70003331659, julgada pela 7ª Câmara Cível em 05.03.02, sendo Relator o Des. José Carlos Teixeira

saber se a jurisprudência não evoluirá para a definitiva condenação das três cláusulas, ou, pelo menos, da inalienabilidade e da impenhorabilidade.

Tal risco é muito menor em relação ao bem de família. É verdade que este não é inalienável e pode ser extinto (arts. 1.717 e 1.719 do Código Civil). Porém, certamente o rigor será bem maior para a derrubada do bem de família, pois este conta com a simpatia de todos os que sobre ele tratam, até porque não oferece as desvantagens daquelas cláusulas, que podem atingir todo um enorme patrimônio, em grande prejuízo para a circulação das riquezas (o bem de família só pode abranger um imóvel, além de valores mobiliários).

Cabe aos lidadores do direito se darem conta da importância do instituto do bem de família, conforme previsto pelo novo Código Civil. Aos advogados, especificamente, compete orientar seus clientes sobre tema, buscando minimizar o desconhecimento geral que o cerca..

10.3. A limitação de um terço, contida no art. 1.711

Lamentavelmente, o Código impõe que o valor do bem de família não pode ultrapassar um terço do patrimônio líquido existente ao tempo da instituição (art. 1.711, *caput*).

Esta determinação mais uma vez sacrifica os pobres em nosso país, precisamente os que mais precisam de bem de família.

Porém, o que interessa salientar neste item é que não vejo como a limitação de um terço possa alcançar a instituição de bem de família por terceiro, assunto versado no art. 1.711, parágrafo único. Os argumentos para a minha interpretação são dois: 1°) a possibilidade de instituição por terceiro está contida no parágrafo único do art. 1.711, quando não consta a limitação de um terço. Esta limitação aparece apenas no *caput* do art. 1.711, que trata da instituição do bem de família pelos cônjuges ou pela entidade familiar. 2°) O segundo argumento, de ordem teleológica, lógica e sistemática, é bem mais forte e diz com a absoluta falta de sentido de se aplicar a limitação para atingir terceiros. Se cônjuges ou entidade familiar constituem bem de família para si mesmos, tem alguma razão de ser o limite imposto, pois estão comprometendo, em termos de impenhorabilidade, o próprio patrimônio. Já o terceiro, que estará utilizando testamento ou doação, só pode sofrer as limitações quantitativas que o sistema legal prevê para fazer testamentos e doações. Suponhamos que o terceiro empregue a doação; ora, os limites legais são aqueles trazidos nos arts. 548 e 549 do Código Civil; basta ver o seguinte: se o doador, tendo herdeiros necessários, só pode doar a metade de seus bens, como seria possível justificar que, ao doar

Giorgis; b) Apelação Cível n° 70005352174, julgada pela 7ª Câmara Cível em 11.12.02, sendo Relator o Des. Luiz Felipe Brasil Santos.

para instituir bem de família, só pudesse dispor de um terço e não de metade?!

10.4. Somente cônjuges ou entidade familiar podem constituir bem de família?

Pelo texto legal, a resposta seria afirmativa. Relembrando: a entidade familiar, conforme a Constituição Federal, é constituída pela união estável e pela comunidade formada por qualquer dos pais e seus descendentes – esta é a família denominada monoparental – (art. 226, § § 3° e 4°).

A regra é muito restritiva. A doutrina a vem amenizando. Álvaro Villaça Azevedo[416] não admite que a enumeração seja taxativa, *"porque não é a lei que determina como a família deve constituir-se, mas o povo no seu modo de ser espontâneo, vivencial"*. Por exemplo, acata que seja entidade familiar o cônjuge que passa a viver sozinho após separação, mesmo que os filhos fiquem com o outro. Na mesma linha ampliativa é o pensamento de Guilherme Calmon Nogueira da Gama;[417] além de defender o bem de família para os casos de tutela, curatela e guarda, sustenta o seu cabimento mesmo para pessoas sozinhas. Parte o jurista de uma perspectiva solidarista, humanista e pluralista, que impregna o direito de família moderno e constituem ideais a serem buscados pelas sociedades.

Como a matéria é rara, pelo desinteresse popular no instituto do bem de família, torna-se difícil a menção a acórdãos. Ouso profetizar que a tendência será pela extensão defendida pelos autores citados, pois assim agiram os tribunais na interpretação do bem de família regido pela Lei 8.009/90.

De qualquer forma, oportuno registrar que Zeno Veloso ficou com a exegese baseada na letra da lei.[418]

10.5. Discrepância e aparente contradição entre os arts. 1.716, 1.720, parágrafo único, e 1.722

O art. 1.716 parece ordenar que desaparece o bem de família se, mortos os cônjuges, todos os filhos tenham completado a maioridade.

---

[416] *Comentários ao Código Civil:* parte especial: direito de família. Coord.: Antônio Junqueira de Azevedo. São Paulo: Saraiva, 2003. Vol. 19, p. 17.

[417] *Comentários ao Código civil brasileiro*, v. XV: do direito de família – direito patrimonial. Fredie Didier Júnior (...) (et al); coordenadores: Arruda Alvim e Thereza Alvim. Rio de Janeiro: Forense, 2005, p. 397 a 399. O art. 1.711 é comentado por Guilherme Calmon.

[418] *Código civil comentado:* direito de família, alimentos, bem de família, união estável, tutela e curatela: arts. 1.694 a 1.783, volume XVII; coordenador: Álvaro Villaça Azevedo. São Paulo: Atlas, 2003, p. 78 e 79.

Seria erro lê-lo isoladamente: o art. 1.722 ressalva que, mesmo maiores os filhos, prossegue o bem de família *se estiverem sujeitos à curatela*.

Por outro lado, se o bem de família, segundo o art. 1.722, é extinto se mortos os cônjuges e os filhos sejam maiores, salvo sujeitos à curatela, como o art. 1.720, parágrafo único, pressupõe continue o bem de família, mortos os cônjuges, com administração pelo filho mais velho, *se for maior*? É fácil responder: evidente que o art. 1.720, parágrafo único, está presumindo que ainda haja filhos menores, mesmo que alguns sejam maiores; o art. 1.722 incide quando *todos* os filhos já são maiores.

11. A União Estável

11.1. Introdução:
prestígio da união estável no direito de família, ao contrário do direito sucessório. Conceito e diferenciação no tocante ao concubinato

A união estável foi bastante prestigiada pelo novo Código Civil, na parte de direito de família, bem ao contrário do direito sucessório. Regulada, basicamente, nos arts. 1.723 a 1.727, ainda têm incidência, quanto aos alimentos, os arts. 1.694 a 1.710 (o art. 1.694, em seu *caput*, estende aos companheiros as normas sobre alimentos do Código Civil). Além disto, em vários outros momentos o Código Civil, em sua parte de família, se preocupa com a união estável:

> Art. 1.595, *caput*: o vínculo de afinidade se estendeu aos companheiros, ou seja, também é afinidade o vínculo entre um companheiro e os parentes do outro. É mudança importante, em face do art. 1.595, § 2º, que deve ser combinado com o art. 1.521, inciso II. Assim, por exemplo, um homem não pode mais casar com a ex-companheira de seu filho.
> Arts. 1.618, parágrafo único, e 1.622, *caput*: a adoção pode ser feita por ambos os companheiros.
> Art. 1.631: é afirmado que também na união estável o poder familiar compete aos pais.
> Art. 1.632: houve preocupação de incluir a dissolução de união estável.
> Art. 1.711: também a entidade familiar pode constituir bem de família. Ora, pela Constituição Federal, a união estável é entidade familiar (art. 226, § 3º).
> Art. 1.775, caput e § 1º: o companheiro expressamente é previsto como curador do interditado, se não separado de fato.

A par destes artigos explícitos, sem dúvida os tribunais, por elementar analogia, não hesitarão em, exemplificativamente, entender que a união estável também estabelece comunhão plena de vida (art. 1.511); que o planejamento familiar também compete aos companheiros (art. 1.565, § 2º); que o companheiro pode acrescer ao seu sobrenome o patronímico da companheira (art. 1.565, § 1º);[419] que valem para o companheirismo as regras de proteção da pessoa dos filhos (art. 1.583 a 1.590); que entre companheiros não corre a prescrição (art. 197, I).

---

[419] A Lei nº 6.015/73 (Lei dos Registros Públicos), em seu art. 57, §§ 2º a 4º, prevê que a companheira possa averbar o patronímico de seu companheiro.

Surpreendente e deplorável foi a diferença de tratamento conferido à união estável no plano sucessório. Prestigiado no direito de família, o instituto é maltratado no direito das sucessões. Tão grande a disparidade, que chega a parecer que aquelas partes do Código Civil foram elaboradas por Congressos Nacionais diversos (...) De minha parte, venho declarando, sempre que posso, minha total desconformidade com esta linha congressual. Como estou tratando apenas de direito de família, não vou enfocar temas sucessórios neste livro. Somente assinalo tópicos que exemplificam o massacre que o direito de sucessões fez com a união estável: a) os companheiros só herdam bens adquiridos onerosamente e na vigência da união estável (art. 1.790, *caput*); b) os companheiros concorrem até com tios, sobrinhos, primos-irmãos, sobrinhos-netos (art. 1.790, III); c) companheiros não foram colocados como herdeiros necessários, mas os cônjuges o foram (art. 1.845); d) o direito real de habitação foi previsto apenas para os cônjuges (art. 1.831), ao passo que, pela Lei 9.278/96, também era conferido aos companheiros. Resta esperar que os tribunais se insubordinem contra esta diferenciação de tratamento jurídico. Há quem fale até em inconstitucionalidade do Código Civil em tais dispositivos, pois desiguala cônjuges e companheiros, ao passo que, segundo eles, a Constituição Federal os coloca no mesmo plano; neste aspecto, a desavença será grande, pois vários doutrinadores sustentam que o casamento está hierarquizado axiologicamente acima da união estável, na medida em que a Constituição , em seu art. 226, § 3º, ordena que a lei facilite a conversão da união estável em casamento. Já disse que não entrarei em aspectos eminentemente sucessórios da união estável, mas, no atinente à sobrevivência do direito real de habitação para os companheiros, pelo menos aqui quero opinar: parece-me facilmente viável sua manutenção pelo simples invocar do art. 2º, § 2º, da Lei de Introdução ao Código Civil, ou seja, admitindo a permanência do art. 7º, parágrafo único, da Lei nº 9.278/96.[420]

11.1.1. Conceitos e diferenciação. Pode haver união estável adulterina? O requisito, em princípio, da residência conjunta, consoante o TJRS. União homossexual ou homoafetiva.

Passando aos conceitos, a primeira indagação que se põe é de cunho terminológico: há ou não diferença entre concubinato, companheirismo e união estável. A resposta induvidosa, desde o novo Código Civil, é positiva. O art. 1.727 fez a distinção, de maneira que união estável e companheirismo são expressões sinônimas, ao passo que concubinato tem significado próprio. Este passou a ser relação não

---

[420] Aliás, o único dispositivo de direito material que permaneceria das Leis 8.971/94 e 9.278/96.

eventual entre homem e mulher, impedidos de casar.[421] Sempre sustentei que os três vocábulos tinham o mesmo significado, posição lastreada na melhor doutrina brasileira e em centenas de acórdãos; agora, contudo, o Código Civil não mais permite a identificação. Não mais se trata de debate terminológico, mas de diferenciação substancial.

Sobre o conceito de união estável, contido no art. 1.723, *caput*, do Código Civil, é vago e amplo. O que se entende por convivência duradoura? E o subjetivismo intenso do requisito relacionado com o objetivo de constituir família! Mais: levada ao extremo a continuidade, teríamos problema como o que segue: depois de trinta anos de indiscutível união estável, o casal conflita e fica separado, sem qualquer contato, por dois anos; após, restabelece a convivência; teria iniciado uma nova união estável? Dificilmente um magistrado deixará de considerar, futuramente, a união estável como uma só, apesar da quebra de continuidade. Em resumo: dificilmente acerta o legislador ao tentar definir a união estável. É tarefa para os tribunais, como assinala Francisco José Cahali, com base em lição de João Batista Arruda Giordano.[422] De minha parte, tenho como problemático que a lei vá além da conceituação que situe a união estável como convivência de homem e mulher como se casados fossem.[423] Parece-me que a definição de Francisco José Cahali,[424] em essência, se insere neste enfoque. Diz ele que união estável *"é o vínculo afetivo entre o homem e a mulher, como se casados fossem, com as características inerentes ao casamento, e a intenção de permanência da vida em comum"*. Ora, se importa a convivência como se casados fossem é porque estão presentes as *"características inerentes ao casamento"*. De outra parte, parece secundária a intenção de permanência de vida em comum, pois sem maior sentido em prolongadas uniões estáveis, além do que óbvio que a união estável, assim como o casamento, pode ser rompida a qualquer instante.

Ainda quanto ao conceito de união estável, tudo indica que, em face do art. 1.727 do Código Civil, não mais se admitiria a "união estável adulterina". Aliás, largamente dominante no país, inclusive no Rio Grande do Sul (majoritariamente), o entendimento de que, mesmo antes do novo Código, era inaceitável aquela figura, pois nosso direito de família tem como uma de suas bases o princípio da monogamia.[425]

---

[421] Depois veremos que o art. 1.727 cometeu grave erro, ao não contemplar a hipótese de separação de fato dos impedidos de casar. Feliz, e curiosamente, o equívoco foi corrigido antes, no art. 1.723, § 1º

[422] *União estável e alimentos entre companheiros*. São Paulo: Saraiva, 1996, p. 49 e 50.

[423] Mais adiante, estudarei a denominada "união estável homossexual", que, na verdade, não é tida como união estável pela compreensão mais atualizada, mesmo do TJRS, mas sim como uma união capaz de ser regida, analogicamente, pelas normas da união eestável.

[424] Ob. cit., p. 87.

[425] Maria Berenice Dias repele com veemência esta compreensão e fornece receita jurídica para lidar com o tema: *Manual de direito das famílias*. Porto Alegre: Livraria do Advogado, 2005, p. 179 a 182.

Porém, havia e prossegue havendo reação no Rio Grande do Sul, como mostrarei mais adiante, no item 3. De qualquer forma, deixo explícita minha preocupação com o absolutismo de tal idéia; basta imaginar um exemplo: empresário, com matriz de sua empresa em Porto Alegre, e filial em Manaus, passa, cada mês, quinze dias em cada uma das cidades; é casado na primeira e reside com a esposa, mas, na segunda cidade, mantém união, como se casado fosse, com outra mulher, e isto já vem durando por cinqüenta anos; como não pode haver união estável com a mulher de Manaus, se esta for abandonada não poderá pedir alimentos, mesmo que tenha oitenta anos de idade! Como fica se sentindo o juiz que tiver que negar alimentos nesta situação?! Imagine-se o problema se a mulher de Manaus sequer puder obter parcela de bens por alegação de sociedade de fato, pois que: a) não foram adquiridos bens naquele período; b) mesmo que tivessem sido, suponha-se que não conseguisse ela fazer provar de ter colaborado na aquisição. Restaria – tema ao qual voltarei – ressuscitar a indenização por serviços domésticos prestados! Francisco José Cahali, para atenuar o problema, forneceu inteligente sugestão,[426] ao afirmar que, mesmo não reconhecida união estável, porque casado e não separado de fato um dos conviventes, haverá efeitos de união estável para a pessoa desimpedida para a união, se esta ignorava a existência do casamento do outro; é o que denomina de *união estável putativa.*

Nova observação, ainda vinculada ao conceito de união estável, se refere ao prazo. Aproveito para abordar também a possibilidade de, em princípio, se exigir a moradia conjunta. Todos sabem que a Lei nº 8.971/94 previa o prazo de cinco anos. A Lei 9.278/96 se omitia sobre prazo. O mesmo faz o Código Civil. Hoje é pacífico que não há prazo predeterminado. O art. 1.723 apenas fala em convivência *duradoura,* adjetivo vago e impreciso. As circunstâncias do caso concreto é que permitirão ter ou não como configurada a união estável, independentemente de prazo de convivência. Importa, isto sim, é que o Judiciário seja criterioso no exame da matéria, buscando coibir a indecorosa indústria da união estável, quando a ganância provoca que qualquer namorico renda uma ação para reconhecimento daquela espécie de união. A propósito de impedir a mercantilização da união estável, importante orientação vem sendo seguida pelo TJRS, quando quer que, em princípio, os conviventes residam sob o mesmo teto. Esta, sem dúvida, a melhor forma de evitar os abusos. Foi dito "em princípio", pois que o requisito não poderia ser imposto de forma absoluta, por dois motivos: a) a lei não o contempla; b) em uniões prolongadas pode ser um absurdo pretender residência conjunta (imagine-se um casal que há quarenta anos resida a uma quadra de

---

[426] *União estável e alimentos entre companheiros.* São Paulo: Saraiva, 1996, p. 72.

distância um do outro [...]). Assim, legal e justíssima a posição gaúcha, que, entre outros objetivos, tem o de dar concretude à outra expressão vaga da lei: *objetivo de constituição de família* (art. 1.723, *caput*).

11.2. União homossexual ou homoafetiva

Ligada ainda ao conceito de união estável, está a matéria relacionada com as uniões homossexuais (ou homoafetivas, como prefere o linguajar politicamente correto). Pela especialidade do assunto, abordo-o em item separado.

O Tribunal de Justiça gaúcho (por maioria) e parte da doutrina rio-grandense[427] vêm admitindo aplicação analógica das regras sobre união estável à união homossexual.[428] Aguarda-se definição do STJ, mas, por enquanto, pelo menos em termos de direito de família, a perspectiva não parece favorável ao par homossexual; com efeito, no RESP nº 502995-RN, julgado em 26.04.05, O Ministro Relator, Fernando Gonçalves, afirmou não existir união estável entre homossexuais e não cogitou, como faz o Tribunal gaúcho, de aplicar aos homossexuais, analogicamente, as regras da união estável; ficou com a figura da sociedade de fato. Agora temos, em favor dos que querem admitir a união estável entre pessoas do mesmo sexo, a Lei Maria da Penha; mais adiante analisarei o texto legal. Registre-se que o STJ é mais flexível no campo previdenciário, quando entende que a relação homoafetiva gera direitos e, analogicamente à união estável, permite a inclusão do companheiro dependente em plano de assistência médica.[429] De outra parte, a resistência no Congresso Nacional é tão grande que até hoje não passou o Projeto de Lei nº 1.151/95, da então

---

[427] a) Maria Berenice Dias. *União homossexual*: o preconceito & a justiça. Porto Alegre: Livraria do Advogado, 2000. b) Belmiro Pedro Welter. *Estatuto da união estável*. 2ª ed. Porto Alegre: Síntese, 2003, p. 41 a 69. c) José Carlos Teixeira Giorgis. A natureza jurídica da relação homoerótica; artigo publicado em *Revista AJURIS*, Porto Alegre, dezembro 2002, vol. 88, tomo I, p. 224.

[428] Em posição vencida, chegou-se a afirmar a inconstitucionalidade de norma constitucional, ou seja, do art. 226, § 3º, quando exige presença de homem e mulher, pois seriam contrariadas regras mais relevantes da mesma Constituição: art. 1º, III, art. 3º, inciso IV, e art. 5º, *caput* e inciso I. É a tese, importada da Alemanha, de que a norma constitucional pode ser inconstitucional: é formalmente constitucional, pois consta da Constituição Federal, mas materialmente inconstitucional, por se opor a princípios ou normas mais relevantes da mesma Constituição. O Supremo Tribunal Federal repeliu esta linha de pensamento, a propósito de outros temas. E convenhamos que é uma demasia imaginar que o constituinte não possa sequer dizer que uma união estável deva ser entre homem e mulher!... É preferível que não tivesse dito, mas não estava impedida de dizê-lo. Não se podem erigir concepções pessoais à categoria de compreensão constitucional. Todas as interpretações devem se submeter ao crivo constitucional, mas pelo menos tê-la com limite, salvo casos radicalmente extremos, de vida ou morte ou visceral violação da dignidade humana ou outras situações extremas.

[429] RESP nº 238.715-RS, julgado em 07 de março de 2006. Fonte: Boletim IBDFAM nº 41, novembro/dezembro de 2006, p. 15.

Deputada Federal Marta Suplicy, sobre parceria civil entre pessoas do mesmo sexo; isto apesar de a Deputada, em sua exposição de motivos, ter salientado que seu projeto *não* prevê constituição de família, *não* fala em alimentos, *não* permite uso de sobrenome, *não* tem a união homossexual como estado civil, *não* situa como ação de estado a demanda correspondente, *não* põe o tema na competência de vara de família e *não* admite que o contrato possa dispor sobre adoção, tutela ou guarda de menores. O Projeto traz, como mais importante, a participação na herança; ora, mesmo aí a Deputada manteve a coerência, pois para herdar não é necessário ser parente ou cônjuge ou companheiro, ou seja, não precisa haver relação familiar com o de *cujus*. De minha parte, considero generosa e bela a intenção dos que sustentam a possibilidade da união estável homossexual ou homoafetiva ou que, pelo menos, utilizam a analogia para propiciar iguais direitos. Porém, ainda não me convenci a correção jurídica desta tese, com todo o respeito dos brilhantes argumentos em seu prol. Não penso que se trate de preconceito meu, pois aceito que se modifique a Constituição Federal e as leis até para implantar casamento entre homossexuais. A questão é muito simples: nosso sistema jurídico não comporta ainda sequer a construção pela analogia. O problema está em que a Constituição Federal expressamente só aceita união estável entre heterossexuais, ou seja, não é omissa, o que impede o uso da analogia. A solução da analogia é forçada e implica em terminar concedendo os mesmos direitos dos heterossexuais na união estável. Está evidente que a Constituição Federal não permitiu união estável, ou efeitos dela decorrentes, para homossexuais. E não se trata de uma emenda constitucional, mas de constituição originária e votada por parlamentares eleitos pelo povo (não é uma Constituição outorgada por ditadura militar). Vejo a posição gaúcha como precedente arriscado em termos de desrespeito à Constituição Federal. Afinal, tantos de nós criticamos o pouco caso com que a Carta Magna é enfocada. Não consigo compreender que a Constituição Federal não tenha o poder sequer de prever que união estável só se dá entre heterossexuais. Não se cogita de pena de morte, hipótese em que me voltaria contra a Constituição, se ela a admitisse. É preciso ver os valores que estão em jogo. Dizer que a Constituição Federal não aceita união estável homossexual ou homoafetiva ou aplicação analógica de seus efeitos aos homossexuais não significa matar seres humanos. A valoração capaz de se voltar contra a Constituição Federal deve ser um nível elevadíssimo. Que se modifique a Constituição Federal, para afastar a referência de que a união estável só existe entre heterossexuais; aí tudo será diferente. Recordo quando defendi alimentos na união estável mesmo antes da Lei nº 8.971/94, em posição bastante minoritária; na época expendi vários argumentos, em trabalhosa tese, pois difícil vencer a idéia de que apenas há alimentos nos casos em que a lei explicitamente os prevê. Assim também em outras teses nas quais fui pioneiro e tido como por demais avançado. Há, contudo, uma grande diferença: não tinha contra mim uma norma constitucional expressa! Não é correta a analogia, pois a lei, no caso, a lei maior, não é omissa, mas sim expressa em prever a união estável exclusivamente entre homem e mulher. Enfim, talvez tenha chegado meu momento de reacionarismo (...). Mas tenho dificuldade em ver como conservadora uma postura de acatamento a uma Constituição democrática. Costumo comparar o sistema jurídico a um elástico, que pode ser esticado ao extremo, desde que não se rompa.[430] O próprio direito alternativo, do qual participei. sempre soube de seus limites. Que a noção do justo e dos fatores sociais não pode ser absolutizada, sob pena de ruptura do sistema jurídico, se pode ver na seguinte situação singela: para mim é *100%* justo, razoável, correto, recomendável social e economicamente, que não se distribua a herança de alguém entre filhos que já são ricos, devendo o patrimônio ser empregado, por exemplo, na construção de escolas e hospitais; todavia, nunca decidi desta forma e não conheço nenhum juiz ou tribunal que o tenha feito. Se o juiz assim resolvesse, provavelmente não fosse adjetivado de alternativo, mas sim proposta a sua internação para tratamento mental (...). Mas repito e insisto: a solução de não dar a herança aos filhos, para mim pelo menos, seria totalmente justa e equânime. Finalizo dizendo que espero estar errado e que prospere a postura majoritária do tribunal gaúcho, assim como se faça movimento pela mudança da Constituição Federal, retirando a referência expressa ao componente heterossexualidade na união estável, com o que se colaborará em muito no combate a um pernicioso preconceito. A realidade da união homoafetiva não pode ser mais sufocada.[431]

Novidade importante no assunto, como antecipei, foi trazida pela Lei nº 11.340, de 07 de agosto de 2006 (Lei Maria da Penha). Em seu art. 5º, II, considera como família *"a comunidade formada por indivíduos que são ou se consideram aparentados, unidos por laços naturais, por afinidade ou por vontade expressa"*. O parágrafo úncio do artigo mencionado acres-

---

[430] Já existe texto jurídico afirmando, com base na Constituição Federal (a Constituição Federal, por muitas vezes empregar expressões bastante amplas e vagas, permite, o que é perigoso e existe severo filtro, sustentar todas as interpretações imagináveis), que se admite a família grupal (grupo de homens e mulheres trocando afeto, sexo e interesses comuns em geral)! Esta forma de família um dia, provavelmente, será aceita, e deve ser, mas evidente que ainda não o foi no atual estágio do direito brasileiro. As interpretações não podem se transformar em um vale-tudo jurídico, sob pena de desaparecer o mínimo de segurança e estabilidade. Se o valor justiça é superior ao valor segurança, a total ausência de segurança conduz à injustiça.

[431] É sabido que há tempos foi a homossexualidade retirada do catálogo dos transtornos mentais. É forma plenamente válida de exercício da sexualidade.

centa: *"As relações pessoais enunciadas neste artigo independem de orientação sexual"*. A partir deste texto legal, o Magistrado Roberto Arriada Lorea[432] escreveu artigo em que defende o casamento homoafetivo, e não apenas a união estável. Considera iminente o ajuizamento de ações postulando o casamento civil entre pessoas do mesmo sexo. A generosa e bela idéia, contudo, a meu ver, não encontra ainda respaldo na Constituição Federal, que precisaria ser alterada. Já disse que não sou contra o casamento de homossexuais, mas desde que se modifique a Constituição. A Lei Maria da Penha dá a definição antes aludida de relações familiares para suas finalidades específicas. A interpretação sistemática, que tanto defendo, não tem, no caso, a amplitude pretendida pelo articulista, pois sempre se tem o obstáculo da Constituição Federal. Basta ver o seguinte: conceito mais amplo de família, na lei ordinária, existe desde o Código Civil de 1916, em seu art. 744, inciso III, quando até as pessoas do serviço doméstico eram incluídas (regra repetida no Código atual: art. 1.412, § 2º). Washington de Barros Monteiro,[433] sabidamente conservador, ensinava e admitia que o art. 744 continha conceito de família em acepção mais ampla. Ora, nem por isto se sustentava que pudesse haver união estável ou casamento homossexual, ou que, para efeitos específicos de direito de família, pudessem os empregados domésticos ser incluídos. É sempre o problema do obstáculo constitucional, que continua não superado.

Tenho que, para as uniões homossexuais, a solução consiste, pelo menos enquanto não alterada a Constituição Federal, em utilizar as antigas categorias da sociedade de fato e da indenização por serviços domésticos, como se faz com o concubinato, nosso próximo assunto.

11.3. A união estável é estado civil?

Em excelente artigo sobre a Lei nº 8.971/94, João Baptista Villela respondeu afirmativamente, mas ressalvando que o sistema brasileiro não reconhece explicitamente a condição legal de companheiro.[434] Argumenta ele:

> Estado civil é uma qualidade da pessoa concernente às relações matrimoniais, da qual a lei faz derivar direitos e deveres. Não há dúvida de que a condição de companheiro corresponde a esta idéia. A pretensão alimentícia e as pretensões sucessórias que a Lei nº 8.971 faz nascer são uma decorrência direta da qualidade de companheiro. Ademais, como é próprio dos difererentes estados civis, também aqui o atributo, uma vez caracterizado, desloca e afasta o precedente. Assim, quem era viúvo, por exemplo, e estabeleceu convivência more uxorio com pessoa do

---

[432] Jornal da AJURIS, dezembro de 2006, nº 242, p. 5, em artigo sob o título *A família legal*.

[433] Curso de direito civil. 31ª ed. São Paulo: Saraiva, 1994. Vol. 2º, p. 3.

[434] Alimentos e sucessão entre companheiros: apontamentos críticos sobre a Lei nº 8.971/94, artigo publicado em Repertório IOB de Jurisprudência – 1ª quinzena de abril de 1995, nº 7/95, p. 119; trecho citado: p. 113, item 20.

sexo oposto, deixa de ser viúvo e passa a companheiro. Todavia, ressalva que "Terminada, por qualquer motivo, a união de fato, volta a ser viúvo, já que não é nominada a condição de ex-companheiro. Solteiro, viúvo, separado judicialmente, divorciado são categorias cujo pólo gravitacional é a figura do casamento. Não existem estados homólogos, legalmente reconhecidos, em relação à convivência more uxorio.

Guilherme Calmon Nogueira da Gama[435] diverge de Villela e não considera que a união estável possa ser um estado civil. Ensina que "*o critério de fixação do estado civil, tradicionalmente, sempre foi e continua sendo o casamento"*. Mostra o problema que surgiria em relação a pessoa casada, mas separada de fato, que passasse a viver em união estável: teria ela dois estados civis: o de casada e de companheira?

Eis a doutrina dividida, com posições divergentes de dois grandes nomes do direito de família no Brasil. Contudo, cabe reconhecer que é minoritária a linha de pensamento que acata a união estável como constituindo estado civil.

O TJRS se pronunciou pela condição de estado civil: RT 761/381. Na apelação cível n° 70010045045,[436] o TJRS entendeu que a existência de união estável implica alteração do estado civil.

Concordo com João Baptista Villela e tenho que se deve aceitar a união estável como estado civil, apenas com a ressalva feita pelo jurista e pertinente a não existência, no sistema brasileiro, da figura do ex-companheiro.

11.4. Efeitos do concubinato

Estabelecido que foi o conceito de união estável e de concubinato, é minha intenção concluir o exame deste último, antes de me deter no estudo mais aprofundado da primeira. Passo, portanto, aos efeitos jurídicos do concubinato.

Os concubinos, pelo menos pelo que consta do texto legal e consoante a doutrina dominante, não têm alimentos, não têm participação automática na metade dos bens adquiridos onerosamente durante a convivência e não podem herdar. Se assim não fosse, restaria sem sentido a diferenciação legal entre união estável e concubinato, claramente feita pelo novo Código Civil (arts. 1.723, *caput*, e 1.727). Contudo, em termos jurisprudenciais, só o tempo dirá se haverá ou não reação contra este entendimento. A primeira reação de que tive ciência, após o novo Código Civil,[437] apareceu em acórdão da 8ª Câmara Cível do TJRS.[438] O Relator, Des. Rui Portanova, considerou como união

---

[435] *O companheirismo:* uma espécie de família. São Paulo: Revista dos Tribunais, 1998, p. 183 e 184.

[436] Julgada pela 7ª Câmara Cível do TJRS, em 16.03.2005, sendo Relator o Des. Luiz Felipe Brasil Santos.

[437] Também se pode citar outro acórdão no mesmo sentido, mas referente a fatos ocorridos antes do novo Código Civil: Apelação Cível 70015693476, sendo Relator o Des. José Trindade.

[438] Apelação Cível n° 70014248603, julgada em 27 de abril de 2006, com resultado unânime.

estável uma relação paralela ao casamento, mesmo com o homem continuando a conviver com a esposa. Não exigiu prova de contribuição, por parte da companheira, na aquisição de patrimônio, e o dividiu em três partes iguais. Argumentou com os princípios da eticidade, socialidade e operabilidade, que, segundo Miguel Reale, orientam o Código Civil de 2002.

O Código Civil, em seu art. 1.727, apenas menciona a existência da figura do concubinato, mas é omisso quanto aos efeitos jurídicos.

A solução – pelo menos se e enquanto não houver a reação jurisprudencial antes aludida contra o art. 1.727, admitindo união estável adulterina – é retornar às antigas construções jurisprudenciais relativas à sociedade de fato e à indenização por serviços domésticos prestados.

A divisão do patrimônio, pela invocação da sociedade de fato, exige prova de contribuição econômico-financeira em sua formação. Desde há muito o Superior Tribunal de Justiça – em jurisprudência que não há porque modificar agora – vem decidindo que, mesmo em caso de adulterinidade, o concubino pode reclamar a parte com que contribuiu, comprovadamente (não se admite a presunção absoluta de contribuição, como ocorre na união estável), para a sociedade de fato, mesmo que isto implique em afetar a meação do cônjuge. Se assim não fosse, estaria violado o princípio geral de direito que veda o enriquecimento ilícito, pois o cônjuge receberia valores aportados ao patrimônio do casal por atuação do concubino.

Se não houver sido onerosamente adquirido patrimônio durante o concubinato, ou se o concubino não puder provar que contribuiu para aquela aquisição, *lamentavelmente* se deverá retornar à indenização por serviços domésticos prestados. Digo *lamentavelmente* porque sei o quanto há de vexatório, de vergonhoso neste caminho. Ocorre que não há outra solução! Não é possível ignorar a dramática condição de milhares e milhares de pessoas às quais só resta este caminho para não ficarem na miséria.

11.5. Alimentos

Os três assuntos tradicionalmente de maior interesse na união estável são os alimentos, a divisão patrimonial e a herança. Estudarei agora os primeiros.

Na verdade, pouco sobra a dizer em termos alimentares. Assim é porque a matéria é regulada nos arts. 1.694 a 1.710 do Código Civil, enfrentados ao examinarmos os alimentos no Código Civil de 2002. Com efeito, os alimentos para companheiros são também lá normatizados, pela unificação promovida pelo art. 1.694, *caput*, do Código Civil. Tanto que, nos arts. 1.723 a 1.727 não há regra sobre alimentos.

DIREITO DE FAMÍLIA

11.5.1. O procedimento da ação de alimentos

Claro que há clara diferença no plano processual, em termos de exercício da ação de alimentos da Lei n° 5.478/68. Como o art. 2° desta Lei exige prova de parentesco ou de obrigação alimentar, o companheiro terá, em geral, de se valer do procedimento comum ordinário, salvo se – o que é difícil – puder desde logo demonstrar ao magistrado a configuração da união estável mediante prova documental. De qualquer forma, não haverá prejuízo no que interessa, ou seja, a sobrevivência digna do suposto credor de alimentos; utilizada a ação ordinária, poderá cumulá-la com a ação cautelar de alimentos provisionais prevista no art. 852 do Código de Processo Civil, pedindo ao juiz que arbitre desde logo mensalidade para mantença (art. 854, parágrafo único); é que na ação cautelar pode ser feita justificação prévia (art. 804 do Código de Processo Civil), com inquirição de testemunhas. O uso da antecipação de tutela é mais problemático para o credor de alimentos, pois não prevê o diploma processual expressamente audiência de justificação prévia, a não ser que se interprete que esta justificação tornou-se possível em face de seu art. 273, § 7°

11.5.2. O problema da culpa

Importa, porém, é o problema da culpa. Cabe ou não discutir culpa para fins alimentares quando da ruptura da união estável?

Em termos nacionais, a doutrina e a jurisprudência, largamente dominantes, continuam a trabalhar com a culpa, tanto para a separação judicial como para a ruptura da união estável, inclusive para efeitos alimentares. Seria difícil que fosse de outra maneira, pois o novo Código Civil prossegue prevendo a culpa, tanto como causa de separação judicial litigiosa sanção (art. 1.572, "caput"), como em termos fator capaz de provocar redução dos alimentos (arts. 1.694, § 2°, e 1.704, parágrafo único), e ainda como determinante da perda do direito de usar o nome (art. 1.578, "caput"). A culpa não mais atua é no equacionamento da guarda dos filhos (arts. 1.583 a 1.590).

O Tribunal de Justiça do Rio Grande do Sul vem reagindo contra esta linha preponderante de pensamento, em julgamentos que colimam ou afastar a cogitação de culpa por inconstitucionalidade (fere o resguardo da dignidade humana), ou, pelo menos, elidir sua discussão, em casos concretos, tanto quanto possível.[439] Esta orientação tem sólido fundamento, pois se alicerça em dados psicológicos, que evidenciam a reciprocidade da culpa, e morais, que visam resguardar os cônjuges das desvantagens de uma separação judicial litigiosa com pesquisa de culpa, assim como na constatação de que o desamor deve acarretar o

---

[439] *RJTJRS 195/366, 201/364, 208/349, 208/371*, apelação cível 70002183259. Sobre a questão da culpa, dissertei longamente no Capítulo III deste livro.

fim da sociedade conjugal, o que combina com o fato de a revalorização do aspecto afetivo ser uma das características principais do direito de família moderno.[440]

Com toda a vênia, ainda não me convenci do argumento de inconstitucionalidade, não me parecendo razoável não possa o legislador sequer prever separação com culpa. E sinto-me à vontade para manifestar esta posição, visto que sou a favor da eliminação da culpa.[441] Apenas vejo que o direito brasileiro insiste em mantê-la na lei federal e cumpre ao intérprete e aplicador acatar esta opção legislativa. Acho forçada a construção pela inconstitucionalidade. Não só forçada em si própria, como também duvidosa pela circunstância de que também integraria o conceito de dignidade humana, na elasticidade que a corrente contrária está querendo lhe atribuir, o direito moral da parte que se sente ofendida de demonstrar que não foi ela a culpada pela destruição do casamento (dentro das noções correntes de moral média, as quais, gostemos ou não, queiramos ou não, ainda impregnam as valorações do povo). A lei federal não está obrigando ninguém a seguir o caminho tortuoso e difícil da separação sanção! Por isto é também difícil atinar com inconstitucionalidade porque estivesse sendo desrespeitada a dignidade humana. Pode o interessado, não alcançada a forma ideal, que é a separação judicial amigável (ou o divórcio amigável), valer-se da separação judicial remédio ou, passados dois anos de separação fática, do divórcio direto litigioso. Não faltam caminhos legislativos para evitar a separação judicial litigiosa sanção. Por outro lado, é excessivo simplesmente proibir o uso desta última modalidade, pois que, como salientei, podem suceder motivos morais consideráveis para que assim seja, isto sem falar dos motivos jurídicos (quantitativo dos alimentos, uso do sobrenome). Além disto, forçoso reconhecer que, dentro de uma concepção tridimensional do direito (fato – valor – norma, consoante Miguel Reale), a realidade social e valorativa do povo, em grande parte, mostra o apego à indagação sobre o responsável pela ruptura; não seria exato, portanto, dizer que o legislador impôs uma solução alheia às expectativas da população.[442] A

---

[440] Recentemente, o Superior Tribunal de Justiça, sendo Relator o Ministro Ruy Rosado de Aguiar, proferiu julgamento em que prestigia as decisões gaúchas, decretando separação judicial mesmo sem prova de culpa, quando esta fora alegada em ação e reconvenção. Trata-se do RESP 467.184-SP, julgado em 05 de dezembro de 2002, encontrável em Revista Brasileira de Direito de Família, Síntese, IBDFAM, Porto Alegre, jan-fev-mar 2003, p. 87. O Ministro Relator chegou a adiantar opinião sobre o novo Código Civil, afirmando que o art. 1.573, parágrafo único, permite separação judicial com amplitude, mesmo sem conduta reprovável do cônjuge, bastando a impossibilidade da vida em comum. Seria, a meu ver, a aceitação da mera incompatibilidade de gênios, por exemplo. Segundo ele, seria uma nova modalidade de separação remédio, o que alteraria até mesmo a classificação das formas de separação feita pela doutrina dominante.

[441] Repito e insisto: sobre o tema da culpa também tratei no Capítulo IV.

[442] Sei que este argumento deve ser empregado com cautela, pois o povo, em sua maioria, provavelmente aprovaria a pena de morte. Eu continuaria sendo contrário a ela e sustentaria sua inaplicabilidade, mesmo constando na Constituição Federal! Porém, a grande diferença é que aí

idéia de culpa, em geral, está presente nas apreciações populares sobre todos os assuntos controversos, desde o acidente de trânsito com danos puramente materiais; com muito maior motivo na gravidade dos conflitos erótico-afetivos.

Transposto este questionamento para a órbita da união estável, tem-se que da mesma forma prevalece no país a idéia de que a culpa influencia a responsabilidade alimentar, exceção feita à postura do Tribunal de Justiça gaúcho e mais algumas escassas, mesmo que valiosas, concepções doutrinárias.

A posição minoritária, no sistema precedente, argumentava que as Leis nº 8.971/94 e 9.278/96 não falavam em culpa, com o que esta estava excluída do campo da união estável. Era, por exemplo, a tese de Luis Alberto dAzevedo Aurvalle.[443]

A linha majoritária, sob a regência da Lei nº 8.971/94, se fixava no tratamento semelhante ao casamento, sendo inadmissível que este ficasse em posição inferior à união estável, o que aconteceria se somente nele a culpa fosse discutida; depois da Lei nº 9.278/96, aduziu mais o argumento de que a controvérsia nem mais teria sentido, por evidente que rescisão não existe sem culpa.[444]

O novo Código Civil emprestou tratamento unificado aos alimentos, ou seja, nos arts. 1.694 a 1.710 versa sobre alimentos para parentes, cônjuges e companheiros. Ali é que devem ser encontradas as regras que regulam os alimentos na união estável e não nos arts. 1.723 a 1.727. Na falta de explícita alusão à pesquisa de culpa na união estável, as divergências começam outra vez a despontar.

Luiz Felipe Brasil Santos[445] assevera que o art. 1.704 trata apenas da repercussão da culpa entre cônjuges, descabendo aplicá-la à união estável por analogia, pois se cogita de regra restritiva de direito. Culpa em termos de união estável, só na hipótese do art. 1.694, § 2º, que não tem a ver com culpa pela ruptura, mas sim com a culpa pela condição de necessidade.

---

se trata de matar alguém e não de somente estar uma lei federal a prever a possibilidade de uma separação judicial com alegação de culpa, entre outros caminhos legais para a ruptura da sociedade conjugal ou do casamento. É preciso ter em mente a proporcionalidade entre os valores envolvidos, sob pena tudo ser inconstitucional, conforme a posição interpretativa de cada um, o que resultaria no perigo de nada ser inconstitucional! (...) O linguajar amplo e aberto do texto constitucional, principalmente de seus primeiros artigos, enseja uma amplitude infinita das alegações de inconstitucionalidade.

[443] Alimentos e Culpa na União Estável, artigo publicado em *Revista AJURIS*, Porto Alegre, novembro de 1996, vol. 68, p. 166.

[444] Yussef Said Cahali. *Dos Alimentos*. 4ª ed. São Paulo, Editora Revista dos Tribunais, 2003, p. 230. Cita Cahali opiniões de dois dos melhores autores sobre união estável: Álvaro Villaça Azevedo e Rainer Czajkowski. Outro notável analista da união estável se mostra igualmente favorável à discussão da culpa: Guilherme Calmon Nogueira da Gama. *O Companheirismo – Uma Espécie de Família*. São Paulo, Editora Revista dos Tribunais, 1998, p. 367 e 368.

[445] A União Estável no Novo Código Civil, artigo publicado em *http://www.espacovital.com.br*, em 20.02.2003.

Francisco José Cahali discorda,[446] com base na analogia com o casamento.

Fico com a corrente a que antes já aderia, de aplicação analógica das regras do casamento. Por mais que se pretenda eliminar a culpa do direito brasileiro, não há como desobedecer o direito positivo, criando uma contradição axiológica intolerável. O tratamento para os alimentos foi unificado no novo Código Civil, e, no Subtítulo correspondente (Subtítulo III do Título II, Livro IV), por mais que não agrade, a culpa impregna repetidamente o regramento da matéria alimentar. Para dela fugir, só mesmo com o argumento da inconstitucionalidade, contra o qual já me manifestei antes. Lutemos para retirar a culpa do Código Civil, mas, enquanto nele permanecer, difícil com ela não conviver. Claus-Wilhelm Canaris[447] define o sistema jurídico como *"ordem axiológica ou teleológica de princípios jurídicos gerais"*. Há uma ordenação valorativa sistêmica, o que obriga o intérprete a zelar pela harmonia axiológica e evitar incoerências entre os valores envolvidos. Seria contradição valorativa inadmissível tratar a união estável melhor do que o casamento, o que aconteceria se neste se discutisse a culpa e, naquela não. Este raciocínio que impede a contradição valorativa é hermeneuticamente mais relevante do que a máxima que busca impedir aplicação analógica de normas ditas restritivas. E mais: na verdade, o enfoque correto não consiste em vislumbrar uma aplicação analógica de norma restritiva, mas, bem ao contrário, de prestigiar a união estável, situando-a em nível igual ao casamento, tanto quanto possível. Isto sem falar que, para a maioria (de minha parte não concordo), o casamento está até posto, em hierarquização axiológica constitucional, acima da união estável, pois o art. 226, § 3º, da Constituição Federal, expressa que a lei deve facilitar a conversão da união estável em casamento.

A interpretação a que adiro foi muito bem defendida por Belmiro Pedro Welter, em livro escrito antes do novo Código Civil, mas cujos argumentos cabem agora perfeitamente.[448]

Em conclusão: não há como afastar a discussão de culpa no debate alimentar entre companheiros, ainda que, segundo a sistemática do novo Código Civil, não para eliminar os alimentos, mas somente para fins de aferição do seu quantitativo. Óbvio, contudo, que para quem pensa diversamente, afastando a culpa da união estável, fica esta em posição superior ao casamento.

---

[446] Dos Alimentos, artigo publicado em obra de vários autores, sob o título *O Direito de Família e o Novo Código Civil*, coordenada por Maria Berenice Dias e Rodrigo da Cunha Pereira, Belo Horizonte: Del Rey-IBDFAM, 2001, p. 191.

[447] *Pensamento Sistemático e Conceito de Sistema na Ciência do Direito*. Lisboa, Fundação Calouste Gulbenkian, 1989, p. 280.

[448] *Alimentos na União Estável*. 2ª ed. Porto Alegre: Síntese, 1998, p. 76 a 84. Ótimo resumo argumentativo na p. 80.

11.6. A divisão do patrimônio adquirido em comum

11.6.1. A não eficácia da união estável perante terceiros

Antes de abordar o assunto sugerido, quero esclarecer , para não provocar perplexidade, porque são poucos os temas técnico-jurídicos versados na questão patrimonial da união estável. Alguns poderiam estranhar, porque, afinal, tantas vezes são bastante volumosos os processos de reconhecimento de união estável e de apuração do patrimônio adquirido em comum. É que – o mesmo sucede na questão da guarda de filhos – as questões técnico-jurídicas se cingem a alguns escassos parâmetros, legais ou emergentes da doutrina e jurisprudência. A grande dificuldade na prática dos processos é fático-probatória, o que, em princípio, não se ensina em cursos (pelo menos não há tempo para fazê-lo em cursos de preparação à magistratura e ministério público), pois, antes de tudo, é assunto de habilidade advocatícia em lidar com a prova, inclusive com eventual contratação de detetives particulares. É muito fácil dizer que só se comunica o que é adquirido durante a convivência, pelo presumido esforço comum, e que opera a sub-rogação. O problema, na prática, é todo probatório, e isto que aumenta e torna difíceis os processos: prova de existência da união estável, prova da data aproximada de início e fim, prova de que bens não foram adquiridos com produto de herança ou doação, prova de que bens foram sonegados ou desviados, prova de que realmente houve sub-rogação, e assim por diante. Muitas vezes, até a prova pericial contábil é necessária.

Feito este esclarecimento, passemos ao tema proposto. O art. 1.725 do Código Civil determina que se apliquem à união estável as normas do regime de comunhão parcial.

Até aí, pareceria estar obtida a igualdade da união estável com o casamento, com a ressalva de que o casamento oferece a segurança documental para assinalar seu início, evitando as imensas discussões fático-probatórias – e respectivas incertezas – que ocorrem nos processos de reconhecimento e dissolução de união estável, com partilha de bens, entre outras razões porque não se sabe quando ela principiou.

Mas não é bem assim. O casamento tem nítida superioridade, pois, sendo registrado, opera plena eficácia perante terceiros, o que não se dá com a união estável. No casamento, se um cônjuge aliena imóvel sem consentimento do outro, o ato é anulável: arts. 1.647 e 1.649 do Código Civil. Como na união estável, mesmo existente contrato, este não é registrável nos registros que realmente interessam (registro civil e pessoas naturais e registro de imóveis), se vendido maliciosamente, por um dos companheiros, um imóvel adquirido durante o companheirismo (mas em nome somente dele, com estado civil de solteiro), não poderá o outro anular a venda; restar-lhe-á solicitar indenização para o convivente que efetuou a alienação. Não pode ser diferente a solução, pois a boa-fé se presume até prova em contrário, ou seja, presume-se a boa-fé do comprador, que não estava obrigado a saber que o vendedor tinha união estável com alguém. Quem compra um imóvel deve verificar a situação do bem no registro de imóveis e não em um registro de títulos e documentos; digo assim porque considero que o registro de contrato de união estável neste último de nada adianta na prática. Os oficiais de registro de imóveis não fazem o registro de contrato de união estável, alegando que não aparece este tipo de documento como registrável na Lei dos Registros Públicos (Lei nº 6.015/73). Repito e insisto que é fundamental proteger a boa-fé dos adquirentes de imóveis, sob pena de completo caos jurídico nesta área; só falta querer que os potenciais compradores de imóveis tenham de contratar detetives particulares para verificar se o vendedor, que se apresenta como solteiro, ou viúvo, ou divorciado, ou separado judicialmente, na verdade não está em união estável (...)!

A Corregedoria Geral da Justiça do Rio Grande do Sul, pelo Parecer nº 006/2004, de 17 de fevereiro de 2004, autorizou o registro de contratos de união estável no registro de títulos e documentos. Porém, esta atitude em nada modifica a questão dos imóveis, e, em geral, da eficácia em relação a terceiros, pois é claro que quem adquire imóvel deve pesquisar em registros de imóveis e não em registros de títulos e documentos, e, além disto, a Lei nº 6.015, de 31.12.73, em seu art. 129, enumera os documentos que, registrados no cartório de títulos e documentos, surtem efeitos em relação a terceiros, e, entre eles, não aparece contrato de união estável; desta forma, o registro desta espécie de contrato em registro de títulos e documentos tem valor exclusivamente probatório entre as próprias partes.

11.6.2. A não retroatividade das leis que implantaram a obrigatoriedade de divisão pela metade dos bens adquiridos durante a união estável, independentemente da prova de esforço comum na aquisição

Não tenho qualquer dúvida de que, pelas regras de direito intertemporal brasileiro, nada leva àquela retroatividade. A presunção absoluta de esforço comum só pode ser levada em conta depois da Lei 8.971/94.[449] Antes, a matéria é regida pelo sistema jurídico precedente, ou seja, pela orientação jurisprudencial criadora da sociedade de fato, quando se exigia prova de contribuição econômica na compra do patrimônio.

---

[449] Haveria discussão a respeito, pois, para alguns, a presunção, naquela lei, seria relativa, e assim também na Lei 9.278/96. Segundo eles, a presunção absoluta só surgiu com o art. 1.725 do Código Civil em vigor. De qualquer forma, parto do pressuposto de que, já pela lei de 1994, haveria o caráter absoluto da presunção.

Não há como ser diferente, por óbvio, e o ônus argumentativo é de quem defende o contrário. A matéria patrimonial é, em essência, dispositiva. Não se versa aí sobre o estado das pessoas. Não há porque a lei vá retroagir, ainda mais que é evidente o desrespeito ao direito adquirido; basta ver que, admitida a retroação, seriam retirados bens da propriedade de alguém que os tinha, pelo sistema jurídico em vigor, como apenas seus. Corretíssimas as opiniões a respeito de Guilherme Calmon Nogueira da Gama,[450] Francisco José Cahali e Carlos Roberto Gonçalves.[451] Assim resolveu o TJRS, por sua 8ª Câmara Cível: RJTJRS 196/257. Dentro desta linha de raciocínio, o STF já decidiu que o regramento constitucional da união estável não se aplica aos concubinatos findos antes da Constituição Federal de 1988, até porque esta criou instituto jurídico novo: RT 761/167.

No entanto, forçoso admitir que, em matéria alimentar, o STJ tem resolvido que cabem alimentos em união estável terminada antes da Constituição Federal de 1988[452] (sequer se diz "antes da Lei 8.971/94 e depois da Constituição de 1988", o que tornaria, tecnicamente, mais fácil a aceitação do resultado, pois setores doutrinários já acatavam alimentos na união estável a partir da Constituição Federal em vigor). Invocam-se a solidariedade que deve emanar da relação afetiva. De qualquer forma, no rigor doutrinário não caberiam tais alimentos, ao menos em união estável finda antes da Constituição Federal de 1988, que previu a figura da união estável.

11.6.3. Tem aplicação na união estável o regime de separação obrigatória de bens?

A posição mais técnica, em termos doutrinários, é pela aplicação, para resguardar a harmonia valorativa do sistema jurídico, pois que, se não se aplicasse, ficaria a união estável em posição melhor do que o casamento.

Contudo, O TJRS resolveu em contrário.[453] Argumentaram que: a) a lei prevê regime condominial; b) descabe aplicação analógica de regra restritiva de direito ou regra excepcionante; c) de nada adiantaria aplicar a separação obrigatória, pois, pela Súmula 377 do STF, de qualquer maneira tudo funcionaria como se o regime fosse de comunhão parcial.

---

[450] *O companheirismo*: uma espécie de família. São Paulo: Revista dos Tribunais, 1998, p. 436 e 437.

[451] Carlos Roberto Gonçalves. *Direito civil brasileiro, vol. VI*: direito de família. São Paulo: Saraiva, 2005, p. 566 e 567. Carlos Roberto cita a posição de Cahali e a apóia.

[452] RESP 279250-RJ.

[453] *RJTJRS* 226/227 (sic), p. 151.

11.6.4. E o contrato de convivência?

O contrato referido, previsto no art. 1.725, é a forma eficaz de evitar a comunicação de patrimônio. De nada adianta o cognominado "contrato de namoro", que visa evitar o reconhecimento da união estável, pois que esta se tem como constituída quando configurados os seus requisitos fáticos, mesmo que todos os contratos do mundo digam o contrário! Quem quiser se precaver patrimonialmente, e perceba estar em união estável, que a assuma e faça o contrato objetivando coibir a futura comunicação de bens.

Apesar de observação primária, é oportuno lembrar que este contrato só pode alcançar a questão patrimonial, como no pacto antenupcial. Erros gravíssimos vêm sendo cometidos. Vi, por exemplo, contrato de união estável que continha tudo o que é proibido, com conseqüência de nulidade absoluta, sem prever nada daquilo que é lícito; dispunha ele sobre herança de pessoa viva, o que se constitui em erro elementar, mas nada dizia – e isto é que interessava, como me disseram os envolvidos – sobre a não comunicação do que fosse onerosamente adquirido durante a união estável. Tais contratos, como o pacto antenupcial em relação ao casamento, só podem dispor sobre patrimônio adquirido durante a constância da união estável (não, como disse antes, para atingir situação após a morte), mas não sobre a parte pessoal, como dever de fidelidade, criação dos filhos, etc; também não se admite renúncia antecipada de alimentos.

Francisco José Cahali,[454] em ensinamento de grande repercussão prática, mostra como podem retroagir as disposições do contrato de união estável, ou seja, se, por exemplo, o contrato é feito vinte anos depois do início daquela, pode sim reger a questão patrimonial desde o princípio da união estável. Trata-se de ver que a matéria é disponível, pois exclusivamente patrimonial, e que não há regra proibitiva desta conduta. Óbvio que terceiros não podem ser prejudicados e a retroatividade só alcança o casal contratante.

11.7. A sucessão

Meu tema é direito de família e não direito sucessório. Ademais, este livro é elaborado com base nas lições que profiro nas Escolas Superiores da Magistratura e Ministério Público, assim como em minhas palestras e conferências, que também versam apenas sobre direito de família. O direito das sucessões cabe ao professor e ao espe-

---

[454] *Contrato de convivência na união estável.* São Paulo: Saraiva, 2002, p. 76 a 84.

cislista da respectiva matéria. Não vá o sapateiro além da chinela (...). Não me aprofundarei em temas sucessórios.

Apenas quero registrar linhas gerais da censurável diferença de tratamento conferido à união estável no direito de família e no direito das sucessões. A diferença é tão gritante que parece ter sido o Código Civil confeccionado por Congressos Nacionais diversos! A união estável é altamente prestigiada no direito de família,[455] mas maltratada no direito sucessório. Vejamos alguns exemplos: a) O companheiro só herda no que foi adquirido onerosamente e na vigência da união estável: art. 1.790, *caput*; b) o companheiro concorre até com colaterais: art. 1.790, inciso III; c) não é previsto o direito real de habitação para o companheiro: art. 1.831; d) o companheiro não é herdeiro necessário, como o é o cônjuge: art. 1.845.

A propósito, o TJRS, em sua 7ª Câmara Cível, por unanimidade, sendo Relator o Des. Luiz Felipe Brasil Santos, decidiu que a desigualdade dos companheiros na sucessão não é inconstitucional e que descabe analogia com o tratamento dado ao cônjuge.[456] Cumpre, no entanto, assinalar pensamento contrário expresso em acórdão da 8ª Câmara Cível,[457] também por unanimidade, sendo Relator o Des. Rui Portanova; foi afirmada, pelo Relator, a inconstitucionalidade das regras sucessórias que desigualam os companheiros em relação aos cônjuges; porém, destaque-se que o Des. Alfredo Guilherme Englert ressalvou conceitos emitidos pelo Relator.

Quanto ao problema do direito real de habitação, parece-me mais fácil sustentar sua permanência para os companheiros. Mesmo afastada a analogia, resta o forte argumento da permanência em vigor, nesta parte, da Lei nº 9.278/96, em seu art. 7º, parágrafo único. Trata-se de utilizar o art. 2º, § 2º, da Lei de Introdução ao Código Civil.

11.8. O credor de um dos conviventes é parte legítima para propor ação de reconhecimento da união estável

Pela perplexidade que provocam em alguns, é interessante ressaltar acórdãos do TJRS que aceitam aquela legitimidade: Apelação Cível

---

[455] Além de tudo o que foi dito em detalhes nestes tópicos sobre união estável, reporto-me à enumeração que fiz no item 1.1 deste capítulo sobre a matéria, quando enunciei vários exemplos de artigos do Código Civil que amparam a união estável e lhe dão tratamento igual ou semelhante ao casamento.

[456] Agravo de Instrumento nº 70012430351, julgado em 5.10.05.

[457] Agravo de Instrumento nº 70009524612, julgado em 18.11.04.

n° 70017355512,[458] Apelação Cível n° 70005530803,[459] Apelação Cível n° 598095511.[460]

A perplexidade é natural, pois parece estranho admitir que um simples credor possa interferir de tal forma na condição familiar de alguém. Todavia, trata-se de evitar, corretamente, que o credor seja prejudicado pelo ocultamento da união estável, ficando desprotegido patrimonialmente, apesar de, na realidade, seu devedor possuir bens, em face da meação a que tem direito na união estável.

11.9. O art. 1.726 do Código Civil

Este dispositivo trouxe uma regra elogiável e outra péssima. A parte boa é quando, finalmente, permite saber como fazer a conversão, na medida em que atribui a tarefa ao juiz de direito; ora, se a atribuição é do juiz, lógico que o procedimento é desde logo identificável: o procedimento especial de jurisdição voluntária, previsto no Livro IV, Título I, do Código de Processo Civil.[461] A parte ruim é quando outorga ao juiz de direito a tarefa, como se este não estivesse assoberbado ao extremo por assuntos de importância muito maior.

O art. 1.726 vem sendo pouco estudado em aspecto que pode ser de grande importância prática: uma vez feita a conversão da união estável em casamento, este casamento gera efeitos *ex tunc* ou *ex nunc*? Após hesitação, convenci-me da correção do ponto de vista de Guilherme Calmon Nogueira da Gama,[462] que ensina no sentido da eficácia *ex tunc*; invoca ele o art. 75 da Lei n° 6.015/73. Acrescento que também sua postura é amparada pelo art. 1.515 do Código Civil, em sua parte final. A analogia com o casamento religioso de efeitos civis é perfeita, pois um casamento meramente religioso, enquanto não convertido em casamento civil, nada mais é, juridicamente, do que uma união estável.

Ora, acatada a eficácia retroativa do casamento, como fica o problema do regime de bens? Há quem diga que a pergunta é irrelevante, pois o regime de bens legal do casamento é o da comunhão parcial e assim também é para a união estável. Não vejo a matéria com

---

[458] Julgada pela 8ª Câmara Cível em 23.11.2006, sendo Relator o Des. José Ataídes Siqueira Trindade.

[459] Julgada pela 8ª Câmara Cível em 14.08.2003, sendo Relator o Des. Alfredo Guilherme Englert.

[460] Julgada pela 7ª Câmara Cível em 30.09.1998, sendo Relator o Des. Sérgio Fernando de Vasconcellos Chaves.

[461] Pelo Provimento 27/03, a Corregedoria Geral da Justiça do RS pôs regras para a conversão de união estável em casamento. Anote-se, que, como na hipótese de regulação do procedimento de alteração de regime de bens, cabe a advertência de que Corregedoria não pode ditar normas processuais!

[462] Ob. cit., p. 456.

DIREITO DE FAMÍLIA

tanta singeleza e penso que os profissionais do direito devem estar muito atentos no assunto, principalmente os advogados, quando forem aconselhar seus clientes. Deixo a seguinte dúvida (tema não versado ainda pela doutrina e pela jurisprudência): como o regime da comunhão parcial passou a ser o legal somente pela Lei n° 6.515/77, como ficaria o regramento dos bens para uma união estável começada antes desta data, quando o regime legal era o da comunhão universal, uma vez convertida aquela união estável em casamento nos dias atuais? No mínimo é cabível a dúvida, o que oferece grande risco patrimonial a quem opta pela conversão de união estável antiga, sendo ele quem adquiriu todo o patrimônio antes de 1977. De minha parte, até penso que o regime seria o da comunhão parcial, por coerência lógica do sistema jurídico, mas a verdade é que a matéria se sujeita à discussão. Inegável que seria recomendável para quem estivesse naquela situação de risco não fazer a conversão, mas sim primeiro encerrar a união estável e depois casar.

12. Da Tutela e da Curatela

12.1. Introdução

Tutela e curatela são assuntos que apresentam poucas dificuldades técnico-jurídicas.[463] Os processos de interdição, por exemplo, podem se estender por vários volumes, mas em decorrência de temas fático-probatórios e não por motivos técnico-jurídicos; são as grandes divergências de laudos psiquiátricos e a prova produzida por quem deseja ser curador e quer demonstrar que os outros candidatos não são idôneos para desempenhar tal mister (o que acontece se o interditando tem bens de maior valor [...]).

A apontada singeleza técnico-jurídica desta matéria fará com que a abordagem dos tópicos selecionados seja rápida. Dificilmente se encontra aqui assunto que exija estudo extenso e profundo, com complexas divergências interpretativas, de repercussão teórica e prática. Além disto, relembro que sempre pressuponho conhecidos todos os aspectos básicos (ensinados nas faculdades de direito), o que mais torna breve o tempo necessário para exposição. A maior parte dos destaques se fixam em alterações provocadas pelo Código Civil de 2002.

12.2. Tutela

12.2.1. Não mais se prevê que os avós possam nomear tutor

Eis outra daquelas observações que fazem sentido enquanto o novo Código é muito recente, isto é, as pessoas podem se equivocar por ter muito presente o sistema anterior.

Pelo Código de 1916, em seu art. 407, *caput*, o direito de nomear tutor se estendia ao avô paterno e ao avô materno.[464] Hoje, a regra está no art. 1.729, em seu *caput*: somente os pais podem nomear, em

---

[463] Uma curiosidade bem evidencia isto: cursos sobre filiação, sobre alimentos, sobre união estável, sobre regime de bens, contam com dezenas e até centenas de interessados; cursos sobre tutela e curatela sequer são realizados.

[464] Veja-se a desigualdade contundente entre homem e mulher, só corrigida, sistemicamente, pela Constituição Federal de 1988, e, pelo Código Civil, apenas em 2002! Além de ter prevalência a nomeação feita pelo pai, as avós sequer eram cogitadas.

DIREITO DE FAMÍLIA

conjunto (antes, o tutor escolhido pelo pai tinha prevalência sobre o tutor escolhido pela mãe). Eis exemplo de destaque rapidíssimo, em que a simplicidade do tema dispensa outras ponderações.

12.2.2. Aos irmãos órfãos dar-se-á um só tutor (art. 1.733)?

Pelo art. 1.733, a resposta é positiva.

No entanto, é caso em que a interpretação literal não é a melhor. Modernamente, institutos como a tutela tem como grande objetivo a proteção dos interesses dos menores. Assim, não há sentido em absolutizar a regra do art. 1.733. Basta ver hipótese em que os irmãos só o sejam por parte de pai e resultem de três casamentos; foram criados em lares separados e com todos os interesses separados; pode haver motivo de sobra para a nomeação de mais de um tutor. Este o pensamento de Carlos Roberto Gonçalves,[465] Sílvio de Salvo Venosa,[466] Zeno Veloso,[467] Rodrigo da Cunha Pereira.[468]

12.2.3. Contradição, pelo menos aparente, entre os arts. 1.735, inciso II, e 1.751

O art. 1.735, II, deixa claro que não podem ser tutores os credores e devedores do tutelado. Porém, o art. 1.751 admite que credor possa ser tutor, apenas exigindo que o credor-tutor declare tudo o que o menor lhe deve.

Cabe tentar conciliar a aparente incoerência, mas reconhecendo que o legislador não foi feliz.

Zeno Veloso[469] notou o problema, concluindo que a proibição do art. 1.735, II, não é absoluta, em face do art. 1.751. É por aí que passa a solução, a meu ver. O art. 1.735, II, deve ser entendido como significando que, em princípio, não deve o credor de alguém ser-lhe nomeado tutor, pela razoável inconveniência de que assim seja; contudo, por exceção, pode dar-se aquela nomeação, desde que atendidas as cautelas do art. 1.751; caso excepcional seria, por exemplo, quando a pessoa mais idônea para a função de tutor for credora do tutelado.

12.2.4. O art. 1.740, inciso III

Importante norma, novidade no instituto da tutela, consta neste artigo, quando fala em ouvir a opinião do menor tutelado, se este já tiver doze anos de idade.

---

[465] Direito civil brasileiro, vol. VI: direito de família. São Paulo: Saraiva, 2005, p. 579.

[466] Direito civil: direito de família. 2ª ed. São Paulo: Atlas, 2002. Vol. VI, p. 396.

[467] Código civil comentado: direito de família, alimentos, bem de família, união estável, tutela e curatela: arts. 1.694 a 1.783, vol. XVII; coordenador: Álvaro Villaça Azevedo. São Paulo: Atlas, 2003, p. 168.

[468] Comentários ao novo Código Civil, vol. XX: da união estável, da tutela e da curatela. Coordenador: Sálvio de Figueiredo Teixeira. Rio de Janeiro: Forense, 2003, p. 332.

[469] Ob. e vol. cit., p. 172.

Guarda o Código coerência sistemática, em face de seu art. 1.621, *caput*.

A importância da regra vem, sobretudo, do fato de estar o sistema jurídico estabelecendo uma idade a partir da qual se deve mais valorizar e levar em conta a manifestação de vontade do ser humano, enfoque que pode ser estendido a outras situações, em exegese sistemática. Em outras palavras: a palavra do adolescente é mais ouvida (pelo Estatuto da Criança e do Adolescente, art. 2º, considera-se criança a pessoa até doze anos incompletos, e, entre doze e dezoito, como adolescente). O alcance do assunto é facilmente percebido, quando se vê que envolve o dificílimo problema da valorização dos depoimentos infantis. Portanto, a importância da norma transcende os limites do instituto da tutela.

12.2.5. Protutor

O art. 1.742 trouxe novidade no direito brasileiro: a figura do protutor, ou fiscal do tutor.

Apesar de existente em outras legislações,[470] a prática forense brasileira indica que não terá esta figura maior trânsito em nosso país. Importa, isto sim, é a delegação de tutela prevista no art. 1.743, esta uma novidade de significado prático.

Não pretendo mais do que apontar a novidade do prototur e nem a doutrina tem posto questões jurídicas para debate.

12.2.6. A delegação da tutela (art. 1.743)

Como salientei no item precedente, esta sim é uma novidade que tem repercussão prática. A tutela era indelegável. Agora, passou a ser delegável. E os casos previstos em lei para delegação se justificam, se mostram úteis. Resta desejar que o seu emprego seja prudente e sábio.

Outra vez é tema que não suscita maiores indagações jurídicas. Todas as dificuldades serão fático-probatórias, desde a cautelosa aprovação judicial até a efetiva fiscalização das atividades de tutor e pessoas por ele delegadas para o exercício parcial da tutela.

12.2.7. Não mais é exigida praça para alienação de imóvel de tutelado (e curatelado também)

Esta alteração legislativa é a mais importante de todas feitas pelo novo Código Civil em matéria de tutela. Como os outros tópicos, a informação é passada com brevidade, mas sem que se subestime a relevância prática da mudança.

---

[470] Rodrigo da Cunha Pereira, ob. e vol. cit., p. 350 a 352.

A norma pertinente à venda de imóveis de tutelados está no art. 1.750. Aí nada se fala sobre hasta pública. Exige-se é prévia avaliação judicial e aprovação do juiz.

O novo regramento aplica-se – aproveito para salientar – à curatela. Os arts. 1.774 e 1.781 aplicam à curatela as disposições concernentes à tutela.

12.2.8. Não há mais previsão de hipoteca legal na tutela e na curatela

Eis outra importante modificação prática trazida pelo Código Civil de 2002. Afastou-se a burocrática exigência de especialização de hipoteca legal para a tutela; o mesmo vale para a curatela, diante dos arts. 1.774 e 1.781.

As providências para acautelar o patrimônio de tutelado e curatelado são as constantes no art. 1.745, parágrafo único, onde não consta hipoteca legal.

Cumpre observar que podem ser canceladas as hipotecas legais anteriores: art. 2.040 do Código Civil.

12.3. Curatela

12.3.1. O aperfeiçoamento do sistema legislativo: correção científica e amplitude dos casos de curatela

Elogios merece o Código Civil, pela sistematicidade e cientificidade com que tratou a matéria, incluído o uso de uma terminologia adequada (afastamento de expressões até ridículas e cômicas).

Não mais se fala em "loucos de todo o gênero", por exemplo. Outra hipótese: o Código de 1916, em seu art. 448, I, autorizava o Ministério Público a promover a interdição em caso de "loucura furiosa"! Hoje fala-se, corretamente, em "doença mental grave" (art. 1.769, I).

E mais importante: o Código atual é amplo quanto às situações que podem originar curatela, como bem mostra o art. 1.767, inciso II. E assim deve ser, sem camisas de força legislativas, pois o certo é deixar a solução nas mãos de psiquiatras e juízes, consideradas as circunstâncias do caso concreto. É o que se impõem, em uma área tão nebulosa como a relacionada com os problemas psicológicos. Dentro desta amplitude está também o art. 1.780, que admite curador sem interdição, ou seja, sem que o curatelado apresente transtorno mental que comprometa sua compreensão do que faz e suas decisões (retornarei ao tema).

12.3.2. A omissão do companheiro no art. 1.768, II

Manifesto o equívoco do Código neste particular. Não poderia deixar de fora o companheiro. Difícil que algum juiz deixe de reconhecer a este a legitimidade para requerer a interdição. Basta a interpretação sistemática do Código: o art. 1.775, *caput*, reconhece ao companheiro a possibilidade de ser nomeado curador; ora, se até curador pode ser, inaceitável que não possa o companheiro promover a interdição.

12.3.3. O juiz deve especificar os limites da curatela

Regra relevante na prática. Está no art. 1.772. Pode o magistrado, por exemplo, interditar somente para atos que importem em alienação de bens, sem tirar do curatelado a oportunidade de usufruir seu patrimônio, alugando imóveis e recebendo aluguéis. Decisiva a atuação do perito psiquiatra, que apontará para quais atos da vida civil está impedido o interditando.

12.3.4. O art. 1.780

Como antes destacado, é curatela sem interdição. É preciso estar atento para este aspecto, que vem provocando confusões. Certo está Zeno Veloso,[471] ao afirmar que se cogita de curatela sem interdição. No mesmo sentido Álvaro Villaça Azevedo,[472] quando cita a opinião de Alexandre Guedes Alcoforado Assunção. Carlos Roberto Gonçalves[473] chega a empregar o vocábulo "interdição", mas adiante também alude à opinião de Alexandre Assunção.[474]

Há alguma dúvida doutrinária em face dos arts. 1.767, II, e 1.780. Alguns, para um artigo citam exemplos enquadráveis, por outros, no outro artigo, e vice-versa. Parece-me que o art. 1.767, II, tem a ver com casos nos quais a pessoa não tem compreensão do que faz e, portanto, não apresenta condições de se determinar de acordo com sua vontade, porque portador de algum problema psíquico. Ao contrário, o art. 1.780 lida com problemas físicos ou somáticos, nos quais a compreensão, e vontade de se determinar segundo ela, não se encontram comprometidas; exemplo: alguém que sofre derrame, com severas seqüelas físicas, inclusive neurológicas, mas que mantém a lucidez.

---

[471] Ob. e vol. cit., p. 227.

[472] Ob. e vol. cit., p. 484.

[473] Ob. e vol. cit., p. 622.

[474] Ob. e vol. cit., p. 623.

13. Súmulas do STF, STJ e TJRS e conclusões do Centro de Estudos do TJRS sobre o Direito de Família

13.1. Súmulas do STF

149: É imprescritível a ação de investigação de paternidade, mas não o é a de petiço de herança. 1°06.64.

226: Na ação de desquite, os alimentos são devidos desde a inicial e não da data da decisão que os concede.

305: acordo de desquite ratificado por ambos os cônjuges não é retratável unilateralmente.

377: no regime de separação legal de bens, comunicam-se os adquiridos na constância do casamento.

379: No acordo de desquite não se admite renúncia aos alimentos, que poderão ser pleiteados ulteriormente, verificados os pressupostos legais. 03.04.64.

380: Comprovada a existência da sociedade de fato entre os concubinos, é cabível a sua dissolução judicial, com a partilha do patrimônio adquirido em comum. 03.04.64.

381: Não se homologa sentença de divórcio obtida por procuração, em país de que os cônjuges não eram nacionais.

382: A vida em comum sob o mesmo teto, *more uxório*, não é indispensável à caracterização do concubinato. 03.04.64.

13.2. Súmulas do STJ

1: O foro do domicílio ou da residência do alimentando é o competente para a ação de investigação de paternidade, quando cumulada com a de alimentos. 25.04.90.

134: Embora intimado da penhora em imóvel do casal, o cônjuge do executado pode opor embargos de terceiro para defender sua meação.

197: O divórcio direto pode ser concedido sem que haja prévia partilha dos bens. 08.10.97.

251: A meação só responde pelo ato ilícito quando o credor, na execução fiscal, provar que o enriquecimento dele resultante aproveitou ao casal. 13.06.01.

277: Julgada procedente a investigação de paternidade, os alimentos são devidos a partir da citação. 14.05.03.

301: Em ação investigatória, a recusa do suposto pai a submeter-se ao exame de DNA induz presunção *juris tantum* de paternidade. 18.10.04.

309: O débito alimentar que autoriza a prisão civil do alimentante é o que compreende as três prestações anteriores ao ajuizamento da execução e as que se vencerem no curso do processo. 27.04.05.

13.3. Súmulas do TJRS

10: O deferimento do pedido de separação de corpos não tem eficácia submetida ao prazo do art. 806 do CPC. 30.12.87.

14: É da Vara de Família, onde houver, a competência para as ações oriundas de união estável (Constituição Federal, art. 226, § 3º). 04.07.91.

22: Nas ações de destituição/suspensão de pátrio poder, promovidas pelo Ministério Público, não é necessária a nomeação de curador especial ao menor. 14.05.03.

27: É cabível o recurso de apelação em procedimento de habilitação de casamento, salvo quando se tratar de decisão que tenha acolhido impugnação baseada em mera irregularidade formal. 29.09.04.

29: Na dissolução de sociedade conjugal, ocorrendo divisão desigual por ocasião da partilha, incide o ITCD, se a transmissão se der a título gratuito, e o ITBI, se a título oneroso.

13.4. Conclusões do Centro de Estudos do TJRS

19ª: Quando o representante do incapaz, autor de ação investigatória de paternidade, desistir ou abandonar o feito, impõe-se a nomeação de curador para prosseguir na demanda.

21ª: Na execução de alimentos, não é obrigatória a prévia propositura pela modalidade expropriatória para, somente após, recorrer-se à coerção pessoal.

23ª: A execução de alimentos, na modalidade coercitiva (art. 733, CPC) abrange as três últimas parcelas vencidas à data do ajuizamento da ação, além de todas as que se vencerem no curso da lide (art. 290, CPC).

25ª: Em ação de investigação de paternidade, deferido em segundo grau o exame de DNA, cabível a conversão do julgamento em diligência, sem necessidade de desconstituir a sentença.

26ª: Em ação de investigação de paternidade, sendo menor o investigante – e presumida, em caráter relativo, a necessidade – devem ser fixados alimentos independentemente de pedido.

DIREITO DE FAMÍLIA

27ª: Desde que completado o lapso temporal de separação fática exigido para o pedido de separação judicial litigiosa com causa objetiva ou para o pedido de divórcio descabe postular separação com causa culposa, por falta de legítimo interesse.

28ª: Em sede de habeas corpus, inocorrente ilegalidade ou abuso de poder na decretação da prisão civil, não cabe a apreciação do mérito de justificativa apresentada por devedor de alimentos nos autos de execução coercitiva.

34ª: Alimentos provisórios fixados após a citação não retroagem à data desta, o que somente ocorre com os definitivos.

35ª: A apelação contra a sentença que, em ação revisional, reduz os alimentos deve ser recebida em seu duplo efeito.

36ª: A apelação contra sentença que, em ação revisional, majora os alimentos deve ser recebida apenas no efeito devolutivo.

37ª: Em ação de alimentos é do réu o ônus da prova acerca de sua impossibilidade de prestar o valor postulado.

38ª: Os alimentos podem ser fixados em salários mínimos.

39ª: A pretensão alimentar pode ter caráter estimativo, tendo em vista as peculiaridades do caso concreto.

41ª: Ainda que a ação destituitória do pátrio poder seja ajuizada pelo Ministério Público, desnecessária a nomeação de curador especial ao menor, uma vez que, no caso, não há incompatibilidade entre as funções de autor e de fiscal da lei.

44ª: A obrigação alimentar dos avós é complementar e subsidiária à de ambos os genitores, somente se configurando quando pai e mãe não dispõem de meios para prover as necessidades básicas dos filhos.

46ª: A alegação de desemprego do alimentante não serve de justificativa para dispensá-lo de quitar o débito alimentar, devendo haver comprovação de sua impossibilidade absoluta para atender esse pagamento.

47ª: Dispondo o alimentante de ganho salarial certo, convém que os alimentos sejam fixados em percentual de seus rendimentos líquidos.

48ª: A retificação do nome dos ascendentes no registro civil somente é cabível quando comprovado que tenha havido erro de grafia ao ensejo da lavratura do assento, sendo descabida tal pretensão apenas para oportunizar à parte a obtenção da dupla cidadania.

14. Enunciados sobre Direito de Família das Jornadas de Direito Civil realizadas pelo Centro de Estudos Judiciários do Conselho da Justiça Federal

14.1. Enunciados aprovados – I Jornada de Direito Civil em setembro de 2002

97 – Art. 25: no que tange à tutela especial da família, as regras do Código Civil que se referem apenas ao cônjuge devem ser estendidas à situação jurídica que envolve o companheiro, como, por exemplo, na hipótese de nomeação de curador dos bens do ausente (art. 25 do Código Civil).

98 – Art. 1.521, IV, do novo Código Civil: o inc. IV do art. 1.521 do novo Código Civil deve ser interpretado à luz do Decreto-Lei n. 3.200/41 no que se refere à possibilidade de casamento entre colaterais de 3º grau.

99 – Art. 1.565, § 2º: o art. 1.565, § 2º, do Código Civil não é norma destinada apenas às pessoas casadas, mas também aos casais que vivem em companheirismo, nos termos do art. 226, *caput*, §§ 3º e 7º, da Constituição Federal de 1988, e não revogou o disposto na Lei n. 9.263/96.

100 – Art. 1.572: na separação, recomenda-se apreciação objetiva de fatos que tornem evidente a impossibilidade da vida em comum.

101 – Art. 1.583: sem prejuízo dos deveres que compõem a esfera do poder familiar, a expressão "guarda de filhos", à luz do art. 1.583, pode compreender tanto a guarda unilateral quanto a compartilhada, em atendimento ao princípio do melhor interesse da criança.

102 – Art. 1.584: a expressão "melhores condições" no exercício da guarda, na hipótese do art. 1.584, significa atender ao melhor interesse da criança.

103 – Art. 1.593: o Código Civil reconhece, no art. 1.593, outras espécies de parentesco civil além daquele decorrente da adoção, acolhendo, assim, a noção de que há também parentesco civil no vínculo parental proveniente quer das técnicas de reprodução assistida heteróloga relativamente ao pai (ou mãe) que não contribuiu com seu material fecundante, quer da paternidade sócio-afetiva, fundada na posse do estado de filho.

104 – Art. 1.597: no âmbito das técnicas de reprodução assistida envolvendo o emprego de material fecundante de terceiros, o pressuposto fático da relação sexual é substituído pela vontade (ou eventualmente pelo risco da situação jurídica matrimonial) juridicamente qualificada, gerando presunção absoluta ou relativa de paternidade no que tange ao marido da mãe da criança concebida, dependendo da manifestação expressa (ou implícita) da vontade no curso do casamento.

105 – Art. 1.597: as expressões "fecundação artificial", "concepção artificial" e "inseminação artificial" constantes, respectivamente, dos incs. III, IV e V do art. 1.597 deverão ser interpretadas como "técnica de reprodução assistida".

106 – Art. 1.597, inc. III: para que seja presumida a paternidade do marido falecido, será obrigatório que a mulher, ao se submeter a uma das técnicas de reprodução assistida com o material genético do falecido, esteja na condição de viúva, sendo obrigatório, ainda, que haja autorização escrita do marido para que se utilize seu material genético após sua morte.

107 – Art. 1.597, IV: finda a sociedade conjugal, na forma do art. 1.571, a regra do inc. IV somente poderá ser aplicada se houver autorização prévia, por escrito, dos ex-cônjuges para a utilização dos embriões excedentários, só podendo ser revogada até o início do procedimento de implantação desses embriões.

108 – Art. 1.603: no fato jurídico do nascimento, mencionado no art. 1.603, compreende-se, à luz do disposto no art. 1.593, a filiação consangüínea e também a sócio-afetiva.

109 – Art. 1.605: a restrição da coisa julgada oriunda de demandas reputadas improcedentes por insuficiência de prova não deve prevalecer para inibir a busca da identidade genética pelo investigando.

110 – Art. 1.621, § 2º: é inaplicável o § 2º do art. 1.621 do novo Código Civil às adoções realizadas com base no Estatuto da Criança e do Adolescente.

111 – Art. 1.626: a adoção e a reprodução assistida heteróloga atribuem a condição de filho ao adotado e à criança resultante de técnica conceptiva heteróloga; porém, enquanto na adoção haverá o desligamento dos vínculos entre o adotado e seus parentes consangüíneos, na reprodução assistida heteróloga sequer será estabelecido o vínculo de parentesco entre a criança e o doador do material fecundante.

112 – Art. 1.630: em acordos celebrados antes do advento do novo Código, ainda que expressamente convencionado que os alimentos cessarão com a maioridade, o juiz deve ouvir os interessados, apreciar

as circunstâncias do caso concreto e obedecer ao princípio *rebus sic stantibus*.

113 – Art. 1.639: é admissível a alteração do regime de bens entre os cônjuges, quando então o pedido, devidamente motivado e assinado por ambos os cônjuges, será objeto de autorização judicial, com ressalva dos direitos de terceiros, inclusive dos entes públicos, após perquirição de inexistência de dívida de qualquer natureza, exigida ampla publicidade.

114 – Art.1.647: o aval não pode ser anulado por falta de vênia conjugal, de modo que o inc. III do art. 1.647 apenas caracteriza a inoponibilidade do título ao cônjuge que não assentiu.

115 – Art. 1.725: há presunção de comunhão de aqüestos na constância da união extramatrimonial mantida entre os companheiros, sendo desnecessária a prova do esforço comum para se verificar a comunhão dos bens.

14.2. Enunciados aprovados – III Jornada de Direito Civil em dezembro de 2004

254 – Art. 1.573: Formulado o pedido de separação judicial com fundamento na culpa (art. 1.572 e/ou art. 1.573 e incisos), o juiz poderá decretar a separação do casal diante da constatação da insubsistência da comunhão plena de vida (art. 1.511) – que caracteriza hipótese de "outros fatos que tornem evidente a impossibilidade da vida em comum" – sem atribuir culpa a nenhum dos cônjuges.

255 – Art. 1.575: Não é obrigatória a partilha de bens na separação judicial.

256 – Art. 1.593: A posse do estado de filho (parentalidade socioafetiva) constitui modalidade de parentesco civil.

257 – Art. 1.597: As expressões "fecundação artificial", "concepção artificial" e "inseminação artificial", constantes, respectivamente, dos incs. III, IV e V do art. 1597 do Código Civil, devem ser interpretadas restritivamente, não abrangendo a utilização de óvulos doados e a gestação de substituição.

258 – Arts. 1.597 e 1.601: Não cabe a ação prevista no art. 1.601 do Código Civil se a filiação tiver origem em procriação assistida heteróloga, autorizada pelo marido nos termos do inc. V do art. 1.597, cuja paternidade configura presunção absoluta.

259 – Art. 1.621: A revogação do consentimento não impede, por si só, a adoção, observado o melhor interesse do adotando.

260 – Arts. 1.639, § 2º, e 2.039: A alteração do regime de bens prevista no § 2o do art. 1.639 do Código Civil também é permitida nos casamentos realizados na vigência da legislação anterior.

DIREITO DE FAMÍLIA

261 – Art. 1.641: A obrigatoriedade do regime da separação de bens não se aplica a pessoa maior de sessenta anos, quando o casamento for precedido de união estável iniciada antes dessa idade.

262 – Arts. 1.641 e 1.639: A obrigatoriedade da separação de bens, nas hipóteses previstas nos incs. I e III do art. 1.641 do Código Civil, não impede a alteração do regime, desde que superada a causa que o impôs.

263 – Art. 1.707: O art. 1.707 do Código Civil não impede seja reconhecida válida e eficaz a renúncia manifestada por ocasião do divórcio (direto ou indireto) ou da dissolução da "união estável". A irrenunciabilidade do direito a alimentos somente é admitida enquanto subsista vínculo de Direito de Família.

264 – Art. 1.708: Na interpretação do que seja procedimento indigno do credor, apto a fazer cessar o direito a alimentos, aplicam-se, por analogia, as hipóteses dos incs. I e II do art. 1.814 do Código Civil.

265 – Art. 1.708: Na hipótese de concubinato, haverá necessidade de demonstração da assistência material prestada pelo concubino a quem o credor de alimentos se uniu.

14.3. Enunciados aprovados – IV Jornada de Direito Civil em outubro de 2006

329 – A permissão para casamento fora da idade núbil merece interpretação orientada pela dimensão substancial do princípio da igualdade jurídica, ética e moral entre o homem e a mulher, evitando-se, sem prejuízo do respeito à diferença, tratamento discriminatório.

330 – As causas suspensivas da celebração do casamento poderão ser argüidas inclusive pelos parentes em linha reta de um dos nubentes e pelos colaterais em segundo grau, por vínculo decorrente de parentesco civil.

331 – Art. 1.639. O estatuto patrimonial do casal pode ser definido por escolha de regime de bens distinto daqueles tipificados no Código Civil (art. 1.639 e parágrafo único do art. 1.640), e, para efeito de fiel observância do disposto no art. 1.528 do Código Civil, cumpre certificação a respeito, nos autos do processo de habilitação matrimonial.

332 – A hipótese de nulidade prevista no inc. I do art. 1.548 do Código Civil se restringe ao casamento realizado por enfermo mental absolutamente incapaz, nos termos do inc. II do art. 3º do Código Civil.

333 – O direito de visita pode ser estendido aos avós e pessoas com as quais a criança ou o adolescente mantenha vínculo afetivo, atendendo ao seu melhor interesse.

334 – A guarda de fato pode ser reputada como consolidada diante da estabilidade da convivência familiar entre a criança ou o adolescente e o terceiro guardião, desde que seja atendido o princípio do melhor interesse.

335 – A guarda compartilhada deve ser estimulada, utilizando-se, sempre que possível, da mediação e da orientação de equipe interdisciplinar.

336 – Art. 1.584. O parágrafo único do art. 1.584 aplica-se também aos filhos advindos de qualquer forma de família.

337 – O fato de o pai ou a mãe constituírem nova união não repercute no direito de terem os filhos do leito anterior em sua companhia, salvo quando houver comprometimento da sadia formação e do integral desenvolvimento da personalidade destes.

338 – A cláusula de não-tratamento conveniente para a perda da guarda dirige-se a todos os que integrem, de modo direto ou reflexo, as novas relações familiares.

339 – A paternidade socioafetiva, calcada na vontade livre, não pode ser rompida em detrimento do melhor interesse do filho.

340 – No regime da comunhão parcial de bens é sempre indispensável a autorização do cônjuge, ou seu suprimento judicial, para atos de disposição sobre bens imóveis.

341 – Art. 1.696. Para os fins do art. 1.696, a relação socioafetiva pode ser elemento gerador de obrigação alimentar.

342 – Observadas as suas condições pessoais e sociais, os avós somente serão obrigados a prestar alimentos aos netos em caráter exclusivo, sucessivo, complementar e não-solidário, quando os pais destes estiverem impossibilitados de fazê-lo, caso em que as necessidades básicas dos alimentandos serão aferidas, prioritariamente, segundo o nível econômico-financeiro dos seus genitores.

343 – Art. 1.792. A transmissibilidade da obrigação alimentar é limitada às forças da herança.

344 – A obrigação alimentar originada do poder familiar, especialmente para atender às necessidades educacionais, pode não cessar com a maioridade.

345 – O "procedimento indigno" do credor em relação ao devedor, previsto no parágrafo único do art. 1.708 do Código Civil, pode ensejar a exoneração ou apenas a redução do valor da pensão alimentícia para quantia indispensável à sobrevivência do credor.

346 – Na união estável o regime patrimonial obedecerá à norma vigente no momento da aquisição de cada bem, salvo contrato escrito.

Bibliografia

1. Observações

1ª) Divido a bibliografia por períodos cronológicos. O motivo é óbvio: as grandes transformações do direito de família após a Constituição Federal de 1988 e, mais ainda, depois do Código Civil de 2002, tornaram problemática a consulta às obras precedentes (as mudanças foram profundas demais, pois envolveram os próprios princípios do direito de família), ainda que continuem de extrema valia, não só pelos aspectos históricos e de evolução de nosso direito de família, como também pelos artigos do Código Civil de 1916 que foram mantidos; e mais: algumas são pratica e relativamente atemporais, como as que versam sobre princípios de direito transitório. Obras anteriores a 1988, mas reeditadas, serão, naturalmente, aludidas nos períodos das novas edições, visto que atualizadas, como é o caso dos tradicionais cursos de Silvio Rodrigues, Caio Mário da Silva Pereira, Orlando Gomes, Washington de Barros Monteiro, entre outros. *2ª) Após* o novo Código Civil, serão também indicados artigos de revistas especializadas, em decorrência das naturais dificuldades bibliográficas quando surge uma lei nova de tal porte; prosseguirão sendo indicados até que os livros se mostrem suficientes. 3º) Não constam nesta bibliografia, mas sim no interior do texto, livros, citados no Capítulo I, sobre filosofia em geral, filosofia jurídica, sociologia, antropologia, psicologia, psiquiatria; optei pelo destaque bibliográfico das obras de direito de família.

2. Livros anteriores à Constituição Federal de 1988

Arminjon, Pierre; Nolde, Wolff; Boris, Martin. *Traité de droit comparé.* Paris: Librairie Générale de Droit et de Jurisprudence, 1950.

Azevedo, Álvaro Villaça de. *Do concubinato ao cassamento de fato.* CEJUP, 1986.

Batalha, Wilson de Souza Campos. *Direito Intertemporal.* Rio de Janeiro: Forense, 1980.

Bevilaqua, Clovis. *Direito de família.* 7ª ed. Rio de Janeiro: Freitas Bastos, 1943.

Bittencourt, Edgard de Moura. *Concubinato.* São Paulo: Universitária de Direito, 1975.

Colin, Capitant. *Curso elemental de derecho civil.* 3ª ed. Madrid: Instituto Editorial Reus, 1952.

Chaves, Antônio. *Adoção, adoção simples e adoção plena.* 3ª ed. São Paulo: Revista dos Tribunais, 1983.

Clérigo, Fernando. *El derecho de família en la legislación comparada.* México: Union Tipográfica Editorial Hispano-Americana, 1947.

Costa, Carlos Celso Orcesi da. *Tratado do Casamento e do divórcio:* constituição, invalidade, dissolução. 2 volumes. São Paulo: Saraiva, 1987.

Cunha, Sérgio Sérvulo da. *Direito de família: mudanças.* São Paulo: Revista dos Tribunais, 1985.

Dias, Adahyl Lourenço. *A concubina e o direito brasileiro.* 3ª ed. São Paulo: Saraiva, 1984.

Duguit, Leon. *Las transformaciones Del derecho publico y privado.* Editorial Heliasta, 1975.

Ferreira, Eduardo Vaz. *Tratado de la sociedad conyugal.* 3ª ed. Buenos Aires: Editorial Astrea de Alfredo y Ricardo Depalma, 1979.

França, Rubens Limongi. *Do nome civil das pessoas naturais.* 3ª ed. São Paulo: Revista dos Tribunais, 1975.

————. *Direito intertemporal brasileiro.* 2ª ed. São Paulo:Revista dos Tribunais, 1968.

Fonseca, Arnoldo Medeiros da. *Investigação de paternidade.* 3ª ed. Rio de Janeiro: Forense, 1958.

Gomes, Orlando. *O novo direito de família.* Porto Alegre: Sergio Antonio Fabris, 1984.

————. *Novos temas de direito civil.* 1ª ed. Rio de Janeiro: Forense, 1983.

Josserand, Louis. *Derecho civil.* Buenos Aires: Ediciones Jurídicas Europa-América, Bosch y Cia, 1952.

Khan e Kumar, Rahmatulla e Sushil. *An introduction to the study of comparative law.* Auspícios do Indian Law Institute. New Delhi: N. M. Tripathi Pvt, 1971.

Lacantinerie-Fourcade, Baudry e Houques. *Traité théorique et pratique de droit civil.* 2ª ed. Paris: Librairie de la Société du Recueil Gal des Lois et des Arrêts, 1900.

Leme, Lino de Morais. *Direito civil comparado.* São Paulo: Editora Revista dos Tribunais, 1962.

Macedo, Sílvio de. *Curdo de axiologia jurídica.* Rio de Janeiro: Forense, 1986.

Mazeaud, Henri, Leon e Jean. *Leçons de droit civil.* Paris: Éditions Montchretien, 1955.

Miranda, Francisco Cavalcanti Pontes de. *Tratado de direito privado.* 4ª ed. São Paulo: Revista dos Tribunais, 1983. Volumes 7, 8 e 9.

Moura, Mário Aguiar. *Tratado prático da filiação.* 2ª ed. Rio de Janeiro: Aide, 1984. 3 volumes.

Pereira, Sérgio Gischkow. *Ação de alimentos.* 3ª ed. Porto Alegre: Fabris, 1983.

Planiol, Ripert. *Tratado practico de derecho civil francés.* Cuba: Cultural, 1946.

Rocha, J. V. Castelo Branco. *O pátrio poder.* 2ª ed. São Paulo: Universitária de Direito, 1978.

Rodrigues, Silvio. *O divórcio e a lei que o regulamenta.* São Paulo: Saraiva, 1978.

Roubier, Paul. *Le droit transitoire (conflits des lois dans le temps).* 2ª ed. Paris: Éditions Dalloz et Sirey, 1960.

Pereira, Virgílio de Sá. *Direito de família.* 2ª ed. Rio de Janeiro: Livraria Freitas Bastos, 1959.

Santos, J. M. de Carvalho. *Código Civil brasileiro interpretado.* 7ª ed. Rio-São Paulo: Livraria Freitas Bastos, 1961. Volumes IV, V e VI.

Trabucchi, Alberto. *Famiglia e diritto nellorizzonte degli anni 80.* Revista di Diritto Civile. Padova: Cedam-Casa Editrice Dott. Antonio Milani, 1986.

Tucci, Rogério Lauria. *Da ação de divórcio.* São Paulo: Saraiva, 1978.

Wieacker, Franz. *História do direito privado moderno.* Lisboa: Fundação Calouste Gulbenkian, 1980.

3. Revistas estrangeiras com estudos de vários autores a respeito do Direito de Família moderno em diferentes países

Revue Internationale de Droit Comparé, da Société de Legislation Comparé. Paris, 1986, n. 3.

Mariage et famille em question, obra organizada pelo Institut de Droit Comparé del Université Jean Moulin, de Lyon, editada pelo Centre Nationale de la Recherche Scientifique, 1978.

4. Livros, e alguns artigos, posteriores à Constituição Federal de 1988, mas anteriores ao Código Civil de 2002

Azevedo, Álvaro Villaça. *Estatuto da Família de Fato.* São Paulo, Ed. Jurídica Brasileira, 2001.

Almeida, Maria Christina de. *Investigação de Paternidade e DNA* – Aspectos Polêmicos. Porto Alegre, Livraria do Advogado Editora, 2001.

DIREITO DE FAMÍLIA

Almeida, Silmara Juny de A. Chinelato e. *Do Nome da Mulher Casada*. Rio de Janeiro, Forense Universitária, 2001.

———. *Tutela Civil do Nascituro*. São Paulo, Saraiva, 2000.

Assis, Araken de. *Da Execução de Alimentos e Prisão do Devedor*. 4ª ed. São Paulo, Ed. Revista dos Tribunais, 1998.

Barboza, Heloisa Helena. *A Filiação em Face da Inseminação Artificial e da Fertilização "In Vitro"*. Rio de Janeiro, Ed. Renovar, 1993.

Batalha, Wilson de Souza Campos. *Direito Intertemporal*. Rio de Janeiro, Forense, 1980. (Observação: é obra anterior à CF de 88, mas não pode deixar de ser citada pela importância quanto aos temas de direito transitório).

Boeira, José Bernardo Ramos. *Investigação de paternidade*: posse de estado de filho: paternidade socioafetiva. Porto Alegre: Livraria do Advogado, 1999.

Chaves, Antônio. *Tratado de Direito Civil*; Direito de Família. 2ª ed. São Paulo, Ed. Revista dos Tribunais, 1993. Vol. 5, tomo II.

———. *Adoção*. Belo Horizonte, Livraria Del Rey Editora, 1995.

Cahali, Yussef Said. *Dos Alimentos*. 3ª ed. São Paulo, Ed. Revista dos Tribunais, 1999.

———. *Separação e Divórcio*. 9ª ed. São Paulo, Ed. Revista dos Tribunais, 2000.

Cahali, Francisco José. *Contrato de Convivência na União Estável*. São Paulo, Saraiva, 2002.

———. *União Estável e Alimentos Entre Companheiros*. São Paulo, Ed. Saraiva, 1996.

Carvalho Neto, Inácio de. *Responsabilidade Civil no Direito de Família*. Curitiba, Juruá Editora, 2002.

Czajkowski, Rainer. *União Livre à Luz da Lei 8.971/94 e da Lei 9.278/96*. Curitiba, Juruá Editora, 1996.

Dantas, San Tiago. *Direitos de família e sucessões*. Rio de Janeiro: Forense, 1991.

Delinski, Julie Cristine. *O novo direito da filiação*. São Paulo: Dialética, 1997.

Dias, Maria Berenice. *União Homossexual – O Preconceito*. Porto Alegre, Livraria do Advogado, 2000.

Estrella, Hernani. *Apuração dos haveres de sócio*. 2ª ed. Rio de Janeiro: Forense, 1992.

Fachin, Luiz Edson. *Estabelecimento da Filiação e Paternidade Presumida*. Porto Alegre, Sergio Antonio Fabris Editor, 1992.

———. *Da Paternidade – Relação Biológica e Afetiva*. Belo Horizonte, Livraria Del Rey Editora, 1996.

Fardin, Noemia Alves. *Concubinato*: aspectos sociojurídicos da união estável. Porto Alegre: Livraria do Advogado, 1995.

Ferraz, Sérgio. *Manipulações Biológicas e Princípios Constitucionais*: Uma Introdução. Porto Alegre, Sergio Antonio Fabris Editor, 1991.

Gama, Guilherme Calmon Nogueira da. *O Companheirismo – Uma Espécie de família*. São Paulo, Ed. Revista dos Tribunais, 1998.

———. *Direito de Família Brasileiro*. São Paulo, Editora Juarez de Oliveira, 2001.

———. *A Família no Direito Penal*. São Paulo, Editora Renovar, 2000.

Gomes, Orlando. *O Novo Direito de Família*. Porto Alegre, Sergio Antonio Fabris Editor, 1984. (Observação: obra anterior à CF de 88, mas relevante para a compreensão do direito de família moderno).

———. *Direito de família*. 7ª ed. Rio de Janeiro: Forense, 1990.

Graeff Júnior, Cristiano. *Compêndio elementar das sociedades comerciais*. Porto Alegre: Livraria do Advogado, 1997.

Grisard Filho, Waldyr. *Guarda Compartilhada*: Um Novo Modelo de Responsabilidade Parental. São Paulo, Ed. Revista dos Tribunais, 2000.

Leite, Eduardo de Oliveira. *Tratado de Direito de Família*. Curitiba, Juruá Editora, 1991. Vol. I.

———. *Famílias Monoparentais*. São Paulo, Ed. Revista dos Tribunais, 1997.

———. *Procriações Artificiais e o Direito*. São Paulo, Ed. Revista dos Tribunais, 1995.

Kauss, Omar Gama Ben. *A Adoção*. Rio de Janeiro, Lúmen Júris, 1991.

Liberati, Wilson Donizeti. *Adoção Internacional*. São Paulo, Malheiros, 1995.

Lima, Paulo Roberto de Oliveira. *Isonomia Entre os Sexos no Sistema Jurídico Nacional.* São Paulo, Revista dos Tribunais, 1993.

Malheiros, Fernando. *A União Estável.* Porto Alegre, Síntese, 1998.

Madaleno, Rolf. *Direito de Família – Aspectos Polêmicos.* Porto Alegre, Livraria do Advogado, 1998.

Malaurie, Aynès, Philippe e Laurent. *Cours de droit civil.* 5ª ed. Paris: Éditions Cujas, 1995.

Marmitt. *Adoção.* Rio de Janeiro, AIDE Editora, 1993.

Magalhães, Rui Ribeiro de. *Instituições de Direito de Família.* São Paulo, LED, 2000.

Monteiro, Washington de Barros. *Curso de direito civil:* direito de família. 31ª ed. São Paulo: Saraiva, 1994. 2º vol.

Nogueira, Jacqueline Filgueras. *A Filiação Que se Constrói:* O Reconhecimento do Afeto como Valor Jurídico. São Paulo, Memória Jurídica, 2001.

Oliveira, Carlos Alberto Alvaro de. *A tutela de urgência e o direito de família.* 2ª ed. São Paulo: Saraiva, 2000.

Oliveira – Muniz. José Lamartine Corrêa de e Francisco José Ferreira. *Direito de Família (Direito Matrimonial).* Porto Alegre, Sergio Antonio Fabris, 1990.

Oliveira, J. M. Leoni Lopes de. *A Nova Lei de Investigação de Paternidade.* Rio de Janeiro, Lumen Juris, 1993.

———. *Alimentos e Sucessão no Casamento e na União Estável (Lei 9.278/96).* 2ª ed. Rio de Janeiro, Lúmen Júris, 1996.

Pereira, Áurea Pimentel. *A Nova Constituição e o Direito de Família.* Rio de Janeiro, Renovar, 1990.

Pereira, Caio Mário da Silva. *Reconhecimento de Paternidade e seus Efeitos.* 2ª ed. Rio de Janeiro, Forense, 1991.

———. *Direito Civil – Alguns Aspectos de sua Evolução.* Rio de Janeiro, Forense, 2001.

———. *Instituições de direito civil:* direito de família. 8ª ed. Rio de Janeiro: Forense, 1991. Vol. V.

Pereira, Sérgio Gischkow. *Tendências Modernas do Direito de Família.* Artigo doutrinário publicado em: a) Revista AJURIS, Porto Alegre, março/1988, vol. 42, p. 52 a 86; b) Revista dos Tribunais, vol. 628, p. 19 a 39; c) Revista do Curso de Direito da Universidade Federal de Uberlândia, vol. 18, p. 295 a 323.

———. *Algumas Questões de Direito de Família na Nova Constituição.* Artigo publicado em: a) Revista AJURIS, 45/145; b) Revista dos Tribunais, 639/247.

———. *A União Estável e os Alimentos.* Artigo publicado em: a) Revista AJURIS, 49/38; b) Revista dos Tribunais, 657/17.

———. *O Bem Reservado e a Constituição Federal de 1988.* Artigo publicado em: a) Revista AJURIS, 51/39; b) Revista dos Tribunais, 669/257.

———. *Algumas Considerações Sobre a Nova Adoção.* Artigo publicado em: a) Revista AJURIS, 53/72; b) Revista dos Tribunais, 682/62.

———. *Algumas Reflexões Sobre a Igualdade dos Cônjuges.* Artigo publicado em Revista AJURIS, 58/42.

———. *A Adoção e o Direito Intertemporal.* Artigo publicado em Revista AJURIS, 55/302.

———. *Dano Moral e Direito de Família:* O Perigo de Monetizar as Relações familiares. Artigo publicado em Revista AJURIS, 85/350.

Porto, Sérgio Gilberto. *Doutrina e Prática dos Alimentos.* Rio de Janeiro, AIDE, 1991.

Reis, Carlos David Aarão . *Família e Igualdade – A Chefia da Sociedade Conjugal em Face da Nova Constituição.* Rio de Janeiro, Renovar, 1992.

Rizzardo, Arnaldo. *Direito de Família.* Rio de Janeiro, AIDE, 1994.

Rocha, Marco Túlio de Carvalho. *A Igualdade dos Cônjuges no Direito Brasileiro.* Belo Horizonte, Del Rey, 2001.

Salzano, Francisco M. *A Genética e a Lei – Aplicações à Medicina Legal e à Biologia Social.* São Paulo, ditora da Universidade de São Paulo, 1983.

Sampaio, Pedro. *Alterações Constitucionais nos Direitos de Família e Sucessões.* Rio de Janeiro, Forense, 1990.

Santos, Frederico Augusto de Oliveira. *Alimentos Decorrentes da União Estável.* Belo Horizonte, Del Rey, 2001.

Scarparo, Mônica Sartori. *Fertilização Assistida – Questão Aberta, Aspectos Científicos e Legais.* Rio de Janeiro, Forense Universitária, 1991.

Simas Filho, Fernando. *A Prova na Investigação de Paternidade.* 4ª ed. Curitiba, Juruá Editora, 1995.

Soares, Orlando. *União estável:* entidades familiares, compnaheiros e conviventes, estrutura jurídica do concubinato e da união estável, convenções, regime de bens, descendentes, adoção, alimentos, dissolução do concubinato e da união estável, sucessão, paritlha dos bens, sociedade especial, entre homossexuais. Rio de Janeiro: Forense, 2002.

Sutter, Matilde Josefina. *Determinação e Mudança de Sexo – Aspectos Médico-Legais.* São Paulo, Revista dos Tribunais, 1993.

Tavares, José de Farias. *O Código Civil e a Nova Constituição.* Rio de Janeiro, Forense, 1990.

Tepedino, Gustavo. *Temas de Direito Civil.* 2ª ed. Rio de Janeiro-São Paulo, Ed. Renovar, 2001.

Veloso, Zeno. *Direito Brasileiro da Filiação e Paternidade.* São Paulo, Malheiros, 1997.

Venosa, Sílvio de Salvo. *Direito Civil – Direito de Família.* São Paulo, Atlas, 2001. Vol. V.

Viana, Marco Aurélio S. *Curso de Direito Civil – Direito de Família.* Belo Horizonte, Del Rey, 1993. Vol. 2.

Wald, Arnoldo. *Curso de Direito Civil Brasileiro – Direito de Família.* 11ª ed. São Paulo, Revista dos Tribunais, 1998. Vol. IV.

Welter, Belmiro Pedro. *Estatuto da União Estável.* Porto Alegre, Síntese, 1999.

———. *Investigação de Paternidade.* Porto Alegre, Síntese, 1999.

Zannoni, Eduardo A. *Derecho civil – Derecho de família.* 2ª ed. Buenos Aires: Editorial Astrea de Alfredo y Ricardo Depalma, 1993. Dois tomos.

4.1. Obras conjuntas (vários autores)

Direitos de Família e do Menor – Inovações e Tendências. Organizada e compilada por Sálvio de Figueiredo Teixeira. 2ª ed. Belo Horizonte, Del Rey, 1992.

Repertório de Jurisprudência e Doutrina Sobre Direito de Família – Aspectos Constitucionais, Civis e Processuais. Coordenação de Teresa Arruda Alvim Pinto. São Paulo, Revista dos Tribunais, 1993. Vols. 1, 2 e 4.

O Direito de Família Após a Constituição Federal de 1988. Organizador: Antônio Carlos Mathias Coltro. São Paulo, C. Bastos: Instituto Brasileiro de Direito Constitucional, 2000.

Grandes Temas da Atualidade – Dano Moral, Aspectos Constitucionais, Civis, Penais e Trabalhistas. Coordenador: Eduardo de Oliveira Leite. Rio de Janeiro, Forense, 2002.

Le droit de la famille em Europe son evolution depuis lantiquité jusqua nos jours. Publicação dirigida por Roland Ganghofer. Strasbourg: Presses Universitaires de Strasbourg, 1992.

Anais do II Congresso Brasileiro de Direito de Família, realizado em Belo Horizonte de 27 a 30.10.1999: *Direito de Família na travessia do milênio/*coordenadorf: Rodrigo da Cunha Pereira. Belo Horizonte: IBDFAM, OAB-MG, Del Rey, 2000.

Anais do III Congresso de Direito de Família, realizado em Belo Horizonte de 24 a 27.10.2001: *Família e cidadania – o novo CCB e a vacatio legis/*coordenação de Rodrigo da Cunha Pereira. Belo Horizonte: IBDFAM/Del Rey, 2002.

5. Livros e artigos doutrinários concernentes ao Código Civil de 2002
5.1. Livros

Azevedo, Álvaro Villaça. *Comentários ao Código Civil.* São Paulo: Saraiva, 2003. Vol. 19.

Boscaro, Márcio Antônio. *Direito de Filiação.* São Paulo: Revista dos Tribunais, 2002.

Brandão, Débora Vanessa Caús. *Regime de bens no novo Código Civil*. São Paulo: Saraiva, 2007.

Cahali, Yussef Said. *Dos Alimentos*. 4ª ed. São Paulo: Revista dos Tribunais, 2003.

———. *Divórcio e Separação*. 10ª ed. São Paulo: Revista dos Tribunais, 2002.

Cavalcanti, Ana Elizabeth Lapa Wanderley. *Casamento e união estável – requisitos e efeitos pessoais*. Barueri, SP: Manole, 2004.

Chinelato, Silmara Juny. *Comentários ao Código Civil*: parte especial: do direito de família, vol. 18 (arts. 1.591 a 1.710). Coord. Antônio Junqueira de Azevedo – São Paulo: Saraiva, 2004.

Coltro – Figueiredo – Mafra. Antonio Carlos Mathias, Sálvio de e Tereza Cristina Monteiro. *Comentários ao Novo Código Civil, v. 17:* do direito pessoal. Coordenador Sálvio de Figueiredo Teixeira. Rio de Janeiro: Forense, 2005.

Dias, Maria Berenice. *Manual de direito das famílias*. Porto Alegre: Livraria do Advogado, 2005.

Didier Júnior – Farias – Guedes – Gama – Slaib Filho, Fredie, Cristiano Chaves de, Jefferson Cárus, Guilherme Calmon Nogueira da e Nagib. *Comentários ao Código civil brasileiro, v. XV:* do direito de família – direito patrimonial. Coordenadores: Arruda Alvim e Thereza Alvim. Rio de Janeiro: Forense, 2005.

Diniz. Maria Helena. *Curso de Direito Civil Brasileiro – Direito de Família*. 17ª ed. São Paulo: Saraiva, 2002. Vol. 5.

———. *Comentários ao Código Civil*. São Paulo: Saraiva, 2003. Vol. 22.

Fachin, Luiz Edson. *Comentários ao novo Código civil, vol. XVIII:* do direito de família, do direito pessoal, das relações de parentesco. Rio de Janeiro: Forense, 2004. Coordenador: Sálvio de Figueiredo Teixeira.

Fachin – Ruzyk, Luiz Edson e Carlos Eduardo Pianovski. *Código Civil Comentado*. São Paulo: Atlas, 2003. Vol. XV.

Fonseca. Antonio Cezar Lima da. *O Código Civil e o novo Direito de Família*. Porto Alegre: Livraria do Advogado, 2004.

Gama, Guilherme Calmon Nogueira da. *A nova filiação:* o biodireito e as relações parentais: o estabelecimento da parentalidade-filiação e os efeitos jurídicos da reprodução assistida heteróloga. Rio de Janeiro: Renovar, 2003.

———. Silva – Freire – Camillo – Coltro, Guilherme Calmon Nogueira da, João Carlos Pestana de Aguiar, Rodrigo da Cunha Lima, Carlos Eduardo Nicoletti e Antonio Carlos Mathias. *Comentários ao Código civil brasileiro, volume XIV:* do direito de família/ Guilherme Calmon Nogueira da Gama (...) [*et al.*]; coordenadores: Arruda Alvim e Theresa Alvim. Rio de Janeiro: Forense, 2006.

Gonçalves, Carlos Roberto. *Direito civil brasileiro, vol. VI:* direito de Família. São Paulo: Saraiva, 2005.

Guimarães, Giovane Serra Azul. *Adoção, tutela e guarda:* conforme o Estatuto da Criança e do Adolescente e o Novo Código Civil. 3ª ed. São Paulo: Juarez de Oliveira, 2005.

Leite, Eduardo de Oliveira. *Direito civil aplicado, vol. 5:* direito de família. São Paulo: Revista dos Tribunais, 2005.

Lôbo, Paulo Luiz Neto. *Código Civil Comentado*. São Paulo: Atlas , 2003. Vol. XVI.

Lotufo, Maria Alice Zaratin. *Curso Avançado de Direito Civil – Direito de Família*. São Paulo: Revista dos Tribunais, 2002. Vol. 5.

Madaleno, Rolf Hanssen. *Direito de família: aspectos polêmicos*. Porto Alegre: Livraria do Advogado, 1998.

———. *Novas perspectivas do direito de família*. Porto Alegre: Livraria do Advogado, 2000.

———. *Direito de família em pauta*. Porto Alegre: Livraria do Advogado, 2004.

Manfré, José Antonio Encinas. *Regime matrimonial de bens no novo Código Civil*. São Paulo: Juarez de Oliveira, 2003.

Nader, Paulo. *Curso de direito civil, v. 5:* direito de família. Rio de Janeiro: Forense, 2006.

Pereira, Rodrigo da Cunha. *Comentários ao novo Código Civil, volume XX:* da união estável, da tutela e da curatela. Arts. 1.723 a 1.783. Rio de Janeiro: Forense, 2003.

Pereira, Sérgio Gischkow. *Estudos de Direito de Família.* Porto Alegre: Livraria do Advogado, 2004.

Rodrigues, Maria Alice. *A Mulher no espaço privado:* da incapacidade à igualdade de direitos. Rio de Janeiro: Renovar, 2003.

Rodrigues, Sílvio. *Comentários ao Código Civil.* São Paulo: Saraiva, 2003. Vol. 17.

————. *Direito Civil:* direito de família: volume 6. 28ª ed. rev. e atual. Por Francisco José Cahali. São Paulo: Saraiva, 2004.

Santos, Marcione Pereira dos. *Bem de Família:* Voluntário e Legal. São Paulo: Saraiva, 2003.

Veloso, Zeno. *Código Civil comentado:* direito de família, alimentos, bem de família, união estável, tutela e curatela: arts. 1.694 a 1.783, volume XVII. Coordenador: Álvaro Villaça Azevedo. São Paulo: Atlas, 2003.

Venosa, Sílvio de Salvo. *Direito Civil – Direito de Família.* 2ª ed. São Paulo: Atlas, 2002. Vol. V.

Welter, Belmiro Pedro. *Alimentos no Código Civil.* Porto Alegre: Síntese, 2003.

————. *Igualdade entre as filiações biológica e socioafetiva.* São Paulo: Revista dos Tribunais, 2003.

5.1.1. *Obras conjuntas*

Direito de Família e o Novo Código Civil. Coordenação de Maria Berenice Dias e Rodrigo da Cunha Pereira. Belo Horizonte: Del Rey e IBDFAM, 2001.

Novo Código Civil Comentado. Coordenador: Deputado Federal Ricardo Fiúza. São Paulo: Saraiva, 2002.

O Novo Código Civil – Do Direito de Família. Coordenadora: Heloisa Maria Daltro Leite. Rio de Janeiro: Freitas Bastos Editora, 2002.

Direitos fundamentais do direito de família. Adalgisa Wiedemann Chaves (...) [*et al.*]; coordenadores: Belmiro Pedro Welter e Rold Hanssen Madaleno. Porto Alegre: Livraria do Advogado, 2004.

Temas atuais de direito e processo de família. Coordenador: Cristiano Chaves de Farias. Rio de Janeiro: Lumen Juris, 2004.

Anais do IV Congresso Brasileiro de Direito de Família, realizado em Belo Horizonte de 24 a 27.09.2003: *Afeto, Ética, Família e o novo Código Civil*/coordenador: Rodrigo da Cunha Pereira. Belo Horizonte: Del Rey, 2004. O Congresso foi promovido em parceria entre OAB-MG e IBDFAM.

Grandes temas da atualidade, v. 5: alimentos no novo Código Civil: aspectos polêmicos/coordenador Eduardo de Oliveira Leite; Adriana Kruchin (...) [*et al.*]. Rio de Janeiro: Forense, 2006.

Casamento, uma escuta além do judiciário/organizadora Ivone M. C. Coelho de Souza. Florianópolis: VoxLegem, 2006.

5.2. *Artigos*

Arnoldi e Oliveira. Paulo Roberto Colombo e Jacilene Ribeiro. Conflito entre o novo Código Civil e a lei uniforme de Genebra quanto à obrigatoriedade da outorga uxória para a validade do aval. RT 810/15.

Bannura, Jamil Andraus Hanna. Pela extinção dos alimentos entre cônjuges. Na obra conjunta antes citada Direitos fundamentais do Direito de Família, p. 121 a 138.

Brandão, Débora Vanessa Caús. Reflexões sobre os impedimentos matrimoniais e a união estável no novo Código Civil. Revista dos Tribunais 805/11.

Cambi, Eduardo. A relação entre o adotado, maior de 18 anos, e os parentes do adotante. Revista dos Tribunais 809/28.

Costa, Maria Araci Menezes. A renúncia a alimentos no novo Código Civil: casamento e união estável. Artigo publicado na obra conjunta, antes referida, Grandes temas da atualidade, p. 143.

Dal Col, Helder Martinez. A união estável perante o novo Código Civil. Revista dos Tribunais 818/11.

Estrougo, Mônica Guazzelli. O princípio da igualdade aplicado à família. Artigo publicado na obra conjunta Direitos fundamentais do Direito de Família, antes citada, p. 321 a 340.

Garcia, Gustavo Felipe Barbosa. Casamento anulável no Código Civil de 2002 e repercussões da Lei 11.106/2005. *Revista dos Tribunais* 840/114.

Garcia, Marco Túlio Murano. União estável e concubinato no novo Código Civil. *Revista Brasileira de Direito de Família*, IBDFAM, out-nov 2003, 20/32.

Giordano, João Batista Arruda. Reflexões sobre o Direito de Família no novo Código Civil. *Revista AJURIS* 87/183.

Giorgis, José Carlos Teixeira. A natureza jurídica da relação homoerótica. *Revista AJURIS*, dezembro de 2002, tomo I, p. 224 a 252.

Grisard Filho, Walter. A adoção depois do novo Código Civil. Revista dos Tribunais 816/26.

Oliveira, Euclides Benedito de. Direito de família no novo Código Civil. *RT* 822/11.

Guimarães, Marilene Silveira. Família e empresa – questões controvertidas (regime de bens e os reflexos dos arts. 977, 978 e 979 no direito de família). Em Anais do IV Congresso Brasileiro de Direito de Família, antes citados, p. 449.

Pereira, Sérgio Gischkow. O Direito de Família e o novo Código Civil: principais alterações. *Revista dos Tribunais* 804/43 e Revista AJURIS 87/265.

———. O Direito de Família e o novo Código Civil: alguns aspectos polêmicos ou inovadores. *Revista da Ajuris* 90/285. RT 823/87.

———. A imprescritibilidade das ações de estado e a socioafetividade: repercussões do tema no pertinente aos artigos 1.601 e 1.614 do Código Civil. Artigo publicado em *Direitos Fundamentais do direito de família* (obra coletiva coordenada por Belmiro Pedro Welter a Rolf Hanssen Mdaleno). Porto Alegre: Livraria do Advogado Editora, 2004, p. 425.

———. A investigação de paternidade e o artigo 1.614 do Código Civil. *Revista AJURIS* 94/283.

———. A alteração do regime de bens: possibilidade de retroagir. *Revista Brasileira de Direito de Família* 23/66.

———. Observações sobre os regimes de bens e o novo Código Civil. a) *Revista da AJURIS*, vol. 100, p. 347; b) *Revista Brasileira de Direito de Família*, vol. 30, p. 5; c) *Revista dos Tribunais* 837/729 (sob o título "Regimes de Bens").

———. A transmissão da obrigação alimentar. *O novo Código Civil e a Constituição*. Cláudio Ari Mello (...) [*et al.*]; org. Ingo Wolfgang Sarlet. 2ª ed. Porto Alegre: Livraria do Advogado, 2006, p. 309.

Reis, Clayton. A mudança do regime de bens no casamento em face do novo Código Civil. *Revista Brasileira de Direito de Família*, IBDFAM, out-nov 2003, 20/5.

Santos, Luiz Felipe Brasil. Os Alimentos no Novo Código Civil. *Revista Brasileira de Direito de Família* (editada pelo IBDFAM = Instituto Brasileiro de Direito de Família), 16/12. Também: Revista da AJURIS, Porto Alegre, março de 2003, 89/217.

———. A separação judicial e o divórcio no novo Código Civil. Artigo publicado em obra conjunta: *O Novo Código Civil e a Constituição*, coordenada por Ingo Wolfgang Sarlet. Porto Alegre, Livraria do Advogado Editora, 2003, p. 251.

Truzzi, Marcelo. A obrigação alimentar no novo Código Civil. *Revista Brasileira de Direito de Família*, IBDFAM-Síntese, dez-jan 2004, 21/33.

Impressão:
Evangraf
Rua Waldomiro Schapke, 77 - P. Alegre, RS
Fone: (51) 3336.2466 - Fax: (51) 3336.0422
E-mail: evangraf.adm@terra.com.br